L'Afrique doit être libre et souveraine

L'Afrique qui se bat

Collection dirigée par Lazare KOFFI KOFFI

Depuis deux décennies une nouvelle Afrique se dessine. Une Afrique qui rebondit et veut surmonter les séquelles de l'esclavage et de la colonisation. Cette nouvelle Afrique, indépendante, veut pleinement prendre son destin en main et refuse le diktat extérieur sous ses formes idéologiques, politiques et économiques. Dans cette dynamique, elle entend maîtriser les rênes de son développement en se mettant à l'abri des multinationales qui, au nom de la mondialisation, réorganisent leurs hégémonies planétaires en piétinant sa souveraineté et en planifiant des conflits qui déstabilisent les États.

L'ambition de cette collection **l'Afrique qui se bat** est de faire connaître et d'encourager le combat des Africains pour le respect des indépendances et des souverainetés des États africains, ainsi que leurs efforts dans la construction du panafricanisme.

L'Afrique qui se bat veut soutenir et amplifier la lutte contre tout déterminisme et toute fatalité réductrice. Cette collection entend rassembler et valoriser toutes les initiatives des Africains dans les domaines culturel, intellectuel et scientifique pour libérer leurs compatriotes des complexes de colonisés, des maladies endémiques, de la malnutrition, de l'ignorance et de la mal-gouvernance.

Déjà parus

Lazare Koffi Koffi, *Côte d'Ivoire. L'évangélisation du Sanwi. 1637-1960,* 2017.

Robert-Jonas Kouamé Bibli, *Côte d'Ivoire. Vers un nouvel ordre plus juste,* 2017.

Lazare Koffi Koffi, *S'il y eut un soir, il y aura un matin*, poésie, 2017.

Lazare Koffi Koffi, *Méditations silencieuses*, poésie, 2017.

Lazare Koffi Koffi, *Côte d'Ivoire. L'énigme des 3000 morts. La France au cœur du génocide ivoirien,* 2016.

Jean-Claude Djéréké

L'Afrique doit être libre et souveraine

Préface de Pascal Dago Kokora

L'Harmattan

Du même auteur

L'engagement politique du clergé catholique en Afrique noire, Paris, Karthala, 2001, 304 p.
Être chrétien en Afrique aujourd'hui, Cipcre, Bafoussam, 2002, 156 p.
Fallait-il prendre les armes en Côte d'Ivoire ?, Paris, L'Harmattan, 2003, 184 p.
Changer de politique vis-à-vis du Sud, Paris, L'Harmattan, 2004, 202 p.
Rome et les Églises d'Afrique. Propositions pour aujourd'hui et demain, Paris, L'Harmattan, 2005, 273 p.
L'Afrique refuse-t-elle vraiment le développement ?, Paris, L'Harmattan, 2007, 248 p.
Les hommes d'Église et le pouvoir politique en Afrique noire. L'exemple de Mgr Bernard Yago (Côte d'Ivoire), Paris, L'Harmattan, 2009, 235 p.
Les évêques et les événements politiques en Côte d'Ivoire (1980-1989), Tome I, Paris, L'Harmattan, 2009, 140 p.
Les évêques et les événements politiques en Côte d'Ivoire (1990-1999), Tome II, Paris, L'Harmattan, 2009, 165 p.
Les évêques et les événements politiques en Côte d'Ivoire (2000-2005), Tome III, Paris, L'Harmattan, 2009, 173 p.
L'Afrique et le défi de la seconde indépendance, Paris, L'Harmattan, 2012, 166 p.
Réflexions sur l'Église catholique en Afrique, Paris, L'Harmattan, 2015, 202 p.
Le Christianisme : instrument d'aliénation ou de libération en Afrique ?, Londres, Mary Bro Foundation Publishing, 2017, 150 p.

5-7, rue de l'Ecole-Polytechnique, 75005 Paris

http://www.editions-harmattan.fr

ISBN : 978-2-343-12062-1
EAN : 9782343120621

REMERCIEMENTS

À Anne-Colette Mbette, à Sylvie et Camille Bléziri pour leur soutien !
À Laurent Gbagbo, son épouse et à tous les Ivoiriens exilés et emprisonnés depuis avril 2011 pour avoir essayé de sortir la Côte d'Ivoire de la domination et de l'exploitation françaises !
À Stéphane Kipré et Steve Beko pour leur importante contribution à la lutte pour la libération totale de la Côte d'Ivoire et de l'Afrique francophone !
À Pascal Dago Kokora, qui a bien voulu préfacer cet ouvrage !
À Lazare Koffi Koffi qui en a assuré la mise en page et la relecture !
À tous ceux qui se battent ici et là pour une Afrique libre et souveraine !

« L'Afrique a une histoire. L'Afrique, berceau de l'humanité, a enfanté l'histoire. Malgré des obstacles géants, des épreuves majeures et des erreurs tragiques, l'Afrique a illustré notre aptitude au changement et au progrès : notre historicité. Mais celle-ci doit, par la conscience historique, gouverner les trois moments du temps : le passé, le présent et la projection vers l'avenir... Chaque Africaine, chaque Africain doit être, ici et maintenant, une valeur ajoutée. Chaque génération a des pyramides à bâtir »

Joseph Ki-Zerbo
Historien burkinabè

PRÉFACE

Le docteur Jean-Claude Djéréké est un écrivain prolifique. À preuve, au cours de la période de temps entre 2001 et 2015, il produit quinze (15) titres d'ouvrages d'au moins 150 pages ou de 300 pages au plus, soit une publication de 225 pages par année. Mieux, en 2009, il écrit un ouvrage en trois volumes qui sont longs de 140, 165 et 173 pages. Dans son œuvre d'écriture féconde, l'auteur aborde des sujets divers et variés tels *L'engagement politique du clergé catholique en Afrique noire ; les évêques et les événements politiques en Côte d'Ivoire (1980-1989* tome I, 1990-1999 tome II, et 2000-2005 tome III) ; *L'Afrique refuse-t-elle vraiment le développement ? Fallait-il prendre les armes en Côte d'Ivoire ? L'Afrique et le défi de la seconde indépendance ; Réflexions sur l'Église catholique en Afrique ; Les hommes d'Église et le pouvoir politique en Afrique noire, l'exemple de Mgr Bernard Yago (Côte d'Ivoire)* ; Fabien Eboussi Boulaga, *La philosophie du Muntu ; Christianisme et humanisme en Afrique* ; *Une Église congolaise dans un État congolais, la pensée de Joseph Albert Cardinal Malula revisitée.*

Le tout dernier et récent livre de l'auteur aborde la question de l'absence de la liberté et de la souveraineté comme source des malheurs qui arrivent à la Côte d'Ivoire depuis 1999. Dans la même veine, Laurent Gbagbo, l'ancien président ivoirien, injustement accusé de crimes contre l'humanité et maintenu derrière les barreaux de la prison de la Cour pénale internationale (CPI) à la Haye, en Hollande, depuis le 30 novembre 2011, ne disait-il déjà pas, en 1982, que le problème des libertés est « *l'un des problèmes essentiels dans le tiers monde... que l'on passe souvent sous silence* » ?

Il ajoutait :

« *Je pense que le problème de la liberté doit nous préoccuper car, sans liberté, on ne peut pas se sortir du sous-développement. La première denrée qu'il nous faut, dans les pays du tiers monde, ce ne sont pas les usines ; c'est d'abord la liberté. On assiste au gâchis des intellectuels qui s'exilent partout, alors qu'une poignée d'individus qui ne voient pas plus loin que le bout de leur nez pensent qu'ils sont les seuls à avoir le droit de réfléchir à la manière de sortir le pays du sous-développement. Je dis qu'il y a imposture...»*

C'est avec une joie mêlée d'admiration que j'ai accepté d'écrire la préface de l'ouvrage que voici et qui porte le titre : *L'Afrique doit être libre et souveraine*

Du point de vue de la forme, l'étude de Dr. Jean-Claude Djéréké s'avère être un travail d'érudit. En effet, le texte est émaillé de part en part de citations toutes aussi pertinentes les unes que les autres (des citations qui vont de la Bible à la littérature, en passant par la politique, l'histoire et les proverbes africains). C'est par exemple le cas de la parole du Christ telle que rapportée par l'évangéliste Jean (14 : 6), « *Moi, je suis le chemin, la vérité et la vie. Nul ne vient au Père que par moi* ». Cette citation apparaît en partie à la page 39 pour faire comprendre à l'interlocuteur de l'auteur que, quelles que soient les raisons des relations d'amitiés que puissent entretenir deux personnalités politique et religieuse ivoiriennes, en l'occurrence M. Alassane Dramane Ouattara et le cardinal Kutwȃ, la conduite et le comportement d'un prélat d'Église devraient toujours se conformer à l'enseignement de Jésus-Christ, à savoir que, comme le Christ, toute personnalité religieuse doit « *être au service de la vérité* », elle doit « *être amoureuse de la vérité* », elle doit, au total, « *être attachée au principe selon lequel la vraie amitié se nourrit de vérité* ». L'auteur s'empresse de renforcer son assertion par deux exemples, celui de l'ancien cardinal sénégalais Hyacinthe Thiandoum et celui de l'archevêque anglican sud-africain, Mgr Desmond Tutu, dont les amitiés respectives avec les présidents Sédar Senghor et Nelson Mandela ne les ont pas empêchés de leur dire, en temps opportun, la vérité lorsque ces derniers biaisaient avec cette vérité. Pour montrer à son interlocuteur qu'il n'en veut pas particulièrement à l'amitié qui lie Dramane Ouattara et le cardinal Kutwȃ, l'auteur lui rappelle la conduite et le comportement de l'ancien cardinal ivoirien Bernard Yago face à M. Houphouët-Boigny, le premier président ivoirien, lorsque ce dernier a inventé de faux complots entre 1959 et 1970, ou après l'assassinat d'Ernest Boka dans la prison d'Assabou, à Yamoussoukro, le 6 avril 1964, ou encore lors du jugement des leaders du FPI et de la LIDHO, au palais de justice d'Abidjan-Plateau en 1992 (**Chapitre 2 : Le Rhdp n'a gagné ni élection, ni guerre,** pp. 31-36).

C'est aussi une citation empruntée au philosophe allemand Karl Marx (1818-1883) « *ceux qui ne connaissent pas l'Histoire sont condamnés à la revivre* » que l'auteur utilise pour faire comprendre à la jeune Congolaise de 18 ans rencontrée à Ottawa, au Canada, la nécessité d'apprendre à connaître l'histoire « *des géants et des héros africains comme Sylvanus Olympio, Julius Nyerere, Jomo Kenyatta, Agostino Neto, Amilcar Cabral, Patrice Lumumba, Thomas Sankara, Kwame Nkrumah, Gamal Abdel Nasser, Ahmed Ben Bella, Houari Boumedienne, Habib Bourguiba* ». Il ajoute que 14 pays africains sont obligés par leur ancienne puissance colonisatrice, la France, de déposer, non pas dans leurs banques centrales respectives, non pas non plus à la banque centrale de France mais dans les caisses du Trésor français, tout d'abord 100%, puis 60% et aujourd'hui 50% des devises obtenues contre n'importe laquelle de leurs transactions financières. Et l'auteur de conclure que « *c'est avec les intérêts de cet argent que la France prétend aider les pays africains* ». Il recommande alors de « *faire tout ce qui est en notre pouvoir pour acquérir le savoir qui nous permettra de disposer de ce quelque chose qui fait que la France ne peut se permettre de traiter la Chine, la Russie, le Japon, l'Inde, le Pakistan, Israël ou l'Iran comme elle traite l'Afrique* ».

Au total, il nous recommande de tuer en nous la peur dont le pape François affirme qu'elle « est une attitude qui nous affaiblit, nous rabaisse, nous paralyse ». Il ajoute que, pour l'actuel souverain pontife, toute personne qui vit dans la peur « *ne fait rien, ne sait pas quoi faire afin qu'il ne lui arrive rien de mal... La peur n'est pas une attitude chrétienne. C'est l'attitude d'une âme incarcérée, sans liberté, qui n'a pas la liberté de regarder devant, de créer quelque chose, de faire le bien...* » (**Chapitre 4 : Un peuple qui n'a plus peur peut chasser n'importe quel tyran**, pp. 41-45).

Une autre illustration de ce travail d'érudit, c'est la citation de Sénèque, ce philosophe stoïcien de l'époque où la tyrannie de l'empereur Néron régnait sur Rome :
« *Ce n'est pas parce que les choses sont difficiles que nous n'osons pas, mais parce que nous n'osons pas qu'elles sont difficiles* ».

Cette citation clôt le chapitre 3. Ce chapitre salue la mise sur pied de la coalition nationale pour le changement (CNC) et l'auteur s'attend à ce que cette coalition se mette au travail sans tarder. Il nous rappelle qu'« *il n'y a que le peuple uni, déterminé et ayant dompté sa peur qui soit invincible. Soyons ce peuple-là.... Fiers Ivoiriens, le pays nous appelle. Il nous appelle à briser ses chaînes. Il nous appelle à le libérer des prédateurs internes et externes. Il nous appelle à le débarrasser des assassins et des mystificateurs* ». C'est à ceux qui trouveront la tâche difficile à mettre à exécution qu'il rappelle la citation susmentionnée de Sénèque (**Chapitre 3: Libérer la Côte d'Ivoire des prédateurs internes et externes**, pp.37-39).

Voilà donc trois citations prises au hasard dans cet ouvrage (chapitres 2, 3 et 4) pour indiquer la marque de ce travail d'érudition et partant en montrer la densité des textes qui y sont proposés et à travers lesquels se révèle l'immense culture dont l'auteur fait preuve dans son œuvre d'écriture. Je reste persuadé que cet exercice pourrait se répéter à satiété pour chacun des 46 chapitres restants mais tel n'est pas l'objectif de la présente préface. Il est donc temps de dire un mot sur le fond de l'ouvrage.

Du point de vue du fond, l'ouvrage est conçu et construit à la manière d'un journal de bord. À l'origine, le journal de bord est un document sur lequel le commandant ou un officier de navire note au jour le jour les événements qui surviennent au cours de la navigation. Quelle latitude ? Quelle longitude ? Quelle est la distance parcourue et quelle est la direction suivie ? Dans le cas d'espèce, c'est-à-dire dans le cadre de cet ouvrage que je vous recommande fortement de lire d'une seule traite, comme j'ai eu plaisir à le faire, il s'agit des réflexions que l'auteur a transcrites dans son texte, il s'agit des questions qu'il se pose et des commentaires qu'il propose à son auditoire, face à des événements survenus dans la vie de son pays d'origine, la Côte d'Ivoire, entre janvier 2015 et août 2017. Un fil directeur parcourt ces réflexions, ces questions et ces commentaires.

Ce fil directeur, *c'est l'absence de liberté et de souveraineté*. Conséquemment, l'auteur des quarante-neuf (49) textes ici rassemblés en un unique volume alors qu'ils étaient éparpillés ici et là sur l'internet et sur les murs de Facebook et autres réseaux sociaux, nous conjure tous, Ivoiriennes et Ivoiriens présents sur le terrain en Côte d'Ivoire, mais également Ivoiriennes et Ivoiriens d'origine ayant acquis le statut de résidents permanents et/ou de citoyens de nos pays d'accueil respectifs, à apprendre à écouter et entendre la phrase « *il faut libérer l'Afrique* » des jeunes soldats ivoiriens qui a créé en Sidiki Bakaba « *une résonnance* » qui lui a permis d'agir dans son domaine de compétence, c'est-à-dire « *filmer et conserver tout ce qui s'est passé à la résidence du chef de l'État (ivoirien) entre le 8 et le 11 avril 2011* » (**Chapitre 31: Sidiki Bakaba**, pp.157-159).

Pascal Kokora

Ancien ambassadeur de la Côte d'Ivoire aux États-Unis d'Amérique (2001-2004);
Ancien membre de la Faculté de langues et linguistique à l'Université de Georgetown, à Washington-DC, capitale fédérale des États-Unis d'Amérique (1990-2012);
Professeur émérite de l'Université de Georgetown depuis le 1er janvier 2013; Membre fondateur du Front populaire ivoirien (FPI) depuis les temps de la clandestinité en 1982.

PROLOGUE

Un midi de février 2015, je me trouve dans une rue de New York. Je déjeune avec trois Américaines travaillant pour le compte de Scholars At Risk Network[1]. Au cours du repas, elles me demandent pourquoi, malgré tant de ressources humaines et naturelles, le continent africain est pauvre, pourquoi certains de ses jeunes en quête d'une vie meilleure courent le risque de souffrir dans le désert et de mourir dans la mer méditerranée. Je leur donne trois réponses.

La première, c'est qu'il est inapproprié et injuste de mettre tous les pays africains dans le même sac car les pustchs, les rébellions armées, la mauvaise gouvernance, la corruption prospèrent plus en Afrique francophone que dans les pays africains colonisés par la Grande-Bretagne qui s'immisce peu ou rarement dans les affaires du Ghana, de la Zambie ou de la Tanzanie.

Deuxièmement, je réponds que la raison de la situation qui prévaut en Afrique francophone – coups d'État à répétition, élections truquées, détournement des fonds publics par les dirigeants, tripatouillage de la Constitution[2], etc. – n'est pas une hostilité des populations au progrès mais un refus de la France[3] de laisser ses ex-colonies décider et faire ce qui est bon pour elles.

J'ajoute que, si la France continue d'intervenir dans nos affaires internes, ce n'est pas parce qu'elle nous aime tant, ni parce qu'elle nous veut du bien, mais parce que, sans les ressources naturelles qu'elle pille dans cette partie de l'Afrique, elle deviendrait plus pauvre que la Grèce ou le Portugal. En d'autres termes, je leur fais comprendre que les deux choses, qui permettraient au Gabon ou au Togo d'être logés à la même enseigne que le Botswana ou le Kenya, sont la liberté et la souveraineté.

---

[1] Réseau des universitaires en danger.

[2] Même le Sénégal n'échappa pas à ce tripatouillage de la Constitution sous Abdoulaye Wade qui, en 2008, fit passer le mandat présidentiel de 5 à 7 ans.

[3] Par le terme « France », il convient d'entendre uniquement les dirigeants français, de droite comme de gauche, qui à l'insu du peuple français, font en Afrique ce qu'ils n'oseraient jamais faire en France : soutien à des rebelles armés ou à des dictateurs corrompus et sanguinaires.

Apprenant que l'Afrique francophone n'est ni libre ni souveraine, mes amies croient que j'exagère ou que je suis en train de plaisanter. Je leur fais alors remarquer que nos États ne sont libres et souverains qu'en théorie et que la preuve en est que, depuis 1960, les 14 pays africains francophones utilisent une monnaie créée par la France, que celle-ci non seulement possède des bases militaires dans certains pays mais qu'elle s'est arrogé le droit d'y intervenir pour démettre, installer ou réinstaller qui elle veut, comme ce fut le cas au Gabon en 1964 avec Léon Mba, en Centrafrique en 1979 avec Jean-Bedel Bokassa remplacé par David Dacko, en Côte d'Ivoire en 2011 avec Dramane Ouattara.

C'est de cette absence de liberté et de souveraineté qu'il sera question dans le présent ouvrage qui rassemble des textes publiés, entre janvier 2015 et août 2017, dans des journaux en ligne et/ou dans des quotidiens abidjanais.

Cet ouvrage n'est pas une dissertation sur la liberté et la souveraineté. Il tente plutôt de répondre à la question suivante : que devons-nous faire, c'est-à-dire quels moyens et stratégies à court, moyen et long terme devons-nous mettre en œuvre, pour que les Africains redeviennent maîtres de leur destin ?

Cet essai aura atteint son objectif si le lecteur, ayant pris connaissance de nos modestes propositions, accepte de se joindre à ceux et celles qui se battent pour que l'Afrique francophone retrouve sa liberté et sa souveraineté, s'il arrive à mieux saisir la portée et l'actualité du panafricanisme.

Philadelphie, le 30 août 2017.

Chapitre 1er
Le panafricanisme est-il encore utile ?

Les Henry Sylvester William, George Padmore, Lionel Cyril James (Trinidad), Joseph Anténor Firmin (Haïti), Marcus Garvey (Jamaïque), Edward Blyden (les Îles vierges des USA), William Du Bois (USA), initiateurs du mouvement panafricain[4] et les Africains Jomo Kenyatta, Hastings Kamuzu Banda, Nnamdi Azikiwe, Kwame Nkrumah, Haïlé Sélassié, Ahmed Sékou Touré, Gamal Abdel Nasser, Modibo Keïta, Julius Nyerere, Amilcar Cabral, Ruben Um Nyobè, Barthélemy Boganda, Sylvanus Olympio, Patrice Lumumba, Kenneth Kaunda, Cheikh Anta Diop et Alioune Diop[5], que voulaient-ils pour les Noirs d'Afrique et de la diaspora ? Comment concevaient-ils le panafricanisme ? Ont-ils appliqué ce qu'ils ont prêché ? Si oui, quels sont leurs réussites et échecs ? Enfin, le panafricanisme est-il encore utile ?

I- Le panafricanisme selon Garvey, Padmore, Nkrumah et *alii*

Dans « panafricanisme », on a le préfixe grec *pan* qui signifie « tout » et « Afrique », mot qui proviendrait du terme berbère *avrik* qui signifierait « noir ». Appliqué au départ par les Romains aux habitants de la Tunisie, le nom « Afrique » désigne aujourd'hui un continent dont la majorité des habitants est de couleur noire[6]. Pour Garvey, Padmore, Nkrumah et d'autres, le panafricanisme est non seulement une idéologie[7], c'est-à-dire « *une vision du monde articulée*

[4] Edem Kodjo, *Panafricanisme et Renaissance africaine*, Lomé, Éditions Graines de Pensées, 2013.
[5] C'est à dessein que nous n'avons pas cité le Sénégalais Léopold Sédar Senghor, l'Ivoirien Félix Houphouët et le Camerounais Ahmadou Ahidjo présentés par plusieurs Africains ayant connu cette période comme des dirigeants utilisés par la France pour torpiller le projet panafricaniste.
[6] http://fr.wikipedia.org/wiki/Afrique
[7] « *Une des grandes idéologies produites au cours du XXe siècle* », selon l'historien congolais Élikia M'Bokolo. *Cf.* E. M'Bokolo, « George Padmore, Kwame Nkrumah,

à une action sur la société » (Nkrumah) mais également un mouvement dont les membres partagent une histoire commune (la traite négrière, l'esclavage et le néo-colonialisme), un mouvement qui prône l'unité, la solidarité entre les Noirs (où qu'ils soient), l'estime de soi et la prise en charge de soi par soi-même.

Ces thèmes occuperont une place de choix dans les différents congrès organisés par les panafricanistes. Le dernier congrès de cette génération eut lieu en 1945 à Manchester (Grande-Bretagne). Il marque un tournant important dans le sens où le mouvement devient plus politique en demandant clairement l'accession des territoires africains à l'indépendance. Nkrumah, soutenu par Padmore, Cyril Lionel James et Marcus Garvey, s'affirme, au cours de ce congrès, comme le nouveau leader du mouvement panafricain, mouvement auquel il apportera une touche plus militante et qui, de son point de vue, devrait se montrer plus attentif aux classes populaires. Mais, si le Congrès de Manchester est révolutionnaire, c'est pour deux autres raisons. La première, c'est que le Congrès réclame l'abolition des lois foncières autorisant les colons blancs à prendre les terres des Africains, le droit pour les Africains de développer les ressources économiques de leur pays, la suppression de toutes les lois de discrimination raciale, la liberté de parole, d'opinion, d'association et de réunion, l'éducation obligatoire et gratuite, l'installation d'un service de santé et d'aide sociale pour tous, le droit de vote à tous les hommes et femmes de plus de 21 ans, la fin du travail forcé et l'introduction du principe de salaire égal à travail égal.

La seconde raison, c'est que le Congrès de Manchester milite pour le respect de la souveraineté africaine.

Toutes ces idées généreuses ont-elles été réalisées, une fois l'indépendance politique acquise ? En d'autres termes, les panafricanistes sont-ils passés des discours aux actes ? Si oui, qu'est-ce qui a marché et qu'est-ce qui a moins bien marché ?

II- Succès et échecs des panafricanistes

L'une des grandes réussites des pères du panafricanisme est la création, le 25 mai 1963 à Addis-Abeba (Éthiopie), de l'OUA qui deviendra, en 2002 à Durban (Afrique du Sud), l'Union africaine[8].

Cyril L. James et l'idéologie de la lutte panafricaine », www.codesria.org/IMG/pdf/mbokolo.pdf

[8] *Ibid.*

Pourquoi l'Éthiopie fut-elle choisie pour héberger l'organisation panafricaine ? Parce que les troupes de l'empereur Ménélik, aidées par l'Érythrée, avaient défait en 1896 l'armée italienne lors de la bataille d'Adoua, au cœur de la région du Tigré (au Nord de l'Éthiopie)[9]. Pour Nkrumah et d'autres, l'Éthiopie était donc un puissant symbole : symbole d'une Afrique résistante et victorieuse, symbole d'une Afrique qui devient plus forte quand elle met ses forces ensemble. Qu'est-ce que l'organisation panafricaine, installée dans la capitale éthiopienne, a apporté aux Africains en termes de prise en main de leur destin, de mise en place de structures leur permettant de concevoir et d'agir librement ? Qu'a-t-elle fait pour que les Africains et les Noirs de la diaspora se connaissent mieux, se rencontrent, réfléchissent et travaillent ensemble ? Bref, l'OUA, puis l'UA ont-elles amélioré le sort du Noir au plan social, économique, culturel et politique[10] ?

Voici la réponse donnée en janvier 2013 par Mme Nkosazana Dlamini-Zuma, présidente de la Commission de l'Union africaine :

« *Si nous nous retournons sur ces cinquante dernières années, nous devons nous souvenir que notre première priorité était d'obtenir l'indépendance politique et d'éradiquer le régime de l'apartheid. Notre continent s'est rassemblé autour de ces causes, a consenti des sacrifices et a mutualisé ses ressources et ses efforts dans un élan de solidarité des mouvements anticoloniaux et de libération. Sous le leadership de l'Organisation de l'Unité africaine, l'Afrique a fait front uni sur ces questions, a émis un message clair et a parlé d'une seule voix. Cette unité d'objectif et d'esprit de sacrifice et de solidarité du continent, qui a amplifié les efforts des mouvements de libération, a conduit à la décolonisation et au démantèlement de l'Apartheid* »[11] .

Est-ce de cette « *unité d'objectif et d'esprit de sacrifice* » que naquirent des institutions telles que la BAD[12], la compagnie aérienne

---

[9] http://fr.umoja-org.com/1896-la-bataille-dadoua-ou-la-victoire-de-lethiopie-sur-litalie/

[10] Le mot « politique » signifie ici accession au pouvoir par les urnes, la séparation des pouvoirs exécutif, législatif et judiciaire, la liberté de la presse, la tenue d'élections justes, libres et transparentes, etc.

[11] http://informatiquesansfrontieres.org/afrique/6.html

[12] Créée en 1964, elle est implantée à Abidjan (Côte d'Ivoire). La crise politique l'obligea à s'installer temporairement à Tunis de 2003 à 2014.

Air Afrique[13], l'UÉMOA, la BCÉAO, la BÉAC, la CÉDÉAO ou l'UDÉAC ? Sans hésiter, nous répondons par la négative parce que Nkrumah et les autres panafricanistes voulaient des organisations non seulement continentales (et non régionales) mais indépendantes. Or tout le monde sait aujourd'hui que les organisations citées plus haut sont manipulées et téléguidées par la France et d'autres pays occidentaux.

Au plan culturel, s'il est incontestable que les Noirs d'Afrique et de la diaspora réussirent à parler « *d'une seule voix* » en élaborant et en publiant une Histoire générale de l'Afrique[14] ou en organisant des événements comme le premier congrès des écrivains et artistes noirs à la Sorbonne (Paris, 1956), le second congrès des écrivains et artistes noirs (Rome, 1959), le premier Festival mondial des Arts nègres (Dakar, avril 1966), le Festival panafricain (Alger, juillet 1969), le second Festival mondial des Arts et de la Culture nègres et africains (Lagos, 1977)[15], la Semaine du Cinéma africain (Ouagadougou, 1969)[16], le Festival Panafricain de Musique organisé dans les deux Congos, les conférences abritées par Brazzaville et Kinshasa en avril 1985 pour évaluer le poids du 19e siècle sur le devenir de l'Afrique et déterminer les choix politiques les plus indiqués en vue de son développement, il est cependant difficile d'affirmer que ces événements, restés sans lendemain, sont l'œuvre de l'OUA. D'une part, parce que l'OUA fut créée après certaines de ces activités culturelles ; d'autre part, parce que l'on doit certaines de ces rencontres plus à des individus qu'à l'OUA. C'est le cas du festival des arts nègres organisé en 1966 à Dakar. La conception et l'organisation de ce festival sont l'œuvre du premier président sénégalais.

---

[13] Le 28 mars 1961, 11 États africains – le Cameroun, la République Centrafricaine, le Congo-Brazzaville, la Côte d'Ivoire, le Dahomey, le Gabon, la Haute-Volta, la Mauritanie, le Niger, le Sénégal, le Tchad –signaient à Yaoundé un traité portant création de la compagnie multinationale Air Afrique. Celle-ci fonctionnera du 15 octobre 1961 au 27 avril 2002.

[14] Sous le patronage de l'UNESCO et sous la direction de Ki-Zerbo, Djibril Tamsir Niane, Christophe Wondji, Ali Mazrui, Adu Boahen et autres.

[15] Il réunit plus de 700 personnes autour du thème « Civilisation noire et éducation ».

[16] Cinq pays africains - le Sénégal, la Côte d'Ivoire, la Haute-Volta (actuel Burkina Faso), le Niger et le Cameroun - y étaient représentés. Trois ans plus tard, la semaine deviendra le Festival Panafricain du Cinéma de Ouagadougou (FESPACO),

En se rendant au Bénin, au Ghana, au Kenya, au Sénégal ou en Éthiopie avant et après la sortie du film *Racines* d'Alex Haley, plusieurs Afro-Américains, Haïtiens et Antillais voulaient faire passer un double message : ils se sentent fils et filles d'Afrique, d'une part, et leur sort est lié à celui de ce continent, d'autre part.

Ces exemples ne sont pas exhaustifs, tant s'en faut. D'autres structures, événements et initiatives mériteraient de figurer sur la liste des actions menées par les panafricanistes pour concrétiser l'unité qu'ils appelaient de tous leurs vœux. Une unité qui, à en croire Nkrumah, devait se construire par étapes. Il proposait, ainsi, l'adoption d'une constitution « *à l'intention des États qui accepteraient de constituer un noyau, en laissant la porte ouverte à tous ceux qui désireraient se fédérer ou obtiendraient la liberté qui leur permettrait de le faire* ». Cette constitution « *pourrait être amendable à n'importe quel moment où l'ensemble de l'opinion le jugerait bon* ». Le premier président ghanéen ajoute :

« *Peut-être pourrait-on donner une expression concrète à nos idées actuelles en instituant un parlement continental à deux chambres, dont l'une représenterait la population et discuterait des nombreux problèmes auxquels l'Afrique doit faire face, et l'autre, qui assurerait l'égalité des États, sans considération de taille ni de population, chacun d'eux y envoyant le même nombre de délégués, formulerait une politique commune dans tous les domaines qui concernent la sécurité, la défense et le développement de l'Afrique* »[17].

Un parlement bicaméral continental ? L'Afrique n'en possède pas encore, pas plus qu'elle n'a réussi à se doter d'une armée commune, d'une monnaie commune, d'une langue africaine commune, d'un passeport commun ou d'une Cour de justice. Pourquoi en est-il ainsi ? Pourquoi le panafricanisme échoua-t-il sur certains points ? Je crois que les Occidentaux, que le projet panafricaniste semblait ne pas réjouir, voulaient soit le voir mourir le plus vite possible, soit le récupérer, c'est-à-dire l'amener à servir les intérêts de l'Occident. Pour cela, il fallait d'abord infiltrer toutes les structures issues de ce projet, ensuite les financer ou les subventionner, toutes choses qui auraient pu être évitées si chaque État africain s'acquittait de ses cotisations.

---

[17] *Cf.* K. Nkrumah, *Africa must unite*, pp. 220 et 253.

La leçon que l'on pourrait tirer ici, c'est que les dirigeants africains, arrivés au pouvoir après les Nkrumah et Nyerere, avaient d'autres préoccupations que l'honneur, la dignité, la liberté du Noir et la prise en main de son destin par lui-même car comment comprendre que plusieurs d'entre eux soient plus nombreux aux sommets franco-africains qu'à ceux de l'UA, de la CÉDÉAO ou de la CÉÉAC ? Comment comprendre que leur premier réflexe soit de faire appel à la France ou à l'ONU dès qu'un conflit ou une guerre éclate dans tel ou tel pays africain ? Comment comprendre que les attentats de Paris contre le journal satirique français *Charlie Hebdo* les émeuvent plus que les tueries massives commises au Nigeria, en Côte d'Ivoire et en RDC ?[18] Comment comprendre que les institutions africaines soient financées jusqu'à maintenant par l'Union européenne ? Comment comprendre qu'ils n'aient pas été suffisamment solidaires de Mouammar Kadhafi qui, en plus d'avoir aidé nombre de pays africains, voulait contribuer à rendre l'Afrique plus autonome ? Comment comprendre que, hormis Abdoulaye Wade, les chefs d'État africains se soient peu mobilisés après que la République d'Haïti fut dévastée en janvier 2010 par un tremblement de terre ? Pour moi, de tels comportements ne peuvent s'expliquer que par le fait qu'un bon nombre de présidents africains préfèrent « *dormir sur la natte des autres plutôt que sur leur propre natte* »[19], tendre continuellement la sébile à l'Occident, oubliant que celui qui donne est toujours enclin à ordonner, c'est-à-dire à imposer ses vues à celui qui reçoit. Et, si certains Africains préfèrent la natte du Blanc à leur propre natte, nourrissent un stupide complexe d'infériorité à l'égard du Blanc[20], pensent que les choses de ce dernier ont plus de valeur que celles du

---

[18] Le président camerounais Paul Biya n'avait pas hésité à fustiger ses collègues africains qui "font honte à l'Afrique [parce qu'ils] rendent des hommages aux morts français alors que les morts de chez nous, ils s'en foutent". *Cf.* http://ivoirebusiness.net/?q=articles/charlie-hebdo-le-pr%C3%A9sident-paul-biya-se-moque-de-ses-pairs-africains.

[19] Quand Ki-Zerbo parle de pensée et de développement endogènes, il n'appelle pas les Africains à s'enfermer dans le passé et les réalités africains. Il souhaite simplement que l'Afrique puise dans ses propres profondeurs sans se fermer au monde, tel un arbre qui, tout en se nourrissant des vents extérieurs, reste solidement enraciné dans sa terre. *Cf. La natte des autres. Pour un développement endogène en Afrique*, Paris, Karthala, 1993.

[20] Stupide car, dans *Nations nègres et culture* (Paris, Présence Africaine, 1954), Cheikh Anta Diop a démontré que l'Afrique a contribué à l'évolution des civilisations humaines dans les domaines des mathématiques, de la médecine, des lettres, de la philosophie, de l'architecture, de l'astronomie, etc.

Noir, c'est parce qu'ils souffrent de ce que Cheikh Anta Diop (1923-1986) a appelé « *l'aliénation mentale* »[21]. Fanon utilise, lui, le terme « *dépersonnalisation* » et estime que la colonisation est responsable de cette dépersonnalisation[22] .

Pour Carlos Lopes, l'une des conséquences de cette « aliénation » ou « dépersonnalisation », c'est que, « *en dépit de l'optimisme affiché à l'époque [1963], l'Afrique n'est pas parvenue à achever le cycle de transformation, contrairement à l'Asie qui, dans une large mesure, l'a bouclé aujourd'hui* ». Lopes poursuit :

« *Si la part de l'Asie de l'Est dans les exportations mondiales est passée de 2, 25 % à 17, 8 % sur une période de 40 ans (de 1970 à 2010), celle de l'Afrique a, en revanche, marqué un net recul, passant de 4, 99 % au niveau actuel de 3, 33%* »[23]. Notre incapacité à transformer ce que nous produisons est une anomalie que nous devons corriger le plus vite possible. Comme le souligne Paul Daniel Bekima, « *il serait avisé d'avoir un objectif plus ambitieux, celui de contrôler nos ressources depuis la phase de l'exploration jusqu'à celui de la distribution et, pour cela, il est nécessaire de bâtir des universités régionales ayant pour mission la maîtrise des connaissances nécessaires dans l'exploitation de nos matières premières... Ces institutions devraient nous permettre de résoudre deux problèmes : 1) celui de la transformation sur place de nos matières premières qui doit être une priorité. 2) Nous garantir que nous aurons toujours, sous la main, les ressources humaines locales et compétentes nécessaires à notre politique des matières premières* »[24].

À quoi peut-on attribuer le fait de vendre à vil prix nos matières premières sans jamais exiger des acheteurs qu'ils nous fournissent les

---

[21] Dans *Civilisation ou barbarie : anthropologie sans complaisance* (Paris, Présence Africaine, 1981), C. A. Diop ironise sur ces Africains qui ont « *acquis des réflexes de subordination, pensent à travers leur maître, etc.* »

[22] Prenant le contrepied des thèses du psychiatre français Antoine Porot selon lesquelles le Nord-Africain est « *hâbleur, menteur, voleur et fainéant* », Fanon soutient en effet que c'est plutôt « *la colonisation qui fait de l'homme colonisé un être infantilisé, déshumanisé, acculturé, propre à être pris en charge par l'autorité colonisatrice* ». *Cf. Peau noire, masques blancs*, Paris, Maspero, 1952.

[23] Carlos Lopes, « De la naissance du panafricanisme à une renaissance africaine », http://www.uneca.org/fr/es-blog/de, « -la-naissance-du-panafricanisme-une-renaissance-africaine ».

[24] P. D. Bekima, « Afrique, comment briser les chaînes de la domination étrangère. 3e partie : Pistes de solutions », *www.Cameroonvoice.com* du 11 février 2015.

moyens de transformer ces matières premières sur place, si ce n'est à notre légèreté ?

C'est la même légèreté qui nous pousse à acheter des maisons ou châteaux et à ouvrir des comptes bancaires en Suisse, en France, à Monaco ou ailleurs en Europe avec les deniers publics au lieu d'investir sur le continent africain et d'y créer des emplois pour les nombreux diplômés qui sortent chaque année des universités et grandes écoles. Nous ne pouvons pas prétendre aimer l'Afrique, nous ne pouvons pas parler de renaissance africaine, et continuer à agir de la sorte. Est venu le moment d'imiter l'exemple du Nigérian Aliko Dangoté dont la compagnie, *Dangote Group*, opère dans plusieurs pays africains. Les Africains, qui se sont enrichis honnêtement ou frauduleusement, devraient se lancer dans l'industrialisation du continent comme Dangoté qui a déjà construit une raffinerie de sucre et une usine d'emballage au Nigeria pour les pâtes alimentaires et a commencé à installer des cimenteries en Afrique du Sud, en Zambie, en Éthiopie, au Sénégal, au Mozambique et au Cameroun. Le cas Dangoté est la preuve que le retard que nous avons pris dans la transformation de nos matières premières n'est pas un problème insurmountable, que nous ne sommes pas condamnés à vivre à la périphérie ou aux marges de l'Histoire.

Devant les malheurs et souffrances qui accablent notre continent, la tentation est grande de désespérer de l'homme noir et de l'Afrique, de penser que le panafricanisme n'est plus d'actualité. Non, le panafricanisme n'est pas dépassé. Lorsque Sékou Touré choisit en 1958 de sortir de l'empire colonial français, la France prit des mesures de rétorsion contre la Guinée. Environ 3.000 Français quittèrent ce pays après avoir détruit tout ce qui ne pouvait être emporté par eux. Plusieurs nationalistes ou souverainistes africains parmi lesquels David Diop[25], Joseph Ki-Zerbo et Harris Memel-Fotê se mirent spontanément à la disposition de Sékou Touré pour l'aider à faire marcher le pays. 57 ans plus tard, en envoyant des soldats combattre Boko Haram au Cameroun, le Tchad d'Idriss Déby et le Niger de Mahamadou Issoufou sont en train de témoigner de la même solidarité et de nous dire que, si les Africains le veulent, ils peuvent unir leurs forces et déplacer des montagnes. Les pères du panafricanisme n'ont

---

[25] Auteur du fameux recueil de poèmes *Coups de pilon* (Paris, Présence Africaine, 1956), il disparut prématurément dans un accident d'avion, le 29 août 1960.

jamais prêché autre chose. C'est pourquoi nous pensons que l'Afrique a encore besoin du panafricanisme.

III- L'Afrique a encore besoin du panafricanisme

Ce serait une grave erreur de ne plus croire en l'Afrique. Nous n'avons pas le droit de rejoindre le camp des Afro-pessimistes. Notre camp est celui des Afro-optimistes comme Ben Okri qui, dans *Ways of Being Free*[26], écrit :

« *Ils me disent que la nature veut la survie des plus forts. Et ils observent de merveilleux poissons dorés évoluer entre les rochers silencieux des fonds de l'océan, pendant que les requins sillonnent les eaux dans leurs rêves inatteignables de domination océanique et alors que les baleines disparaissent* ». Le poète nigérian poursuit :

« *Combien de papillons et d'iguanes prospèrent alors que les éléphants s'éteignent et que même les lions feulent dans une solitude toujours plus grande* ».

Et Okri conclut par cette phrase :

« *Il n'y a pas de peuple impuissant. Il n'y a que ceux qui n'ont pas vu et pas mis en action leur force et leur volonté. Ce serait peut-être un exploit inespéré à certains yeux, mais ceux qu'on sous-estime peuvent tout à fait contribuer à l'avènement d'une nouvelle ère de l'histoire humaine. Un nouvel élan doit venir de ceux qui souffrent le plus, et qui sont le plus attachés à la vie* ».

Les Africains ont perdu confiance en eux-mêmes, sont devenus la risée du monde, se sont repliés chacun sur son ethnie parce que, à l'exception de Thomas Sankara, les présidents qui ont succédé à la génération des Nkrumah, Lumumba et Nasser, se sont écartés des valeurs et intuitions des pères du panafricanisme. Aliénés, complexés, corrompus et incapables de voir grand et loin, ces chefs d'État ont cherché à plaire à l'Occident, à y cacher l'argent volé à leurs peuples, plutôt qu'à développer l'Afrique. Ce qui les intéresse, ce n'est pas donner à l'Afrique les moyens de devenir plus forte et plus maîtresse de son destin mais se mettre au service de ceux qui pillent les richesses du continent tout en méprisant l'homme noir. Si *Afrique Media, Cameroonvoice.com* et d'autres médias africains jouent indéniablement un rôle capital dans l'éveil des consciences africaines, nous ne renverserons vraiment la vapeur, ne renouerons avec les

[26] London, Phoenix House, 1997.

valeurs du panafricanisme, ne regagnerons le respect et la considération des autres peuples, que si nous sommes dirigés par des panafricanistes convaincus et acquis à la cause de l'homme noir. C'est la raison pour laquelle je me réjouis personnellement de l'arrivée de Robert Mugabe à la tête de l'Union africaine. Pour mémoire, le président zimbabwéen est un des héros de la lutte pour l'indépendance contre le régime ségrégationniste et liberticide[27] qui dirigeait la Rhodésie du Sud d'alors. Avec d'autres nationalistes comme Joshua Nkomo, il mit fin en 1980 à la colonisation britannique dans son pays. Ce n'est pas ce Mugabe-là qui pourrait être effrayé ou impressionné par les Cameron, Hollande et autres dirigeants occidentaux qui n'étaient rien quand lui, Mugabe, se battait pour son pays. Ce n'est pas un tel homme qui rampera ou s'agenouillera facilement devant l'Occident. Parce qu'il incarne cette Afrique libre et digne, le nouveau président de l'UA mérite d'être soutenu dans son projet de retirer l'Afrique de la Cour pénale internationale[28]. Les Africains doivent sortir de cette cour parce qu'elle est raciste, partiale et au service de l'Occident ; ils doivent suivre l'exemple de Césaire qui, choqué par le refus du Parti communiste français (PCF) de condamner les crimes et les méthodes de Staline, démissionna en 1956 de ce parti en adressant une lettre au secrétaire général du PCF[29]. En un mot, Mugabe est un insoumis et cette insoumission est l'une des choses qu'il a en commun avec Césaire, mais aussi avec Laurent Gbagbo qui dans son message du 6 décembre 2014 au peuple ivoirien faisait remarquer que *« s'aplatir ou se soumettre, sous prétexte que la soumission peut adoucir les cœurs de ceux qui sont en face de nous, n'a jamais payé dans le monde*[30] ». Ce n'est donc pas un hasard si plusieurs centaines d'Ivoiriens, d'Africains et d'Afro-Américains se retrouvèrent le 26 septembre 2012 devant le siège de l'ONU pour exprimer leur soutien et leur attachement à Robert Mugabe et à Laurent Gbagbo considérés

[27] Les Noirs de Rhodésie du Sud, plus de 2 millions au début des années 1950 contre 200 000 Blancs, n'étaient pas autorisés à faire grève, à adhérer à un syndicat ou à un parti politique et à être des propriétaires terriens.

[28] *Le Quotidien d'Abidjan* du 19 février 2015.

[29] *Lettre à Maurice Thorez*, Paris, Présence Africaine, 1957.

[30] http://www.ivoirebusiness.net/?q=articles/pr%C3%A9sidence-du-fpi-laurent-gbagbo-%C3%A0-louverture-de-sa-campagne-%C2%AB-la-soumission-n%E2%80%99-jamais-pay%C3%A9

par eux comme deux panafricanistes prêts à sacrifier leur vie pour le respect de la souveraineté des peuples noirs[31].

Se soumettre à ceux qui veulent nous voir à la traîne ou bien leur résister ? Je ne sais pas quel choix chacun de nous fera. Je sais seulement avec Ki-Zerbo que, « *si nous nous couchons, nous sommes morts* ».

Avant la création de l'OUA, deux camps s'affrontaient : d'un côté, il y avait les partisans du fédéralisme (groupe de Casablanca) conduits par Kwame Nkrumah ; l'autre camp était formé par ceux qui étaient pour une « *Afrique des États* » (groupe de Monrovia). Le second courant, qui avait pour leader Senghor, imposa sa vision. L'OUA devint ainsi un outil de coopération entre les États.

Face à une Europe qui « *maintient une politique de prédation sur le continent africain* » (Amzat Boukari-Yabara)[32], le temps n'est-il pas venu d'essayer la fédération comme le préconisaient les Nkrumah, Cheikh Anta Diop et Joseph Ki-Zerbo ? Certains feront remarquer à juste titre que tous les problèmes du continent ne disparaîtront pas automatiquement avec le fédéralisme mais, comme le note Bienvenu Okiémy, la fédération « *permet de s'unir sur des projets communs (économiques, scolaires, sanitaires) par un contrat qui peut être rompu par l'une des parties en cas de désaccord* ». Pour le politologue congolais, « *cette flexibilité est la condition qui permet de transcender les oppositions entre États jaloux de préserver leur souveraineté* ».

Il poursuit :

« *Un modèle répondant à cette vision devrait transférer les compétences régaliennes de l'État au gouvernement central (rôle qui pourrait être endossé par la Commission). Chacun devrait alors contribuer financièrement pour fournir des moyens correspondant aux objectifs visés. Cependant, ce modèle centralisé doit répondre à la réalité du terrain. Il faut donc se diriger vers une gouvernance collégiale et une part de décentralisation. Il faut penser en termes de citoyenneté, et non d'État, et associer les populations*[33] ».

---

[31] http://gbodosahoua-gbodosahoua.blogspot.com/2012/10/les-patriotes-des-etats-unis-soutiennent.html

[32]http://www.africultures.com/php/index.php?nav=article&no=12768#sthash.iAh7EubC.dpuf

[33] http://www.missions-africaines.net/index.php?id=article&tx_ttnews%5Btt_news%5D=312&cHash=e85da23281

De *Nations Nègres et Culture*, un des ouvrages majeurs de Cheikh Anta Diop, Aimé Césaire disait qu'il est « *le livre le plus audacieux jamais écrit par un Nègre* ». L'audace : voilà une des choses qui caractérisaient les pères du panafricanisme dont la vision pourrait être résumée en 4 mots : unité, solidarité, compter sur ses propres forces et ne jamais plier l'échine devant le Blanc. Cette audace et cette vision, il nous revient de les retrouver. Pour cela, nous devons nous débarrasser non seulement de tout complexe d'infériorité mais aussi de l'idée que l'Afrique francophone peut s'affranchir de l'ancienne puissance colonisatrice sans sacrifices.

Comme on peut le voir, le panafricanisme est encore utile aux Africains et aux Noirs de la diaspora. Mais ce panafricanisme ne fera aucun miracle si nous continuons de penser que le Noir est maudit, que nous ne pouvons rien faire sans le Blanc et que chaque pays peut s'en sortir tout seul. Ce n'est pas non plus en nous arcboutant sur des micro-États, ni en nous repliant sur nos petites ethnies, que nous tiendrons tête aux pays occidentaux qui font bloc, y compris pour semer la mort et la désolation dans nos pays comme on l'a vu en Irak et en Libye. C'est plutôt unis que nous serons forts. Pour dire les choses autrement, il nous incombe aujourd'hui de concrétiser l'appel de Nkrumah, d'admettre une fois pour toutes que, si l'Afrique veut « *contribuer à l'avènement d'une nouvelle ère de l'histoire humaine* », elle doit s'unir, aller vers le fédéralisme continental[34].

En résumé, je voudrais insister sur le fait que le panafricanisme est plus que jamais à l'ordre du jour parce qu'il nous appelle à « *abandonner toutes les vieilles routes, celles qui ont mené à l'imposture, à la tyrannie, au crime, [parce que] nous ne voulons plus nous contenter d'assister à la politique des autres, au piétinement des autres, aux combinaisons des autres, aux rafistolages de consciences ou à la casuistique des autres* »[35].

Jean Ziegler parle de « *l'insurrection des consciences* » qui consiste à briser « *les chaînes de l'aliénation [qui] sont passées de nos pieds à nos nuques* »[36]. Les Noirs d'Afrique et de la diaspora parviendront-ils à briser ces chaînes s'ils ne prennent pas l'habitude de problématiser leurs questions ? Qui prendra au sérieux leurs discours sur le panafricanisme s'ils sont travaillés par des clivages ethno-

[34] Fabrice Hervieu Wané, « Cheikh Anta Diop, restaurateur de la conscience noire », *Le Monde diplomatique*, janvier 1998.

[35] *Lettre à Maurice Thorez, op. cit.*

[36] J. Ziegler, *L'empire de la honte*, Paris, Fayard, 2005.

tribalistes et si chacun ne s'intéresse qu'aux choses de son pays ? Comment déconstruiront-ils les savoirs néo-coloniaux, françafricains et franc-maçons qui circulent même au sein des universités africaines, si la danse, le manger et le boire les mobilisent beaucoup plus que la réflexion et la discussion ?

Chapitre 2
Le Rhdp n'a gagné ni élection, ni guerre

Mon cher Diabaté, bonjour !

C'est toujours, pour moi, un plaisir de te lire car, bien que ressortissant du Nord et musulman, tu n'a jamais été un fanatique de Dramane Ouattara ni un partisan de l'immixtion de la Religion dans la Politique. Dans ta dernière lettre, tu commences par dire que la ville où tu résides est plus pauvre qu'avant et que rien n'a encore été fait au Nord et pour le Nord bien que ceux qui ont pris les armes en 2002 clament et proclament avoir fait la guerre pour développer enfin le Nord. Et pourtant, ajoutes-tu, ils construisent ou achètent des villas au Burkina, au Mali et en France. Il est heureux que toi et d'autres fils du Nord commenciez à comprendre qu'on vous a menti et trompés.

Ta lettre soulève plusieurs questions de fond aussi intéressantes les unes que les autres. Tu te demandes, par exemple, si Venance Konan (VK) a raison de souhaiter que soient arrêtées et durement sanctionnées les personnes qui ont tué Traoré Mamadou alias Zama, le chef des microbes qui continuent de terroriser les populations d'Adjamé et d'Attécoubé. VK, qui a vendu son âme à l'autre pour diriger enfin le journal de tous les Ivoiriens alors qu'il est de ceux qui le vilipendèrent et l'injurièrent le plus sous le règne de Bédié, est à côté de la plaque. Autrement dit, il pose de fausses questions. La vraie ou la bonne question est celle de savoir pour qui travaillait Zama, qui profitait de ses rackets et pourquoi le CCDO (Centre de coordination des décisions opérationnelles) ne l'inquiéta jamais, tout comme ne sont pas inquiétés jusqu'ici Dramane Ouattara, Koné Zakaria, Issiaka Ouattara dit Wattao, Soro Kigbafori, Chérif Ousmane, Ben Laden, Morou Ouattara et d'autres coupables de crimes de sang et de crimes contre l'humanité, quoique Dramane ait juré, devant des médias français, que tous les crimes de la crise post-électorale ne resteraient pas impunis. Si VK lit ou relit l'interview de Diaby Almamy, imam de la mosquée Ifpg du Plateau (Abidjan), il trouvera aisément une réponse à ces questions. Il se dit opposé à la *mob justice* (justice populaire) mais s'est-il aussi demandé ce qui pousse la population à se faire justice, si la justice et la police sous Ouattara sont corrompues ou non, aux ordres ou non, crédibles ou non ? Car, en général, quand les gens décident de se venger eux-mêmes dans les quartiers, c'est parce qu'ils ont attendu en vain la protection de l'État. Les habitants d'Adjamé et d'Attécoubé ne sont donc pas à blâmer. La seule personne qui mérite blâme et sanction, c'est Dramane Ouattara qui a cassé les prisons et armé les bandits qui y étaient détenus ; c'est lui qui interdit à la justice et à la police d'arrêter et de sanctionner des voyous qui, depuis 2002, travaillent pour lui et attendent toujours de recevoir ce qu'il leur a promis.

S'agissant du dernier papier de VK, mentionné dans le second paragraphe de ta missive, il a ceci d'intéressant qu'il nous rappelle le traitement infligé aux Français qui se joignirent à l'Allemagne nazie après la libération de la France. Konan est-il en train de nous indiquer comment lui-même, Bédié, Dramane, Soro, Adjoumani et d'autres indignes collabos de la France devront être traités après que notre pays sera libéré (ce qui ne saurait plus tarder) de l'occupation et de l'exploitation françaises ?

Dans le troisième paragraphe de ta lettre, tu cherches à savoir si on est créé cardinal parce qu'on a plus de mérites que les autres évêques catholiques et si un cardinal peut être ami et conseiller d'un « dictateur » (le mot est de toi). Ma réponse est que c'est par pure grâce – et non parce qu'on est plus intelligent et plus vertueux que les autres –qu'on devient pape, cardinal, évêque ou prêtre, même si, dans l'Histoire, le pape éleva certains prêtres et évêques à la dignité cardinalice pour saluer ou récompenser leur résistance à un régime dictatorial ou tyrannique. C'est, par exemple, le cas de Mgr Jules-Géraud Saliège (1870-1956), archevêque de Toulouse, qui s'opposa à la déportation des Juifs pendant l'occupation de la France et aux exactions nazies. Dans un épiscopat majoritairement pétainiste, cela s'appelle avoir du cran. Sa lettre pastorale, *Et clamor Jerusalem ascendit*, fut lue dans toutes les paroisses de Toulouse le 23 août 1942 malgré l'interdiction du préfet Pierre Bertaux. Quelques Toulousains s'en souviennent encore en raison de cette question essentielle qui y était posée :

« *Pourquoi sommes-nous des vaincus* ? »

Quand la France fut libérée, Saliège fut nommé cardinal par le pape Pie XII. Comme il ne pouvait pas se déplacer, c'est le nonce apostolique d'alors, Mgr Angelo-Giuseppe Roncalli (le futur Jean XXIII), qui se rendit à Toulouse pour lui remettre son chapeau de cardinal. Un autre évêque qui devint cardinal pour avoir fait montre de courage est Stefan Wyszyński (1901-1981). Beaucoup de Polonais le considèrent comme un héros national parce qu'il fut emprisonné puis assigné à résidence, de 1949 à 1956, par le régime communiste dont il dénonçait les abus et dérives.

Je pense également au Tchèque Josef Beran (1888-1969) arrêté le 6 juin 1942 par la Gestapo, puis déporté au camp de concentration de Dachau (Allemagne). Libéré en 1945 de Dachau, il sera transféré à la prison de Roslov en 1951. Il n'en sortira qu'en 1963. C'est sa capacité à dire « non » à l'oppression que subissait son peuple qui valut à Mgr Beran d'entrer dans le collège cardinalice en 1965[37]. Et son courage était d'autant plus remarquable que l'opportunisme et la collaboration étaient monnaie courante dans la Tchécoslovaquie de cette époque.

Mgr Bernard Yago ne resta pas silencieux quand il y eut les faux complots d'Houphouët et qu'Ernest Boka fut assassiné dans la sinistre prison d'Assabou[38] ; il ne fut pas inactif quand des étudiants furent injustement retenus en 1990 au commissariat central d'Abidjan. En 1992, il était présent au palais de justice du Plateau (Abidjan) quand les leaders du FPI et de la LIDHO y étaient jugés après avoir été faussement accusés par Dramane Ouattara de destruction de biens privés et publics pendant la marche organisée par l'opposition pour protester contre le refus du gouvernement de punir les militaires ayant commis blessures et viols en mai 1991 à la cité universitaire de Yopougon. Selon l'Allemand Bruno Wustemberg, ancien nonce en Côte d'Ivoire, c'est ce refus de l'injustice et de la dictature qui poussa les autorités vaticanes à faire de Yago le premier cardinal ivoirien[39]. Rien ne pouvait faire taire les hommes que je viens de citer ; ils étaient prêts à verser leur sang pour que triomphent la vérité et la justice et c'est ici que nous retrouvons le symbolisme de la couleur des ornements cardinalices. Les cardinaux portent le rouge en souvenir du sang versé par le Christ. C'est pourquoi les nouveaux élus sont invités par le pape, le jour de leur élevation, à résister jusqu'au sang (*usque ad sanguinem*) aux dictateurs et oppresseurs de tout poil. Aujourd'hui, dans notre pays, l'opposition n'est pas autorisée à manifester pacifiquement ou à organiser des *meetings* ; elle ne peut même pas se réunir dans son propre quartier général. Ne parlons pas des médias

---

[37] http://fr.wikipedia.org/wiki/Josef_Beran.

[38] *Cf.* Samba Diarra, *Les faux complots d'Houphouët-Boigny. Fracture dans le destin d'une nation (1959-1970)*, Paris, Karthala, 1997.

[39] *Cf.* Jean-Claude Djéréké, *Les hommes d'Église et le pouvoir politique en Afrique. Le cas de Mgr Bernard Yago*, Paris, L'Harmattan, 2009.

d'État monopolisés par la coalition au pouvoir qui s'est arrogé le droit de discuter avec tel opposant/tel parti politique plutôt qu'avec tel autre, une coalition qui n'a jamais pris de mesures à l'encontre de ceux qui ont enlevé et assassiné des enfants il y a quelques mois. Et certaines personnes comme F. Nyamsi voudraient que les Ivoiriens soient reconnaissants à Soro Kigbafori de cette « démocratie » qui bâillonne, égorge ou brûle celui qui est en désaccord avec Dramane Ouattara. Pour ma part, je dirais que nous avons affaire à une vraie « démoncratie » car, depuis le 11 avril 2011, nous sommes gouvernés par des démons.

Au sortir de la messe du 18 avril 2015, Dramane Ouattara a affirmé que le cardinal Kutwã est « *un grand homme, son ami et conseiller* ». Possible que Kutwã ait rendu des services à Dramane et que, pour cela, il soit considéré par ce dernier comme « un grand homme » mais qu'a-t-il fait de si important pour les Ivoiriens pour recevoir un tel compliment ? A-t-il contribué à ce que la Côte d'Ivoire soit plus juste, plus humaine et plus pacifique ? Si oui, de quelle manière ? Est-ce lui qui a conseillé à Dramane de décréter la fermeture des banques et l'embargo sur les médicaments en 2010-2011, d'envoyer Laurent Gbagbo et Blé Goudé à la Haye, de garder environ 800 pro-Gbagbo en prison pendant 3 ans et demi sans jugement, de traquer et de trucider tous ceux qui ne pensent pas comme Ouattara ? Que Dramane et Kutwã soient des amis est leur droit mais l'amitié empêche-t-elle deux personnes de se dire la vérité, surtout si l'on prétend être serviteur de Jésus qui s'est présenté comme « *le chemin, la vérité et la vie* » ? Tout « *homme de Dieu* », à mon avis, devrait être au service de la vérité, être amoureux de la vérité, être attaché au principe selon lequel la vraie amitié se nourrit de vérité. En disant cela, je ne peux pas ne pas penser à deux hommes : l'ancien cardinal sénégalais, feu Hyacinthe Thiandoum, et l'archevêque anglican sud-africain, Desmond Tutu. Le premier n'était pas seulement Serrer et catholique comme Senghor ; il était aussi son ami. Pourtant, lorsque Mamadou Dia fut injustement accusé par Senghor de tentative de coup d'État, puis condamné à perpétuité et détenu dans d'effroyables conditions à Kédougou pendant 12 ans, Thiandoum refusa de soutenir son ami Senghor ; il protesta énergiquement et publiquement contre l'arrestation et l'emprisonnement de Dia[40].

[40] *Cf.* Chérif Elvalid Sèye, *Mgr H. Thiandoum. À force de foi*, Paris, L'Harmattan, 2007.

Desmond Tutu et Nelson Mandela étaient, eux aussi, des amis. Une amitié forgée dans la lutte contre l'odieux système d'apartheid. En 1994, Mandela et l'ANC accédèrent au pouvoir. Quand certains ministres noirs percevaient de gros salaires et roulaient dans des voitures rutilantes pendant que la majorité des Noirs était confrontée à la misère et à l'insalubrité dans les townships, Mgr Tutu rencontra son ami Mandela, lui fit part de son indignation et l'invita à mettre fin à ce scandale. Fort heureusement, Mandela l'écouta.

La seconde fois où Desmond Tutu interpella Mandela, c'est quand ce dernier vivait en concubinage avec Graça Machel. Tutu fit remarquer à son ami que ce n'était pas un bon exemple pour la jeunesse et lui conseilla de régulariser sa situation matrimoniale le plus tôt possible. Et Madiba ne tarda pas à appliquer le conseil de son ami. C'est cela, la vraie grandeur d'un homme : elle n'est pas d'abord dans les titres, dans les parchemins, encore moins dans les accoutrements mais dans cette capacité à chérir la vérité et la justice et à les défendre, quoi qu'il advienne. Tutu et Mandela sont de grands hommes parce que leur amitié ne les empêcha jamais de se parler franchement et de s'écouter, parce qu'ils étaient persuadés que « *vient un moment où le silence devient trahison* » (Martin Luther King) et que seules la vérité et la justice sont à même d'élever et de faire progresser une nation.

J'ignore quels conseils Kutwã a déjà donnés à Dramane Ouattara pour le bien de la Côte d'Ivoire. Ce que je sais, c'est que certaines villes sont devenues des sièges cardinalices. Paris, Milan, Madrid, Berlin, New York, Kinshasa, Ouagadougou, Nairobi, Abidjan peuvent être rangées dans cette catégorie. Cela veut dire que, quand l'évêque de la ville est nommé cardinal, c'est moins pour honorer un individu que pour pourvoir un siège laissé vacant par la disparition de l'ancien « prince de l'Église ».

À la fin de ta lettre, tu qualifies la justice ivoirienne de « justice des vainqueurs ». Cette expression ne fait pas partie de mon vocabulaire pour la simple raison que Bédié, Ouattara, Mabri et Anaky – qui découvre, maintenant seulement, que Dramane est dictateur et violent – n'ont pas vaincu Laurent Gbagbo dans les urnes et sur le terrain militaire. S'ils avaient gagné, ils n'auraient pas refusé le recomptage des voix par une commission internationale et Youssouf Bakayoko ne serait pas allé proclamer, tout seul et après délai, des résultats provisoires à l'hôtel du Golf, quartier général du RHDP (Rassemblement des Houphouëtistes pour la démocratie et la paix).

Secondement, c'est la coalition franco-onusienne qui a fait le sale boulot (bombarder les camps militaires, la Radio-Télévision ivoirienne et la résidence du chef de l'État) après avoir armé et transporté les rebelles dans ses hélicoptères. Je préfère que tu parles désormais de justice aux ordres ou de justice sous influence comme les médias français sont à la remorque du gouvernement français.

Tu dis ne pas savoir si notre pays pourra renouer un jour avec la liberté de manifester, de s'exprimer et de circuler partout. Je te répondrai que cela est possible et que cela dépend de toi, de moi et de tous ceux qui sont épris de souveraineté et de liberté. Ce que nous subissons depuis 1960 – pillage de nos richesses par la France avec la complicité d'une minorité d'Ivoiriens corrompus et égoïstes, ingérence des hommes politiques français dans nos affaires internes à l'insu du peuple qui les a élus, maintien du 43e BIMA dans notre pays, etc. – n'est pas une fatalité. Il n'est écrit nulle part que nous sommes voués à être la vache à lait de la France et de certains pays de la CÉDÉAO. Comme le peuple burkinabè qui chassa, fin octobre 2014, le sanguinaire et criminel Blaise Compaoré, les Ivoiriens, organisés et galvanisés par des leaders déterminés et unis, peuvent à tout moment balayer ce régime dictatorial, incompétent et violent. Quand tu seras invité à descendre dans la rue pour des marches pacifiques, tu ne devras pas te poser mille questions. Tu vois donc que prier ne suffit pas. Il faut agir aussi. Saint Benoît, fondateur des moines bénédictins, l'a résumé dans une belle formule : *Ora et labora* (Prie et travaille) ! A sonné l'heure d'agir pour la libération de notre pays.

Chapitre 3
Libérer la Côte d'Ivoire des prédateurs internes et externes

Dramane Ouattara avait dit qu'il réconcilierait les Ivoiriens comme Nelson Mandela le fit en Afrique du Sud. Or qu'est-ce que nous avons vu ? Certains pro-Gbagbo traqués, arrêtés et emprisonnés pendant que d'autres étaient poussés à s'exiler, refus de rendre publiques les conclusions du travail effectué par Charles Konan Banny et son équipe. Il avait promis qu'il travaillerait pour et avec tous les Ivoiriens. Jusqu'ici, il ne s'est occupé que des Nordistes, des ressortissants de la CÉDÉAO et des entreprises françaises. Tel un nouveau converti, il est convaincu que les partis formant le RHDP ont remporté haut la main le second tour de l'élection présidentielle de 2010, que les Ivoiriens les aiment, que la construction d'hôpitaux, de ponts et de routes – des chantiers que le précédent régime avait lancés mais qu'il n'a pas eu le temps d'achever – ne peut qu'amener les Ivoiriens à leur accorder un second mandat, qu'ils sont populaires et majoritaires. Et pourtant, le 25 avril 2015, ils furent incapables de remplir un petit stade de 40 000 places. Un de leurs griots a même osé soutenir que, pour apporter la démocratie en Côte d'Ivoire, Soro Kigbafori n'avait pas d'autre choix que de détruire des biens et des vies humaines et que nous devrions lui savoir gré *ad vitam aeternam* de cette démocratie qui tue, égorge, calcine et éventre quiconque n'est pas du Nord ou refuse d'adorer le dieu Dramane.

Celui-ci avait prédit que Laurent Gbagbo serait vite oublié par les Ivoiriens car il n'aurait rien fait de bon en dix ans. Or on n'a jamais autant parlé de Laurent Gbagbo que depuis qu'il est à la Haye. Même les journaux proches du RHDP écrivent sur lui, chaque jour que Dieu fait.

Pour nous, il y a une seule explication à ces paradoxes : le mensonge. D'une part, le RHDP a menti sur Gbagbo car, si le nouveau président du FPI était le dictateur et criminel pour lequel Mabri, Bédié, Soro, Gnamien Konan et Ouattara tentent piteusement et vainement de le faire passer, il ne ferait pas couler autant d'encre et de salive et personne ne songerait à lui rendre visite dans sa cellule. D'autre part, quand on prétend être dans le cœur de la majorité des

Ivoiriens et qu'on peine à rassembler 50.000 personnes le jour de son investiture, cela veut dire qu'on est un vrai menteur. Et la psychologie des profondeurs enseigne que, lorsque le menteur se rend compte que tout le monde a découvert son jeu favori (ne jamais tenir ses promesses, vendre des illusions, se prévaloir de qualités et de compétences qui n'ont jamais existé, mentir sur les autres, se mettre dans la peau d'une victime, etc.), il perd le contrôle de ses nerfs. Il se met alors à « *tirer sur tout ce qui bouge* », pour reprendre une expression triviale. C'est ce qui arrive en ce moment à Dramane Ouattara. Après avoir menacé les jeunes qui combattirent pour lui mais à qui il tarde à donner leur dû, après avoir fait gazer les étudiants de l'Université de Cocody qui ne demandaient que l'amélioration de leurs conditions d'étude, après avoir ponctionné les salaires des enseignants du primaire et du secondaire qui avaient fait grève, après avoir envoyé des tueurs dans la chambre de KKB qui refuse de suivre le stupide « appel de Daoukro », après avoir fait remplacer Anaky Kobenan par Anzoumana Moutayé à la tête du MFA, il vient en effet de faire enlever Sébastien Dano Djédjé, Hubert Oulaye et Justin Koua coupables, à ses yeux, d'avoir réussi le pari de déplacer des milliers de personnes à Mama pour le 3e congrès du FPI. Si Dramane Ouattara s'attaque à tout le monde de la sorte, c'est qu'il sent que ses jours sont comptés à la tête de notre pays. Les actes insensés qu'il pose actuellement ressemblent aux soubresauts du poisson fraîchement sorti de l'eau. Que faire en face d'un tel homme qui a usé et abusé du mensonge pour être là où il n'aurait jamais dû être si nous nous étions montrés plus solidaires et moins timorés en 1993 ? Ne pas se laisser intimider, encore moins ébranler car que pouvons-nous vivre de pire que les bombardements, les emprisonnements, la fermeture des banques et l'embargo sur les médicaments ? Qu'est-ce que ce dictateur pourrait nous montrer que nous n'ayons déjà subi ? Rien. Qu'est-ce qui obligea les FRCI à battre en retraite à Mama ? Le nombre, le courage et la détermination des militants et sympathisants du FPI. Dans les jours à venir, tous les Ivoiriens attachés à la souveraineté de leur pays et à la liberté devront faire montre de ces trois qualités, s'apprêter à occuper la rue dans toutes les villes et à ne la quitter qu'après la chute de ce régime tribaliste et dictatorial. Cela ne put se faire plus tôt parce que celui qui devait être au devant des choses ne voulait pas gêner ceux qui appauvrissent et martyrisent les Ivoiriens depuis le 11 avril 2011. Je salue la mise sur pied de la coalition nationale pour le changement (CNC). On attend maintenant que cette coalition se mette au travail sans tarder. Car on a perdu beaucoup de temps. La peur doit changer de camp. Pour cela, la CNC doit anticiper, répondre du tac au tac, passer même à l'offensive. Comme le disait Mamadou Koulibaly, « *c'est parce que l'opposition le laisse faire que Ouattara fait le malin* ». Dramane ne doit pas continuer à faire le malin, à arrêter les gens comme bon lui semble, à narguer et à défier les Ivoiriens. Il est désormais nu parce que ses méthodes barbares et moyennageuses n'impressionnent et n'intimident plus personne. Il n'est pas aussi fort qu'il s'imagine. Le criminel Blaise Compaoré se croyait, lui aussi, fort jusqu'à ce qu'un soulèvement populaire le contraigne à fuir comme un voleur de poules, les 30 et 31 octobre 2014. Nous savons aussi quelle fin eut Mobutu Sese Seko qui se considérait comme un léopard invincible. Il n'y a que le peuple uni, déterminé et ayant dompté sa peur qui soit invincible. Soyons ce peuple-là. Car seuls notre courage, notre volonté et notre détermination nous donneront la victoire sur le régime incompétent et violent installé par l'inculte Sarkozy. Fiers Ivoiriens, le pays nous appelle. Il nous appelle à briser ses chaînes. Il nous appelle à le libérer des prédateurs internes et externes. Il nous appelle à le débarrasser des assassins et des mystificateurs. À ceux qui trouveront la tâche difficile, qu'il me suffise de proposer les mots de Sénèque :

« *Ce n'est pas parce que les choses sont difficiles que nous n'osons pas, mais parce que nous n'osons pas qu'elles sont difficiles*».

Chapitre 4
Un peuple qui n'a plus peur peut chasser n'importe quel tyran

« Oh ! Je sais bien qu'elle [la France] m'a ravi mes enfants comme un brigand du Nord des bœufs, pour engraisser ses terres à cannes et coton, car la sueur nègre est fumier. Qu'elle aussi a porté la mort et le canon dans mes villages bleus, qu'elle a dressé les miens les uns contre les autres comme des chiens se disputant un os. Qu'elle a traité les résistants de bandits, et craché sur les têtes-aux-vastes-desseins. Oui, Seigneur, pardonne à la France qui dit bien la voie droite et chemine par les sentiers obliques. Qui m'invite à sa table et me dit d'apporter mon pain, qui me donne de la main droite et de la main gauche enlève la moitié. Oui, Seigneur, pardonne à la France qui hait les occupants et m'impose l'occupation si gravement. Qui ouvre des voies triomphales aux héros et traite ses Sénégalais en mercenaires, faisant d'eux les dogues noirs de l'Empire. Qui est la République et livre les pays aux Grands-Concessionnaires. Et de ma Mésopotamie, de mon Congo, ils ont fait un grand cimetière sous le soleil blanc ».

Ces vers, puissants et bouleversants, sont de Léopold Sédar Senghor, l'homme qui voulait se consacrer entièrement à la poésie mais qui fut obligé de descendre dans l'arène politique parce que son pays était encore colonisé, c'est-à-dire dirigé et pillé par la France. Ils sont tirés du poème « *Prière de la paix* » dédié à Claude et Georges Pompidou, président de la France de 1969 à 1974 et condisciple de Senghor au lycée Louis-le-Grand. Le texte de l'enfant de Joal reste étrangement d'actualité 70 ans après avoir été écrit[41] dans la mesure où la France n'a jamais arrêté de dire une chose et de faire son contraire, dans la mesure où elle s'accommode toujours de duplicité et de cruauté, dans la mesure où son *modus operandi* est resté le même : allier paroles doucereuses et violence à l'égard des peuples qui désirent prendre leur destin en main et profiter un tant soit peu des richesses que Dieu leur a données.

En s'adressant à Dieu, censé être le père de tous les hommes, Senghor pensait-il à la traite négrière et à l'esclavage, deux crimes

[41] « *Prière de la paix* » se trouve dans le recueil de poèmes *Hosties noires* publié en 1945.

contre l'humanité perpétrés par les dirigeants occidentaux avec la bénédiction de l'Église catholique[42] ? Oui, puisque, dans le même poème, il parle de « *ceux qui ont donné la chasse à mes enfants comme à des éléphants sauvages et les ont dressés à coups de chicote, et ils ont fait d'eux les mains noires de ceux dont les mains étaient blanches, [de] ceux qui ont exporté dix millions de mes fils dans les maladreries de leurs navires, [de] ceux qui en ont supprimé deux cents millions* ».

Le premier président sénégalais devait aussi songer aux « *tirailleurs sénégalais* », ces anciens combattants ouest-africains fusillés par les forces françaises au camp de Thiaroye dans la nuit du 30 novembre au 1er décembre 1944 pour avoir réclamé le paiement de leurs indemnités. Croyait-il que sa prière de paix conduirait la France à changer de comportement, c'est-à-dire à tourner le dos à la barbarie et à l'hypocrisie ? Oui et cela fut une erreur gravissime car les autorités françaises réprimeront violemment l'insurrection malgache en 1947 et la manifestation de la Section ivoirienne du Rassemblement démocratique africain en 1950. La France remettra le couvert en Côte d'Ivoire en novembre 2004 et en avril 2011 en tuant plusieurs centaines de jeunes qui pacifiquement réclamaient le respect de la Constitution et des institutions de leur pays.

Entre 1955 et 1964, ce sera au tour de Ruben Um Nyobè et autres indépendantistes camerounais de subir la violence des colons français qui n'hésiteront pas à utiliser des armes interdites comme le napalm dans les régions acquises à la cause de l'Union des populations du Cameroun. Cette intervention des forces coloniales fit des dizaines de milliers de morts[43].

Senghor lui-même fera les frais de l'ingratitude et de la méchanceté de la France lorsque ni Jacques Chirac ni Lionel Jospin ne daigneront prendre part à ses obsèques à Dakar alors qu'il avait fait beaucoup et donné le meilleur de lui-même, sa vie durant, pour le rayonnement culturel, politique et économique de la France. Ce 29 décembre 2001, donc, les bons et loyaux services de Senghor furent oubliés par la France. Une France que le poète sénégalais ne connaissait pas bien en réalité.

---

[42] Pour Senghor, en effet, « *nombre de missionnaires [français] ont béni les armes de la violence et pactisé avec l'or des banquiers* ».

[43] *Cf.* Fanny Pigeaud, « Cameroun 1958. La guerre cachée de la France », *Libération* du 17 septembre 2008.

Et nous, enfants et petits-enfants de Senghor, continuons à nous tromper lourdement sur la France. Et nous continuons à croire que ce sont nos prières qui chasseront les démons de cette France et amèneront ses dirigeants à devenir enfin justes, humains et respectueux de notre manière d'être et de faire. Je ne suis pas en train d'insinuer que toute prière est inutile. Je peux demander à Dieu de m'éclairer sur les dangers et difficultés de telle ou telle tâche, de me donner la force et le courage de ne pas abandonner le combat pour plus de justice et de liberté ou de m'inspirer les meilleures stratégies qui me permettront d'atteindre les objectifs que je me suis assignés. Je crois à une telle prière. Je ne crois pas, en revanche, à la prière qui aurait la capacité de transformer en ami un ennemi qui non seulement se dit athée mais refuse de reconnaître le mal qu'il m'a fait. Ce type de prière me semble inefficace contre ce que le poète lui-même appelle « *ce masque de petitesse et de haine sur le visage de la France* ».

Si nous voulons nous faire respecter, si nous voulons vivre en paix, nous devons faire autre chose qu'implorer Dieu pour des gens qui manifestement veulent notre perte et ne voient les relations internationales qu'en termes de rapports de guerre[44].

Il s'agit, premièrement, de permettre à la jeunesse africaine de connaître et de s'approprier la douloureuse histoire de son continent. À Ottawa, en mars 2015, j'ai discuté avec une Congolaise venue de France pour améliorer son anglais. En parlant avec cette fille de 18 ans, je m'aperçus très vite que lui étaient totalement inconnus des géants et des héros africains comme Sylvanus Olympio, Julius Nyerere, Jomo Kenyatta, Agostino Neto, Amilcar Cabral, Patrice Lumumba, Thomas Sankara, Kwame Nkrumah, Gamal Abdel Nasser, Ahmed Ben Bella, Houari Boumedienne, Habib Bourguiba.

Elle ne savait pas que « *14 pays africains sont obligés par la France, à travers le pacte colonial, de mettre 85% de leurs réserves à la banque centrale de France sous le contrôle du ministère des Finances français*[45] » et que c'est avec les intérêts de cet argent que la France prétend aider les pays africains.

[44] Sur cet Occident fauteur de guerres, on lira Jean Ziegler, *L'Empire de la honte,* Paris, Fayard, 2005 *et La haine de l'Occident,* Paris, Albin Michel, 2008.

[45] *Cf.* http://cvu-togo-diaspora.org/2014/03/01/14-pays-africains-forces-par-la-france-payer-limpot-colonial-pour-les-avantages-de-lesclavage-de-la-colonisation/10016.

Plus grave encore, la jeune fille ignorait que la France disposait en plein XXIe siècle d'une base militaire au Gabon, au Sénégal, au Tchad, en Côte d'Ivoire et en Centrafrique.

« *Ceux qui ne connaissent pas l'Histoire sont condamnés à la revivre* ».

Nous devons prendre au sérieux cet avertissement de Karl Marx (1818-1883). Que nous soyons en Afrique ou à l'étranger, nous avons le devoir d'enseigner aux jeunes africains qu'il y a eu, en Afrique, « *des hommes de cœur, des altruistes qui se sont mis au service de leur pays sans attendre de manière immédiate une récompense ou une compensation* ».

Deuxièmement, nous avons besoin d'être plus solidaires entre nous au lieu de continuer à nous combattre. La guerre entre francophones et anglophones, entre lusophones et hispanophones, n'a pas de sens. Nous ne devons plus nous tromper de guerre. Aujourd'hui, plus qu'hier, il est impérieux de réaliser le vœu de Nkrumah : mutualiser nos compétences et intelligences si nous ne voulons pas périr.

La mythologie grecque enseigne que Prométhée déroba jadis le savoir divin – le feu sacré de l'Olympe – puis en fit don aux humains. En troisième position, nous devons faire tout ce qui est en notre pouvoir pour acquérir le savoir qui nous permettra de disposer de ce quelque chose qui fait que la France ne peut se permettre de traiter la Chine, la Russie, le Japon, l'Inde, le Pakistan, Israël ou l'Iran comme elle traite l'Afrique.

Enfin, nous devons tuer en nous la peur dont le pape François affirme qu'elle « *est une attitude qui nous affaiblit, nous rabaisse, nous paralyse* ». Pour l'ancien archevêque de Buenos Aires, celui qui vit dans la peur « *ne fait rien, ne sait pas quoi faire afin qu'il ne lui arrive rien de mal* ».

Il ajoute :

« *La peur n'est pas une attitude chrétienne. C'est l'attitude d'une âme incarcérée, sans liberté, qui n'a pas la liberté de regarder devant, de créer quelque chose, de faire le bien* ».

Il conclut :

« *Il y a des communautés peureuses, qui vont toujours vers la sécurité, qui disent. 'Non, non, nous ne faisons pas ça, non, non, cela ne se peut pas, cela ne se peut pas.' Il semble que sur la porte d'entrée ils ont écrit 'interdit'. Tout est interdit par peur. Et tu entres dans cette communauté et l'air est vicié, parce que c'est une communauté malade. La peur rend malade une communauté. Le manque de courage rend malade une communauté »*[46].

Les dictateurs sont forts aussi longtemps que le peuple vit dans la peur. Les Burkinabè ont démontré, fin octobre 2014, qu'un peuple qui n'a plus peur peut renverser n'importe quel tyran. C'est une leçon que devraient méditer Burundais, Camerounais, ressortissants des deux Congos, Gabonais, Ivoiriens, Tchadiens et Togolais.

---

[46]Homélie du 15 mai 2015 à la Maison Sainte Marthe. *Cf.* http://www.forumreligioncatholique.com/t25382-francois-les-chretiens-ne-doivent-pas-vivre-dans-la-peur-et-la-tristesse.

Chapitre 5
Changer soi-même avant de changer le pays

Comme beaucoup d'Ivoiriens, je me suis réjoui de la création de la Coalition pour le changement (CNC). J'ai accueilli avec joie l'avènement de cette plateforme non seulement parce que ceux qui en ont eu l'idée veulent nous débarrasser de Dramane Ouattara, l'homme qui a introduit la violence et les assassinats dans notre pays, mais aussi parce qu'ils nous promettent un changement. Bien qu'ayant lu et relu la charte de la CNC, je n'y ai pas vu ce que ses signataires entendent par changement. Certes, dans l'article 3 qui porte sur les objectifs de la CNC, il est question de « repenser la Côte d'Ivoire » mais il faut admettre que l'expression est vague. Le verbe « repenser » signifie-t-il ici que les fondateurs de la CNC veulent une Côte d'Ivoire totalement différente de celle que nous avons connue jusqu'ici ? Si oui, comment devrait être cette nouvelle Côte d'Ivoire ? Quels comportements devraient en être bannis ? Qu'est-ce qu'on ne devrait plus y faire ? Aucune de ces questions ne trouve de réponse dans la Charte. Il faut espérer que, dans les jours ou semaines à venir, ceux qui ont apposé leur signature au bas de la charte le 15 mai 2015 éclaireront la lanterne des Ivoiriens qui ont besoin de savoir où la CNC veut les conduire.

Cela est d'autant plus important que nous sommes nombreux à désirer, non pas un simple replâtrage, mais un changement profond. Il y a replâtrage lorsque X succède à Y sans que ne prennent fin les mauvaises habitudes. De 1993 à 2015, notre pays n'a eu droit qu'à des replâtrages. En effet, Bédié est venu après Houphouët, Gueï après Bédié, Gbagbo après Gueï, Dramane après Gbagbo mais il n'y a jamais eu d'opération *mani pulite* (mains propres) pour enquêter sur certaines grosses fortunes et récupérer éventuellement l'argent de l'État volé et placé en Suisse, en France, à Monaco ou ailleurs par des fonctionnaires dont le salaire ne peut justifier un tel enrichessement. C'est la quatrième fois que le régime change de main et le président de la République, les ministres, PCA, PDG et autres dignitaires continuent de se soigner (avec leurs familles) et de scolariser leur progéniture à l'étranger pendant que les populations pour le bien-être desquelles les politiciens sont censés œuvrer sont quotidiennement aux prises avec la faim, le dénuement, la misère et la mort précoce.

Quoique la rue ait imposé le multipartisme au PDCI en avril 1990, ce qui signifiait libération de la pensée et de la parole, la plupart des formations politiques n'ont rien de démocratique car, outre le fait que l'alternance à la tête du parti y est aussi rare que les larmes d'un chien, il est difficile d'y être en désaccord avec le chef qui n'apprécie et ne promeut que les griots, larbins et flagorneurs.

Un autre mal auquel aucun régime ne s'est sérieusement attaqué est la « promotion canapé » : la femme est embauchée, non pas grâce à ses compétences et diplômes, mais parce qu'elle aura accepté de coucher avec l'employeur.

Je citerai aussi le présidentialisme qui fait du chef de l'État un monarque par qui tout doit passer et que l'on doit remercier pour le don d'une ambulance, la construction d'une école, d'un pont ou d'un dispensaire.

On pourrait évoquer encore l'argent et les privilèges que l'État accorde aux anciens présidents d'institutions, anciens Premiers ministres et anciens ministres ou le fait qu'aucun parlement ou aucun gouvernement n'a proposé à ce jour la réduction des émoluments des députés et ministres en signe de solidarité avec le peuple dont le pouvoir d'achat se rétrécit comme peau de chagrin année après année.

Pourquoi ces anomalies perdurent-elles alors que notre pays a été dirigé par trois partis politiques – PDCI, FPI et RDR – se réclamant de deux idéologies diamétralement opposées (du moins, sur le papier) ? À mon avis, c'est parce que, ceux qui ont tenu les rênes de notre pays au cours des cinquante dernières années, qu'ils soient de droite ou de gauche, percevaient (et peut-être perçoivent encore) la politique comme un moyen permettant d'avoir accès à beaucoup d'argent, aux honneurs et à toutes sortes d'avantages matériels. La politique, vue sous cet angle, donne un pouvoir énorme à ceux et celles qui se trouvent au sommet de l'État. On comprend dès lors pourquoi certains, pour conquérir ou conserver le pouvoir, n'hésitent pas à tuer, à se prostituer et à entrer dans des sociétés secrètes. Il va sans dire que de telles pratiques ne peuvent que donner une mauvaise image de la politique et faire croire au peuple que faire la politique revient à se salir les mains. Or, au départ, la politique est « *le souci du bien commun* »[47]. C'est cette politique adossée à des valeurs que menèrent des gens comme l'ancien roi belge Baudoin, le Tanzanien Julius

[47] *Cf.* Jean-Paul II, *Centesimus annus*, 1991.

Nyerere, le Botswanais Quett Ketumile Masire ou le Sud-Africain Nelson Mandela. Ce dernier a cette phrase que j'aime beaucoup :

« *Diriger un pays, la finalité ou le but, ce n'est pas de se faire plein d'argent pour sa vie et son clan, mais c'est de changer la vie du peuple et faire avancer les choses dans le pays afin que tout le monde soit content* »[48].

Pour moi, la politique consiste d'abord à changer la vie du peuple, à permettre à tous d'avancer et de vivre mieux.

Nous pouvons avoir une belle constitution, des institutions fortes mais, si les personnes chargées d'animer ces institutions ne changent pas, le changement profond et durable souhaité par le peuple ne sera jamais au rendez-vous. Vouloir le changement ne suffit donc pas.

« *Sois le changement que tu veux voir dans le monde* », conseillait naguère Gandhi.

C'est chacun de nous qui doit faire le ménage en lui-même, changer sa manière d'être s'il veut voir le changement en Côte d'Ivoire.

Je croyais que les tueries et bombardements que notre pays a connus en 2010-2011 feraient de nous des hommes et des femmes nouveaux. Je pensais que cette grave crise nous rendrait plus humbles, plus soucieux du bien commun, plus solidaires aussi. Mais, face au poignant témoignage de Jean-Yves Dibopieu (la misère de certains Ivoiriens dans les camps de réfugiés au Ghana et au Togo qui laisse de marbre « *ceux qui sont régulièrement entre deux avions, vivent dans un luxe insolent, habitent dans des châteaux dans des quartiers auxquels même des cadres ghanéens ne peuvent avoir accès* »), quand j'apprends que « *sa femme et ses enfants qui sont restés six mois à Accra avant de rentrer au pays n'ont jamais reçu ni visite, ni soutien, ni même salutation téléphonique de la part d'aucun de nos cadres là-bas* », je me demande quelles leçons nous avons tirées de notre malheur.

Cette méchanceté que Dibopieu a vue au Ghana existe aussi parmi les exilés ivoiriens du Maroc, de Mauritanie, d'Europe et d'Amérique du Nord. Ces comportements ne sont pas une fatalité. Nous pouvons nous en défaire. Il y a une autre façon de vivre avec les autres. Nous pouvons nous changer. C'est alors que le changement adviendra dans notre pays.

---

[48] *Un long chemin vers la liberté.*

En résumé, j'ose espérer que le changement que veut incarner la CNC ne se limitera pas à chasser Dramane et le RHDP. Si c'était le cas, si Mamadou Koulibaly et ses camarades devaient garder intacts le présidentialisme, la promotion canapé, les rentes viagères des anciens grands serviteurs de l'État, la ruée des gens au pouvoir vers l'étranger pour les soins et l'école de leurs enfants, etc., alors la CNC aurait trompé les Ivoiriens qui n'auraient plus d'autre choix que de prendre eux-mêmes leur destin en main.

Mais vouloir le changement en Côte d'Ivoire ne peut se borner à dégager le RHDP. Il importe aussi que la CNC nous dise ce qu'elle veut faire avec le pouvoir qui lui sera donné pour un temps par le peuple de Côte d'Ivoire (car le peuple est le vrai et unique détenteur du pouvoir), comment elle entend utiliser ce pouvoir, bref si elle est pour un simple replâtrage ou pour un changement profond. Si la CNC milite pour un changement profond, alors elle devrait faire connaître, le plus tôt possible, sa position sur des questions aussi cruciales que :

1) les détournements de fonds publics commis sous tous les régimes mais restés jusque-là impunis ;

2) la manie des dirigeants et de leurs collaborateurs à laisser nos écoles, collèges, lycées, universités, dispensaires et hôpitaux dans un piteux état et à se précipiter en Afrique du Sud, au Maroc, en Tunisie, en Europe et en Amérique du Nord pour leurs soins et l'éducation de leurs enfants ;

3) le droit de cuissage que se sont arrogé certaines personnes dans le public et le privé avant d'embaucher les femmes en quête d'emploi ;

4) les excessifs pouvoirs et privilèges que le présidentialisme octroie au chef de l'État ;

5) l'argent et les avantages matériels dont continuent de bénéficier les anciens grands serviteurs de l'État ;

6) la réduction du salaire et du train de vie du président de la République, des députés, ministres, PCA et DG ;

7) le refus des personnes devenues riches honnêtement ou malhonnêtement de partager avec ceux qui sont démunis.

Ce qu'il faudra surtout faire, c'est rompre avec notre tendance à brader facilement notre souveraineté par la signature d'accords dits de coopération mais qui en réalité ne sont que des traités inégaux. Pour les Africains opposés à l'impérialisme et au néocolonialisme, les accords signés en avril 1961 entre la France et ses anciennes colonies profitaient plus à l'ex-métropole qu'aux pays africains. Ils voulaient donc « *des rapports nouveaux, de caractère nettement plus égalitaire et dont le but essentiel serait le développement de leurs États* ». Quelle fut la réponse de leurs dirigeants ? Certes, quelques pays[49] demandèrent une révision de ces accords mais, excepté Madagascar et la Mauritanie[50], les chefs d'État africains ne passèrent jamais des paroles aux actes quant à une refonte complète des accords. Ils préféraient une évolution ou une adaptation de ces accords. Autrement dit, rien ne changea fondamentalement dans les accords de coopération puisque la zone franc et les bases militaires existent toujours dans cinq pays de l'Afrique francophone – Côte d'Ivoire, Centrafrique, Gabon, Sénégal et Tchad[51] – et la Côte d'Ivoire fait partie des 14 pays africains obligés, au nom du pacte colonial, de déposer 85% de leurs capitaux à la banque centrale de France.

On m'objectera qu'Houphouët n'avait pas les coudées franches et qu'il pourrait se faire assassiner par le gouvernement français s'il refusait de signer ce traité inégal synonyme de perte de souveraineté. Je répondrai que Moktar Ould Daddah et Didier Ratsiraka retirèrent en 1972 leurs pays de la zone franc sans que le ciel leur tombe dessus et que Mamadou Koulibaly est encore en vie après avoir refusé en janvier 2003 de signer les scandaleux accords de Marcoussis qui transféraient une bonne partie des pouvoirs de Laurent Gbagbo à ceux qui en septembre 2002 attaquèrent la République de Côte d'Ivoire et tuèrent des centaines d'innocents.

La CNC ne peut parler de Côte d'Ivoire nouvelle sans se prononcer sur la question de la souveraineté. Laquelle souveraineté repose sur trois pieds : la Monnaie, la Défense et la Constitution. La Coalition sera-t-elle intraitable sur le respect de ce triangle ? Nous devons redevenir un pays souverain, ce qui passe par ce que Tchuindjang Pouemi appelle « *la possibilité, pour chaque pays, d'orienter sa politique de développement dans le sens qui lui convient, qui assure le mieux-être matériel de sa population et donc le contrôle de l'exploitation de ses ressources* »[52]. Je ne refuse pas que la Côte

---

[49] Le Tchad (19 mai 1964), Le Congo-Brazaville (mars 1972), le Niger (août 1972), le Cameroun (le 9 février 1973).

[50] Ces deux pays sortiront de la zone Franc respectivement en mai et en juillet 1972.

[51] *Cf.* Guy Feuer, « La révision des accords de coopération franco-africains et franco-malgache », *Annuaire français de droit international*, année 1973, Vol 19, pp. 720-739.

[52] J. Tchuindjang Pouemi, *Monnaie, servitude et liberté. La répression monétaire de l'Afrique*, Paris, Éditions Jeune Afrique, 1980.

d'Ivoire ait des relations avec la France, ni que l'État ivoirien accorde tel ou tel marché à une entreprise française si cette entreprise présente le meilleur profil pour le travail à faire. Je refuse en revanche que notre pays soit la chasse gardée de la France, que celle-ci intervienne dans nos affaires internes, qu'elle nous dise arrogamment qui doit nous diriger, que ses soldats se promènent partout dans nos villes et villages comme en territoire conquis. Charles Konan Banny, Essy Amara, Kouadio Konan Bertin et Jérôme Brou Kablan, qui se disent fils et disciples d'Houphouët qui n'avait aucun pouvoir devant la France, sont-ils d'accord avec cette vision des choses ? Question essentielle car nous ne voulons plus être dirigés par des individus dont le seul objectif est de gérer la Côte d'Ivoire avec la France ou d'être les sous-préfets de la France en Côte d'Ivoire. Nous ne sommes plus prêts à être gouvernés par des gens qui trouvent normal de signer des contrats ou des accords déséquilibrés de 50 ou 100 ans avec des politiciens et/ou des entreprises français, uniquement parce qu'ils veulent acheter des châteaux, ouvrir des comptes, mettre leurs enfants à l'école ou se soigner en France.

Mais peut-on reconquérir une souveraineté perdue par la faute d'individus cupides, égoïstes et peureux ? Si oui, comment ? L'Inde reprit sa souveraineté en chassant l'Angleterre. Il est vrai qu'affronter l'ancienne puissance colonisatrice ne fut pas chose facile mais les Indiens finirent par avoir gain de cause en 1947.

La Chine reconstruisit sa souveraineté en se fermant à l'Occident pendant le règne de Mao Zedong. C'est à partir de décembre 1978 que Deng Xiaoping commencera une ouverture économique progressive du pays sur l'extérieur. La Bolivie, l'Équateur et le Venezuela redevinrent des pays souverains après la révolution menée par Evo Morales, Rafael Correa et Hugo Chavez. Ces trois leaders procédèrent à la nationalisation de certaines entreprises étrangères. Mais le plus intéressant est qu'ils donnèrent le pouvoir économique à la base. Pourquoi ? Parce qu'ils avaient bien compris que « *c'est à partir du pouvoir politique que le peuple peut entreprendre les transformations au niveau de la structure économique et commencer la construction d'un nouveau type d'État basé sur l'autogestion* »[53].

De quelle expérience la Côte d'Ivoire s'inspirera-t-elle pour briser le joug de la domination et de la dépendance ? C'est l'avenir qui nous

[53] Éric Toussaint, « Venezuela, Équateur et Bolivie : la roue de l'histoire en marche », dans la Revue *Inprecor*, n° 553/554 septembre-octobre 2009.

le dira. Pour l'heure, je voudrais insister sur le fait que Dramane Ouattara, même s'il est nuisible et mérite pour cela, d'être dégagé, n'est qu'un vil et méprisable pion ; il n'est pas notre cible première. Ce n'est pas sur lui que nous devons nous focaliser. Comme l'a bien perçu Marcel Amondji, « *Cet Alassane Ouattara que beaucoup de soi-disant opposants désignent comme leur principal, voire leur seul et unique adversaire lors des toutes prochaines échéances électorales, qu'ils se font tous forts de battre dans les urnes, et dont selon eux la défaite résoudra tous nos problèmes, ce n'est pas lui qui gouverne la Côte d'Ivoire – si on peut dire que la Côte d'Ivoire est gouvernée – ; lui n'est qu'un masque derrière lequel l'ambassadeur de France et de louches personnages du genre de Jean-Marc Simon font ce qu'ils veulent, où ils veulent, quand ils veulent* »[54].

Début mai 2015, Essy Amara a déclaré que Laurent Gbagbo a eu tort de faire venir l'ONU en Côte d'Ivoire. Je suis du même avis que lui car l'ONU n'a jamais ramené la paix dans aucun pays. Ses agents ne font que du tourisme ; pire, l'organisation s'est montrée partisane en Côte d'Ivoire non seulement en transportant et en entraînant les rebelles qui ont pris les armes pour que Dramane Ouattara arrive au pouvoir mais en prêtant main forte à l'armée française pendant le bombardement de la résidence du chef de l'État. Je ne comprends pas que, presqu'un mois plus tard, le même Essy préconise un dialogue national sous l'égide des Nations unies. L'ONU serait-elle devenue neutre ? Ne soutiendrait-elle plus Ouattara ? L'ONU n'a rien à faire dans nos palabres. Essy et ses camarades doivent plutôt nous rassurer sur le fait que, si l'un d'entre eux est élu à la magistrature suprême, il demandera que ces touristes quittent notre pays.

[54] M. Amondji, « Retour sur une image », http://cerclevictorbiakaboda.blogspot.com.

Chapitre 6
Marcher est un droit et non une faveur

Quand les leaders de la Coalition nationale pour le changement (CNC) ont appelé au changement en Côte d'Ivoire, comme nombre d'Ivoiriens fatigués de subir un régime tribaliste, sanguinaire et dictatorial, je me suis dit :

« *Pourquoi ne pas leur donner leur chance ? Pourquoi ne pas les soutenir ? Faisons-leur confiance jusqu'à ce qu'ils nous prouvent par A+B que rien ne les distingue fondamentalement de ceux qu'ils ont l'intention de faire partir du pouvoir* ».

La CNC n'ayant que cinq semaines d'existence – elle fut portée sur les fonts baptismaux le 15 mai 2015 –, il me semble prématué et injuste de dire aujourd'hui si ses leaders ont menti ou non aux Ivoiriens désireux d'un changement profond – une transformation à opérer aussi bien dans les structures que dans notre manière de voir, de faire et d'être – et non d'un simple remplacement de X par Y.

Mais refuser de se prononcer sur une expérience qui ne fait que commencer ne devrait pas nous empêcher d'attirer l'attention des uns et des autres sur de petits dysfonctionnements qui, s'ils ne sont pas corrigés à temps, risquent de nuire à la belle cause dont chacun d'entre nous ne souhaite que la réussite. Ne dit-on pas que c'est très tôt qu'il faut redresser l'arbre qui est en train de se tordre ? Et nous, qui croyons à la CNC et ne lui voulons que du bien, ne sommes-nous pas semblables au « *veilleur qui veille quand tout le monde se repose ou vaque tranquillement à ses affaires sans penser à mal ?* » N'avons-nous pas le devoir de rester vigilants « *parce que le calme de la nuit peut être trompeur, que l'apparence tranquille des choses peut servir de couverture à des activités de l'ombre et à des desseins pervers* » ? L'histoire des nations et des peuples ne nous enseigne-t-elle pas qu'une société est « *toujours en situation de s'assoupir sur ses acquis et donc de laisser se développer des germes d'injustice, d'inégalité, de rancœur* » et que nous devrions « *nous méfier par conséquent des marchands de sommeil qui caressent la paresse sociale et endorment la lucidité* »[55] ?

---

[55] Paul Valadier, « Veiller sur le monde », *Christus*, n. 163, juillet 1994, pp. 266-267.

Si les dirigeants de la CNC sont loin d'être des « *marchands de sommeil* », il n'en demeure pas moins vrai que certains des propros tenus par eux, le samedi 20 juin 2015 à la mythique place Ficgayo (Yopougon), pourraient démobiliser les militants et sympathisants de la CNC et les amener à penser que, dans les discours et peut-être dans les comportements, les leaders de la CNC ne leur proposent pas mieux que ce qu'ils ont entendu et vu de 1960 à maintenant. Ce 20 juin 2015, qu'avons-nous entendu ? Que la CNC remercie Hamed Bakayoko et Dramane Ouattara d'avoir autorisé le *meeting* et de l'avoir laissé se tenir sans qu'il soit perturbé et sans que les participants à ce meeting soient brutalisés. Entendant cela, je me suis demandé si Koulibaly et KKB avaient bel et bien prononcé ces paroles ou bien si c'est moi qui étais en train de rêvasser. Sauf erreur ou ignorance de ma part, les marches et *meetings* font partie des libertés publiques que la démocratie et l'État de droit reconnaissent à l'opposition dans un pays. C'est un droit et non une faveur accordée par le prince. Quand les opposants veulent marcher, ils ne demandent pas la permission au ministère de l'Intérieur. Ils sont, en revanche, tenus de l'informer de la date, du lieu et de l'itinéraire de la marche afin que la police puisse sécuriser non seulement les marcheurs mais aussi les biens publics et privés. Marcher, se réunir, s'exprimer ou circuler dans un pays est un droit pour les citoyens au même titre que la construction de dispensaires, écoles, marchés ou routes par l'État.

Un président, un maire ou un député n'a pas à être remercié pour un *meeting*, une marche, un hôpital ou une ambulance. Il a été élu et, qui plus est, il est payé pour que les citoyens puissent jouir de ces droits élémentaires. Messieurs les leaders de la CNC, on vous aime bien, on vous supporte, mais, de grâce, ne nous faites pas revivre ces sombres années où les populations étaient obligées de parcourir plusieurs kilomètres pour aller dire merci au chef de l'État qui leur aurait donné ceci ou cela. Nous n'avons pas besoin de ce folklore. Nous attendons mieux de vous. C'est la première remarque que je tenais à faire.

Ma seconde observation a trait au conseil donné par Koulibaly. Pour ce dernier, il doit y avoir un changement dans notre langage. En clair, il invite les militants et sympathisants de la CNC à ne pas menacer les déçus du RDR et du PDCI mais à leur parler d'une façon qui leur donne envie de rejoindre la CNC. Je suis entièrement en phase avec lui sur ce point. Je suis, par contre, en désaccord avec lui, quand il affirme que 5000 personnes, ce n'est pas assez pour faire peur à Dramane Ouattara. Cette façon de parler convient parfaitement à un militant du RDR. Les responsables de la CNC ne peuvent faire la fine bouche, ils n'ont pas le droit de rougir du nombre de personnes venues les écouter, d'autant qu'ils ne contrôlent pas les médias publics pour annoncer leurs activités plusieurs semaines à l'avance, ni ne disposent de la SOTRA pour transporter les militants d'un endroit à un autre. À la place du président de LIDER, j'aurais commencé par féliciter et remercier ceux et celles qui ont bravé la peur et payé eux-mêmes leur transport pour passer 4 h avec les dirigeants de la CNC. Pour que plus de monde soit présent aux prochains *meetings*, je dirais, par exemple, ceci :

« *Camarades, je m'attendais à voir moins de monde au premier meeting de la CNC, étant donné que ce pouvoir a pris la mauvaise habitude de réprimer les meetings et marches de l'opposition. Je salue donc votre courage qui prouve que vous avez vraiment soif de changement. Et, comme votre désir est que ce régime soit balayé le plus tôt possible, je suis certain que vous serez beaucoup plus nombreux à Koumassi et au Plateau* ».

En ce qui concerne la question des listes électorales, le groupe de réflexion et de proposition auquel j'appartiens estime que, du moment qu'il est peu sûr que le pouvoir fasse droit aux légitimes revendications de la CNC, condition *sine qua non* d'une élection juste, sécurisée et transparente, il est inutile d'appeler les Ivoiriens à s'inscrire sur des listes déjà faussées par l'enrôlement de 3 millions de Burkinabè, Guinéens et Maliens qui permettront à Dramane Ouattara de battre à plate couture n'importe quel opposant. Par conséquent, le combat le plus réaliste que la CNC devrait mener, à mon humble avis, c'est celui de la transition politique. Autrement dit, la Coalition doit se battre pour qu'il n'y ait pas d'élections en octobre 2015.

Mais comment peut-on empêcher la tenue d'un scrutin présidentiel où tout est mis en place pour la victoire de Dramane Ouattara ? En multipliant les marches et les *meetings* sur toute l'étendue du territoire. Cela bloquerait pacifiquement le pays et ferait perdre de l'argent à l'État et aux investisseurs étrangers. En politique, il y a ce qu'on appelle le rapport de forces. Les marches, *meetings* et boycotts pacifiques permettent à l'opposition d'inverser le rapport de forces. Ils constituent surtout une force indéniable dont elle peut se servir pour se faire entendre et respecter. À la longue, cette force peut, sinon chasser un tyran comme au Burkina fin octobre 2014, du moins le contraindre à lâcher du lest ou à faire machine arrière sur telle ou telle question d'intérêt général comme en RDC.

Chapitre 7
Ce que l'Afrique d'aujourd'hui attend du peuple français

> « *Ne nous contentons pas d'analyser les erreurs sans fin des dirigeants politiques qui nous ont amenés à cette situation. Faisons aussi le point sur nous-mêmes. Je veux dire sur tous ceux qui ont laissé se prendre des décisions contraires à l'intérêt de notre pays pendant aussi longtemps sans dire un mot et sans sanctionner aucun responsable les jours de vote* ».
>
> **Jean-Luc Mélenchon**

En fêtant le 14 juillet, les Français se souviendront-ils que la Bastille Saint-Antoine, forteresse construite à l'emplacement de l'actuelle place de la Bastille, fut prise d'assaut le 14 juillet 1789 par le peuple parisien venu chercher de la poudre après avoir récupéré des armes aux Invalides parce que la Bastille était le symbole de l'arbitraire, parce que les révolutionnaires français (Mirabeau, Jean Sylvain Bailly, Camille Desmoulins, Robespierre, Saint-Just, Sieyès et autres) ne voulaient plus que le roi y fasse incarcérer n'importe quel opposant, parce qu'ils étaient désireux d'en finir avec la toute puissance du roi, parce qu'ils n'acceptaient plus que la taille de leur béret soit mesurée en pouces du roi (1 pouce = 2,7 cm), parce qu'ils étaient contre les privilèges, droits féodaux et inégalités fiscales, parce que la notion de liberté leur était chère ? La légitime célébration de cette liberté, chèrement conquise, ne devrait cependant pas faire oublier ce que déclarait Nelson Mandela, un grand combattant de la liberté :

« *Être libre, ce n'est pas seulement se débarrasser de ses chaînes ; c'est vivre d'une façon qui respecte et renforce la liberté des autres* ».

Plus le temps passe, plus la jeunesse africaine réalise que la France est contre la liberté et le bonheur des Africains. C'est cette jeunesse, qui de Moungali (Brazzaville) à Keur Gorgui (Dakar) en passant par Deido (Douala), Camp Kasaï (Bangui) et Yopougon (Abidjan), s'est réjouie de la victoire du Portugal sur la France lors de la finale de l'Euro 2016 en France, tant le sentiment anti-français ne cesse de croître en Afrique francophone. Je ne demande pas au peuple français de mener à notre place le combat pour la liberté ni de verser son sang pour nous car c'est aux Africains et uniquement à eux que revient la tâche de chasser leurs dictateurs, de prendre d'assaut leurs Bastilles, de se battre pour le remplacement du franc CFA par ume monnaie africaine, de forcer leurs dirigeants à construire chez eux écoles, routes et hôpitaux dignes de ce nom au lieu de courir en Occident pour un « oui » ou un « non ». Cette tâche n'a jamais été facile ; son coût humain est énorme. Comme le disait Henry de Montherlant, « *la liberté existe toujours pour quiconque accepte d'en payer le prix* ». Je n'attends pas du peuple français qu'il paie le prix de notre liberté.

À ceux et celles qui votent et paient les impôts en France je ne demande que quatre choses :

Premièrement, qu'ils s'informent mieux sur ce que font leurs dirigeants et entreprises (Bouygues, Bolloré, Areva, Total, Orange, EDF, etc.) dans les ex-colonies françaises.

Deuxièmement, qu'ils ne se contentent pas de lire ou d'écouter les médias français qui, en général, sont corrompus et inféodés au gouvernement et aux grands groupes français. S'ils sortent de leur paresse et indifférence pour se plonger, par exemple, dans *L'horreur économique*[56] de Viviane Forrester, ils apprendront que l'une des raisons pour lesquelles de plus en plus de jeunes africains cherchent à immigrer en France, c'est que ce pays a tout pris chez eux. Certains citoyens français militent aujourd'hui pour la fermeture des frontières de leur pays qui, selon eux, « *ne peut accueillir toute la misère du monde* », ce qui est vrai, mais, si vous êtes jeunes, si vous ne profitez pas des richesses de votre pays, si vous n'avez pas d'autres perspectives que le chômage, la maladie et l'insécurité, que vous reste-t-il à faire ?

Troisièmement, qu'ils ne laissent plus leurs dirigeants, de droite comme de gauche, s'ingérer dans nos affaires car ces derniers n'interviennent pas en Afrique pour rétablir la démocratie ou pour empêcher les Nègres de s'entretuer mais uniquement pour piller le pétrole, le cacao, le bois, l'uranium et d'autres richesses ; en d'autres termes, qu'ils ne se laissent plus tromper par des individus « *constamment en conflit avec les autres personnes ou avec les autres groups, incapables de faire l'expérience du sentiment de culpabilité,*

---

[56] Paris, Fayard, 1996.

complètement égoïstes, insensibles et cruels, tout en affichant une totale indifférence aux droits des autres »[57] *et* dont le dessein, de plus en plus manifeste, est de faire main basse sur les richesses des Africains sans aucune contrepartie, de soutenir des tyrans qui, en plus d'exceller dans le détournement et le transfert des fonds publics dans les banques françaises, sont prêts à réprimer les journaux, marches et *meetings* des opposants.

Enfin, qu'ils mènent des actions concrètes en marchant, en signant des pétitions et/ou en écrivant à leurs élus. Pour moi, c'est le minimum qui puisse être fait par des personnes fières de la prise de la Bastille par leurs ancêtres en 1789. Une prise dont on rappellera qu'elle eut lieu parce que les révolutionnaires français ne supportaient plus l'omnipotence du roi et les avantages dont ne bénéficiait qu'une infime partie du peuple. Les Français ne peuvent célébrer le 14 juillet et continuer à rester indifférents au viol des mineurs africains par l'armée française[58], aux crimes de cette armée sur le continent[59], au fait que, entre 1960 et 2015, les dirigeants et entreprises de leur pays n'ont fait qu'écraser, terroriser et piller des peuples qui n'aspirent qu'à la justice, à la liberté et à la paix. Il est temps qu'ils comprennent que la liberté d'un peuple n'a de sens et n'est complète que si ce peuple se comporte d'une manière qui ne nuise pas à la liberté des autres.

« *Chaque parole a des retentissements. Chaque silence aussi* », affirmait Jean-Paul Sartre.

Et l'écrivain et philosophe français ajoutait :

« Je tiens Flaubert et Goncourt pour responsables de la répression qui suivit la Commune parce qu'ils n'ont pas écrit une ligne pour l'empêcher. Ce n'était pas leur affaire, dira-t-on. Mais le procès de Calas, était-ce l'affaire de Voltaire, la condamnation de Dreyfus, était-ce l'affaire de Zola ? L'administration du Congo, était-ce l'affaire de Gide ? »

Les citoyens français d'aujourd'hui diront-ils qu'ils ne sont pas concernés par l'Afrique francophone humiliée, dominée et exploitée depuis cinq décennies par les différents gouvernements français ? Se tairont-ils comme Flaubert et Goncourt ou bien se mouilleront-ils

[57] *Cf.* Bobby E. Wright, *The psychopathic racial personality and other essays*, Chicago, Third World Press, 1985, 2nd edition.

[58] Comme cela arriva en Centrafrique en avril 2015 et au Burkina en juin 2015.

[59] Une soixantaine de jeunes Ivoiriens massacrés par Licorne en novembre 2004 et plusieurs centaines en avril 2011 alors qu'ils étaient désarmés.

comme Voltaire, Zola et Gide ? Laisseront-ils faire ou bien se joindront-ils à Survie, au CCFD et à d'autres ONG françaises engagées dans la lutte contre la Françafrique qui se révèle d'année en année, comme une mafia plus dangereuse que le sida ?

De Charles de Gaulle à François Hollande, les hommes politiques français aiment à dire que la France est l'amie de l'Afrique. Or ce que la classe politique et les entreprises françaises ont fait jusqu'ici en Afrique – coups d'État, soutien à des rébellions armées et à des dirigeants sanguinaires et incompétents, pillage des ressources naturelles, immoraux accords de coopération, etc. – ne me semble pas relever de l'amitié mais de la méchanceté et du banditisme car un ami, on se garde de le mépriser, de l'exploiter et de l'agresser.

« *La France est l'amie de l'Afrique* » ne sont que des mots creux parce qu'ils jurent avec le comportement de ceux qui les prononcent. En d'autres termes, la droite et la gauche françaises doivent arrêter de se gargariser de slogans ne pouvant endormir que les Africains naïfs et inconscients. Qu'elles commencent par respecter les Africains, ce qui signifie prendre au sérieux leurs Constitutions et institutions, ne pas décider ou parler à leur place à l'ONU et ailleurs, laisser leur justice juger tout Français qui enfreint la loi en Afrique, reconnaître les nombreux crimes contre l'humanité commis par l'armée française en Afrique, etc. Si les citoyens français réussissent à mettre en pratique les recommandations mentionnées plus haut, alors ils auront prouvé qu'ils sont les dignes fils et filles de ceux qui eurent, le 14 juillet 1789, le mérite, l'immense mérite, de s'emparer de la Bastille.

Chapitre 8
On ne dîne pas avec le diable sans conséquence

Un jour, le diable se rend dans un restaurant pour dîner avec un de ses nouveaux adeptes. Quelques minutes après que l'hôte et son invité se sont installés dans un coin du restaurant, le diable appelle un des serveurs et lui commande du *placali*[60] et de la dinde. Pour ceux qui ne le sauraient pas, le diable a toujours aimé le dindon, pas pour lui-même mais pour ses invités de marque, probablement parce qu'il ne veut pas être le dindon de la farce. L'invité réclama un seau d'eau avec du savon car il avait l'intention de manger avec ses mains. Et pourtant, son grand-père lui avait toujours dit que « *celui qui veut manger avec le diable doit avoir une longue cuillère* ». Le dindon et le *placali* consommés, l'invité pose la question suivante :

« *Qu'est-ce que nous mangerons au dessert* ? »

Le diable lui répond :

« *Mon petit, je n'ai pas prévu d'autre dessert que toi-même ; en d'autres termes, c'est par toi que nous terminerons ce copieux repas* ».

À peine le collabo du diable voulut-il protester que trois loubards, sortis d'on ne sait où, se saisirent de lui, l'égorgèrent comme les rebelles favorables à Dramane Ouattara égorgèrent en 2002 une soixantaine de gendarmes loyalistes au nez et à la barbe des soldats français. Le diable et ses acolytes burent ensuite le sang de l'invité car, dans cette confrérie, il paraît que le sang humain rend puissants ceux qui le boivent.

Cette histoire, que je me suis permis de modifier légèrement, m'a été racontée par un ami. L'un des enseignements que l'on peut en tirer, c'est que le diable finit par s'en prendre à ceux qui lui ont vendu leur âme. Parce qu'il est sans état d'âme, parce qu'il est sans pitié, il est capable de manger ses propres enfants et pas seulement ceux des autres. À quel moment le fait-il ? Quand se retourne-t-il contre ses propres « amis » ? Quand les déchoit-il ? Lorsque ceux-ci le déçoivent, c'est-à-dire lorsqu'ils refusent de se soumettre à lui.

Début février 2015, Francis Wodié cessa de présider le Conseil constitutionnel parce qu'il se serait opposé à la modification de

[60] Mets ivoirien fait à base du manioc.

l'article 35 de la Constitution ivoirienne qui stipule que tout candidat à la présidentielle doit être ivoirien et de parents eux-mêmes ivoiriens et n'avoir jamais eu d'autre nationalité que l'ivoirienne.

Tiburce Koffi fut débarqué de la direction de l'INSAAC pour avoir décrit l'appel de Daoukro de Konan Bédié comme une « *invitation à la tricherie* » et, donc, pour avoir refusé de « *faire allégeance aux princes Ouattara et Konan* ».

Charles Konan Banny fut traîné dans la boue, accusé par des partisans de Dramane d'avoir détourné les 16 milliards de F CFA de la CDVR, uniquement pour avoir dit « non » à Bédié pour qui seul Dramane est à même de représenter le PDCI au scrutin présidentiel de 2015.

Innocent Anaky Kobenan fut évincé de son propre parti et remplacé par l'illustre inconnu Anzoumana Moutayé en avril 2015 pour avoir boycotté l'appel de Daoukro.

Kouadio Konan Bertin, député de Port-Bouët, fut présenté par les journaux pro-RHDP comme un traître, sa chambre fut visitée plus d'une fois par des inconnus, parce qu'il jugea anormal que le PDCI ne soit pas présent aux prochaines joutes électorales.

Qui sait si Mabri ne sera pas anathémisé et lynché dans les jours à venir pour avoir dit que l'appel de Daoukro n'est pas un accord ?

Disgrâce, humiliation, intimidations, dénigrement, insultes et injures : voilà ce qui attend tous ceux qui, à un moment donné, osent tenir tête à Ouattara, n'acceptent pas de faire sa volonté ou de se soumettre à lui. Pourtant, l'insoumission est la marque de fabrique de Dramane qui promit en 2000 de rendre le pays ingouvernable si sa candidature était rejetée et n'a jamais respecté une seule loi ivoirienne puisqu'il est toujours le président du RDR, n'a pas déclaré ses biens avant de commencer le travail pour lequel Sarkozy et l'ONU l'ont installé en 2011 à la tête de notre pays, préfère le gré à gré à la transparence dans l'attribution des marchés et contrats publics.

Quant à Alain Lobognon[61] et IB, la raison pour laquelle ils ont été « mangés » est différente. Ce n'est pas une quelconque rébellion contre le patron qui leur est reprochée. Le premier paie sa mauvaise gestion des primes du Onze national après sa victoire à la CAN. Autrement dit, Lobognon fut viré pour avoir détourné des fonds qui ne lui étaient pas destinés.

[61] Ancien ministre des Sports et proche de Soro Kigbafory.

Le second, lui, aurait été éliminé pour avoir voulu être calife à la place du calife. Si ses adversaires reconnaissent que le rôle de son commando invisible fut décisif dans la bataille d'Abidjan, ils ont, en revanche, du mal à accepter qu'un illettré comme IB ait pensé pouvoir gouverner la Côte d'Ivoire. En d'autres mots, ce sont les ambitions démesurées d'Ibrahim Coulibaly qui l'auraient perdu.

Ce qu'il convient de retenir ici, c'est que Lobognon et IB ont connu le sort que chacun sait parce qu'ils ne faisaient plus l'affaire de Dramane Ouattara. Sans doute le premier l'a-t-il compris et a-t-il voulu se venger en déclarant, le 19 juin 2015, ceci :

« *Quand on est inéligible, on ne se mêle pas des affaires politiques d'un pays dont on n'est pas citoyen* ».

L'auteur du *tweet* a beau jurer sur la tombe de ses ancêtres qu'il n'a pas dit une chose pareille, les Ivoiriens ne sont pas dupes. Pour eux, le sieur Lobognon n'est pas aussi courageux que Banny qui nous a appris, *via Jeune Afrique*, hebdomadaire dans lequel Ouattara et son épouse seraient actionnaires, que Dramane Ouattara « *conçoit l'amitié en termes de soumission et non en termes de relation fraternelle* », qu'il n'a pas rompu avec « les pratiques d'un autre âge » et que « *les libertés publiques ne sont pas une préoccupation pour lui* »[62].

Si IB n'avait pas été tué, aurait-il eu le courage d'affirmer comme Banny que Ouattara n'est plus son-ami ? Aurait-il fait des révélations sur l'homme pour qui il monta une rébellion au Burkina Faso ?

Ces questions n'ont aucune importance aujourd'hui. Ce qui est important, c'est le fait de savoir que le diable vient pour voler, tuer et détruire, que Jésus l'appelle le « *meurtrier, le menteur et le père du mensonge* » (Jean 8, 44) et que, pour l'apôtre Jacques, il suscite querelles, disputes et divisions (Jacques 3, 14-16). Certes, on ne peut dire que les Ivoiriens ont toujours vécu en parfaite harmonie entre eux et avec les étrangers, ni que toutes les ethnies étaient équitablement traitées et récompensées sous Houphouët et Bédié. Mais qui a imposé la carte de séjour aux étrangers dans notre pays et fait croire au monde entier que les mêmes étrangers étaient maltraités par les Ivoiriens ? Avant 1990, les Ivoiriens se regardaient-ils en chiens de faïence ? Voyait-on, dans le pays, des gens brûlés ou jetés dans des puits, des opposants emprisonnés pour avoir critiqué le régime, des femmes éventrées, des individus, familles et villages obligés de fuir au Liberia, au Ghana, au Togo, Bénin, Maroc, en Europe ou en Amérique du

---

[62] *Cf. Jeune Afrique* du 15 juin 2015.

Nord pour une affaire de contentieux électoral ? D'Houphouët à Gbagbo, la Côte d'Ivoire a-t-elle enregistré autant d'exilés et de prisonniers ? Avant Ouattara, un président ivoirien décréta-t-il un embargo sur les médicaments et la fermeture des banques ? Un candidat bombarda-t-il les camps militaires et la résidence du chef de l'État pour avoir perdu les élections ? Notre Constitution empêche-t-elle un musulman ou un ressortissant du Nord de briguer la magistrature suprême ? Non ! Or Dramane Ouattara a usé de ces mensonges mais aussi des tueries, du braquage des banques et de la division pour arriver au pouvoir dans notre pays. Le moment est venu de le stopper et de le ramener d'où il est venu. La CNC peut remplir cette mission à condition qu'elle parle d'une seule et même voix, à condition qu'elle ne fasse pas « *un pas en avant, deux pas en arrière* » (Lénine), à condition que chacun de ses dirigeants mette l'intérêt général – chasser l'imposteur et le tueur – au-dessus de ses petites ambitions personnelles. Car la priorité, pour l'heure, n'est pas que X ou Y se déclare candidat ni qu'il sillonne l'Europe et l'Amérique du Nord mais que, tous, nous nous mettions ensemble sur le terrain, à travers des marches éclatées et des opérations « villes mortes », pour apporter le changement attendu par les Ivoiriens.

Youssouf Bakayoko, l'homme qui se comporta indignement en 2010, a été reconduit. La Commission électorale et le Conseil constitutionnel sont outrageusement contrôlés par Dramane Ouattara. Ses miliciens et dozos ne sont pas encore désarmés. Des personnes non-autorisées à voter dans notre pays figurent sur les listes électorales. Enfin, trop d'Ivoiriens sont exilés. S'enrôler ou participer au scrutin présidentiel, dans ces conditions, n'a aucun sens. Je dirais même que ce serait légitimer un individu qui, en utilisant le mensonge et la violence, a fait trop de mal à notre pays. Nous devons, non pas prendre part avec lui à une mascarade d'élection, mais nous mobiliser maintenant pour une transition sans lui.

Chapitre 9
Les Ivoiriens feront-ils respecter leur Constitution ?

Des Ivoiriens ont fait l'effort, ces jours-ci, de consulter les anciens numéros de *Fraternité Matin.* Ce voyage dans le journal gouvernemental de la fin des années 1990 leur a permis de « tomber » sur des perles aussi surprenantes que croustillantes. Dans le numéro du 4 septembre 1998, par exemple, on peut lire ceci :

« *Le Président Bédié avait dit dans son premier discours de chef d'État qu'il était intolérable que le commerce ivoirien soit entièrement aux mains des étrangers. Il nous appartient désormais, à nous Ivoiriens de faire en sorte qu'il nous revienne* ».

Dans un autre numéro, daté du 9 juillet 1999, on trouve les lignes suivantes :

« *Lors du congrès de son parti, Monsieur Alassane Ouattara a exhibé sa carte d'identité ivoirienne et celle de sa mère. Et l'on s'est aperçu que la sienne n'a été établie qu'en 1982, alors qu'il avait déjà 40 ans. Sous quelle identité avait-il donc vécu jusque là ?... L'on s'est aperçu également que, sur sa carte d'identité, sa mère s'appelle Nabintou Ouattara. Et pourquoi celle qu'il a présentée et dont il a montré les papiers s'appelle Nabintou Cissé, née à Dabou ? D'autre part, sur sa demande de carte d'identité formulée en 1990, il est précisé que son père est à Kong et sa mère à Odienné. Et pourtant, sur leurs cartes d'identité, ils sont nés respectivement à Dimbokro et Dabou. Que signifie tout cela ? Aujourd'hui, ce qui est en question, c'est l'avenir de la Côte d'Ivoire. Et cet avenir, personne n'a le droit de jouer avec... Pourquoi, alors qu'il avait refusé de se présenter en 1995 à cause du code électoral, il décide de le faire maintenant sans que ce code n'ait changé ?* »

Quand Venance Konan s'exprimait ainsi, avait-il perdu le Nord ? Était-il sous l'emprise de la drogue ou bien agissait-il sous le contrôle de Satan ? Écrire des choses aussi justes à l'époque et en vouloir aujourd'hui au professeur Simon-Pierre Ekanza parce que celui-ci a rappelé que la Constitution ivoirienne adoptée par référendum le 23 juillet 2000 interdit à Ouattara de briguer la magistrature suprême, traiter Ouattara d'imposteur en 1998-1999 parce qu'il avait déclaré en 2000 deux mères et deux nationalités différentes et accuser les

Ivoiriens opposés à sa participation au scrutin présidentiel d'octobre 2015 de « *mener un débat nauséabond qui a divisé notre peuple et failli détruire notre pays* », c'est ce qu'on appelle manquer de cohérence.

Mais Venance Konan n'excelle pas seulement dans l'incohérence. Il brille également par le mensonge, une des choses qu'il a en commun avec son nouveau maître. Il ment lorsqu'il écrit, par exemple, que les Ivoiriens se sont fait la guerre, ce qui voudrait dire que le Sud et le Nord ont guerroyé l'un contre l'autre. Or, sauf si ma mémoire me joue des tours, jamais les gens du Sud n'ont attaqué le Nord, ni obligé les fonctionnaires du Nord à quitter le Sud, ni installé de miliciens dans les villes et villages du Nord. Ce ne sont pas eux qui ont fait passer les danseuses d'Adjanou de vie à trépas ou commis des massacres à Nahibly, Guitrozon, Petit Duékoué, Adébem et Anonkoua-Kouté.

Pour ce qui est du « *redécollage de notre pays sous la direction de celui que certains voulaient rejeter* », un pays, où le nombre des pauvres et chômeurs ne cesse de grossir et où les étudiants sont constamment en grève, peut-on sérieusement soutenir qu'il redécolle ?

Et l'émergence, dont on nous rebat les oreilles à longueur de semaine, consisterait-elle à emprisonner quiconque ne pense pas comme le régime, à ne promouvoir que les gens d'une certaine région et d'une certaine religion ?

De tels mensonges sont d'autant plus inacceptables que V. Konan oublie d'ajouter que le pays a été déstabilisé et bloqué depuis 1991 par le même Dramane Ouattara qui avait juré de le « mélanger », c'est-à-dire de le rendre ingouvernable, si sa candidature était rejetée.

Konan croyait que les Ivoiriens ne parleraient plus de l'inégibilité de son nouveau patron, après la fermeture des banques, l'embargo sur les médicaments et le bombardement de la capitale économique par la France sur ordre de Ouattara. On peut lui rétorquer qu'il connaît mal ses compatriotes car il est illusoire de penser qu'il suffit de bombarder un peuple, de lui donner des billets de banque ou de terminer deux à trois routes et ponts commencés par l'ancien pouvoir pour le soumettre ou l'amener à renoncer à ce qui compte pour lui. Ce qui compte aujourd'hui, pour les Ivoiriens, c'est le strict respect de leur Loi fondamentale, le fait d'être maîtres chez eux et d'occuper les premières places comme cela se fait partout ailleurs. Même si Ouattara osait larguer la bombe atomique sur eux (c'est la seule chose qu'il lui reste à faire), ils ne cèderaient pas sur l'idée que toute personne qui désire les diriger doit se conformer à l'article 35 de leur Constitution. Ce ne sont donc pas les puériles menaces proférées par Ouattara lors de sa visite dans le Nord qui feront reculer les Ivoiriens déterminés à faire respecter leur Constitution. Tous les Ivoiriens ne sont pas achetables ou corruptibles, tous ne sont pas prêts à se prostituer ou à aliéner leur dignité pour un plat de lentilles. La peur de la mort ne les pousse pas tous à accepter l'inacceptable. Celui qui n'a pas compris cela, n'a rien compris au problème de la Côte d'Ivoire.

Que Venance Konan ait décidé d'adorer ce qu'il brûlait hier, qu'il dise et se dédise aussi facilement, juste pour diriger *Fraternité Matin* et jouir des avantages matériels attachés à ce poste, qu'il ait choisi de faire la « *politique du ventre* »[63], qu'il chante les louanges d'un individu qu'il vouait aux gémonies il n'y a pas longtemps, tout cela est son droit. Mais qu'il reconnaisse à d'autres Ivoiriens le droit de ne pas se coucher devant Ouattara et ses parrains occidentaux, le droit de défendre leur Constitution dans son intégralité. Qu'il accepte surtout qu'on lui rappelle le beau texte qu'il publia dans *Fraternité Matin* du 29 novembre 1994 et dont voici un extrait :

« *Pendant longtemps, nous avons tous baigné dans un certain laxisme, nous avons tous fermé les yeux, et tout le monde a fait ce qu'il voulait dans notre pays. Aujourd'hui, nous ouvrons les yeux et nous constatons que notre pays a au moins 40% d'étrangers, que notre économie ne nous appartient plus, que des assassins libériens font la loi dans l'Ouest de notre pays et que, si nous n'y prenons garde, nous confierons notre pays à quelqu'un qui n'est pas ivoirien ou pas suffisamment pour souffrir ou mourir avec lui* ».

Depuis 1994, beaucoup d'eau a coulé sous les ponts : le PDCI, ancien parti unique, n'est plus au pouvoir ; à l'Ouest de la Côte d'Ivoire, les Libériens ont été remplacés par les Burkinabè. Quant à Venance Konan, il a retourné sa veste. Peu lui importe désormais que son pays soit dirigé par un individu incapable de souffrir ou de mourir avec lui et pour lui. Faut-il en inférer qu'il fait partie de ces « *prostitués des médias qui ont pour sexe l'information ou la vérité qu'ils gardent, fardent, déforment et allongent au lit des médias pour de l'argent, pour des avantages* » ? Chacun répondra comme il veut à cette question. Pour ma part, j'ai foi que passera la dictature que subissent les Ivoiriens depuis le 11 avril 2011 car tout passe ; je suis

[63] *Cf.* Jean-François Bayart. *L'Etat en Afrique. La politique du ventre*, Paris, Fayard, 2006.

certain que le vent tournera un jour. Mais, quand il aura tourné, que se passera-t-il pour les traîtres ?

Chapitre 10
Compaoré et Ouattara ne doivent pas jouer avec nos vies

> « *Le fatalisme a des limites. Nous devons nous en remettre au sort uniquement lorsque nous avons épuisé tous les remèdes* ».
>
> **Gandhi,** *Lettres à l'Ashram*

Ce qui apparaissait comme une rumeur est devenu peu à peu une triste réalité : interruption brutale de la transition issue du soulèvement populaire qui chassa Blaise Compaoré du pouvoir, fin octobre 2014. Une transition qui, après avoir exclu les partisans de Compaoré de la prochaine présidentielle, s'apprêtait à rendre publics les résultats de l'enquête sur l'asassinat de Thomas Sankara. Mais, fort heureusement, les Burkinabè promettent de ne pas se laisser faire. Ils soutiennent en effet que Diendéré et les autres voyous du RSP – une structure que Michel Kafando et Isaac Zida auraient dû démanteler dès leur prise de fonction – ne reprendront pas aussi facilement le pouvoir pour lequel ils risquèrent leurs vies.

Ils se disent déterminés à occuper encore la rue et à affronter la soldatesque du sanguinaire Compaoré qui, quoique réfugié à Abidjan, n'a jamais arrêté de suivre ce qui se passe à Ouagadougou.

« *S'ils veulent nous tuer tous, nous sommes prêts* », ajoutent-ils.

Le peuple ivoirien devrait vaincre sa peur et faire preuve de la même détermination, c'est-à-dire descendre dans la rue massivement, prendre d'assaut la présidence de la République, l'Assemblée nationale, la Radio et la Télévision, tous les ministères, dresser des barricades partout, bref bloquer le pays jusqu'au départ de l'imposteur Dramane Ouattara au lieu de se résigner et de dire :

« *On a trop souffert en 2010-2011 pour prendre des risques, de nouveau. Laissons le Burkinabè avoir son second mandat ou encore c'est Dieu seul qui peut régler le problème de la Côte d'Ivoire* ».

Non, Dieu ne fera rien pour nous si nous restons passifs. Il nous veut responsables de notre pays. Il désire que nous prenions nos responsabilités comme Néhémie qui ne passa pas son temps à se lamenter sur l'état d'opprobre dans lequel se trouvaient les siens et la cité Jérusalem mais déclara aux chefs et au peuple :

« *Vous voyez la misère dans laquelle nous sommes, que Jérusalem est dévastée et que ses portes sont brûlées par le feu. Venez et bâtissons la muraille de Jérusalem, afin que nous ne soyons plus dans l'opprobre* »[64].

Prier le Seigneur, invoquer sa grâce, n'est donc pas suffisant. Il faut aussi agir et est venu, pour nous tous, le temps de nous lever et de nous engager. Où que nous soyons, nous devons faire quelque chose, pour sortir notre pays de cette dramatique situation.

Compaoré et Dramane Ouattara sont indiscutablement derrière la tentative de coup d'État au Burkina. Ce sont ces deux terroristes qui attaquèrent et endeuillèrent la Côte d'Ivoire le 19 septembre 2002 sous le fallacieux prétexte que les ressortissants du Nord étaient traités comme des Ivoiriens de seconde zone et que Laurent Gbagbo avait l'intention d'exterminer les musulmans et les étrangers parmi lesquels les Burkinabè. Selon Salif Nikiema, en effet, Ouattara a manipulé les Burkinabè, leur a menti dans le seul but de déstabiliser la Côte d'Ivoire. Voici un extrait de la lettre adressée par lui le 26 septembre 2015 aux peuples ivoirien et burkinabè :

« *Dans tous les médias il y avait une seule 'une' : Laurent Gbagbo est contre les Burkinabè. Cependant, jusqu'à présent, je n'ai jamais vu une seule vidéo, un seul appel officiel de Laurent Gbagbo appelant les Ivoiriens à chasser ou à tuer les Burkinabè. J'aimerais qu'on se pose les vraies questions : Qui a déstabilisé le régime de Laurent Gbagbo qui, en deux ans (de 2000 à 2002), présentait des indicateurs de développement exceptionnel (les économistes honnêtes le reconnaîtront) ? Oui, qui a déstabilisé le régime de Laurent Gbagbo ? D'où sont-ils partis ? Où se sont-ils entraînés ? Je ne vais pas revenir sur la genèse de la crise ivoirienne mais je voulais juste faire comprendre que c'est bien Blaise Compaoré avec ses officiers mafieux sous l'instruction de certaines puissances hostiles à toute tentative d'indépendance réelle de l'Afrique qui se sont servis de notre pays (le Burkina Faso) pour déstabiliser un pays frère, ami et généreux hôte qu'est la Côte d'Ivoire. Les faits sont là et sont évidents pour ceux qui veulent rentrer dans les détails* »[65].

---

[64] Ne 2, 17-18.

[65] http://www.ivorian.net/actualite/p/15359.html

Nikiema ajoute :

« *Nous avons soutenu ce complot international par notre silence complice, prenant parti pour un va-t-en guerre, un manipulateur, un vendeur d'illusions... Alassane Dramane Ouattara qui nous a trompés* »[66].

Burkinabè et Ivoiriens, nous devons affronter et mettre hors d'état de nuire davantage ces deux bandits qui ont déjà fait trop de mal au Burkina, à la Côte d'Ivoire et à la sous-région : l'un depuis 1987, l'autre depuis 1991. Si nous ne voulons pas d'une mort collective, s'il nous reste un peu de dignité et d'honneur, nous ne devrions pas laisser ces deux criminels continuer à jouer avec nos vies, marcher sur nous et nous appauvrir.

Il y a quelques mois, les leaders de la CNC ont laissé entendre que la Constitution ivoirienne doit être strictement respectée, qu'ils sont intéressés par le bien du pays et non par les avantages du pouvoir, qu'ils veulent apporter le changement dans le pays, qu'ils n'iront pas aux élections pour aller aux élections, c'est-à-dire sans un consensus de tous les partis et candidats sur la composition de la Commission électorale et des listes électorales, la sécurisation des élections, l'accès de tous les candidats aux médias d'État. Or, jusqu'à maintenant, Ouattara ne leur a servi que morgue, menaces et mépris. Pourquoi ? Parce qu'il sait qu'il ne peut gagner dans la transparence. Dans ces conditions et pour ne pas être accusés de vouloir accompagner et légitimer le tricheur et dictateur Ouattara, les leaders de la CNC, candidats à la présidentielle du 25 octobre 2015, devraient purement et simplement retirer leur candidature et faire corps avec le peuple pour chasser celui qui n'aurait jamais dû être à la tête de notre pays.

Car à quoi reconnaît-on le vrai leader ? À sa fermeté sur ses propres principes et à sa cohérence. Le vrai leader est aussi capable de défendre ses troupes quand elles sont attaquées par des mercenaires ; il n'a pas peur de participer aux marches de protestation organisées par tel ou tel syndicat pour plus de justice et de liberté dans le pays. Quand la LIDHO et d'autres mouvements décidèrent de marcher pour dénoncer le refus d'Houphouët de sanctionner les militaires ayant bastonné et violé en mai 1991 des étudiants à la cité universitaire de Yopougon, Laurent Gbagbo n'était pas resté chez lui pour jouer au ludo ou pour regarder un bon film à la télévision. Au contraire, il faisait partie de ceux qui marchèrent le 18 février 1992 dans le

---

[66] http://afrohistorama.over-blog.com/

quartier des affaires. Une marche au cours de laquelle, sa femme, lui-même et d'autres personnes furent arrêtés avant d'être jetés en prison.

En d'autres circonstances, on le vit avec d'autres dirigeants du FPI prendre la tête de la marche.

En France, Jean-Luc Mélenchon n'a jamais hésité à marcher tantôt avec les syndicats, tantôt avec ses camarades du Parti de Gauche pour s'opposer à l'austérité prônée par Bruxelles alors que plusieurs pays européens font face à une sévère récession économique.

Je citerai enfin le cas du Burkina Faso où en 2014 les Zéphyrin Diabré, Ablassé Ouédraogo, Benwendé Stanislas Sankara, Guy-Hervé Kam et autres n'étaient pas peureusement terrés chez eux mais avaient rejoint les jeunes et femmes manifestant chaque jour contre la modification de l'article 37 de la Constitution burkinabè. Pourquoi étaient-ils avec le peuple ? Parce qu'ils avaient compris qu'on ne peut se dire leader et refuser de mouiller le maillot. Autrement dit, le tout n'est pas de porter le titre de leader. Encore faut-il accepter de prendre le devant de la lutte. Chez nous, malheureusement, on a l'impression que les leaders de la CNC attendent que les jeunes mènent la lutte à leurs risques et périls. Une lutte dont ils viendront ensuite récolter les fruits. Je dois affirmer que cette façon de voir les choses a peu de chances de prospérer aujourd'hui car les jeunes de notre pays commencent à « *voir clair* » ; ils ne veulent plus faire le travail pour X ou Y ; ils n'ont plus vocation à tuer seuls le gibier et à être oubliés lors du partage du butin. Bref, ils sont de plus en plus enclins à penser que « *quiconque ne risque rien aujourd'hui n'aura rien demain* ».

Que nous soyons jeunes ou non, que nous vivions au pays ou à l'extérieur, compte peu. Ce qui est important, c'est l'engagement, le refus de se résigner car l'inaction ne fera que plonger davantage notre pays dans la dictature, la pauvreté et l'insécurité. Je ne dis pas que le combat sera facile car rien n'est jamais facile pour les peuples aspirant à la liberté et à la justice. Mais, si nous voulons être comptés demain parmi les peuples dignes, alors nous n'avons pas d'autre choix que de faire nôtre le mot de Maximilien de Robespierre :

« *Quand le gouvernement viole les droits du peuple, l'insurrection est pour le peuple le plus sacré et le plus indispensable des devoirs* ».

C'est toute la question du rapport du peuple à ceux qui le gouvernent qui est posée ici : Doit-on toujours se soumettre aux autorités politiques sous prétexte que c'est Dieu qui les établit ? Pour répondre à cette question, essayons de voir la réponse de Jésus aux pharisiens qui avaient dépêché quelques partisans d'Hérode auprès de lui. Les pharisiens voulaient savoir s'il est permis ou non de payer l'impôt à l'empereur.

Si Jésus répondait que l'impôt doit être payé à César, les Pharisiens l'accuseraient de soutenir l'occupant romain ; dans le cas contraire, ce sont les Hérodiens qui le traiteraient de mauvais citoyen. Jésus vit le piège et le fit savoir aux pharisiens qu'il qualifia d'hypocrites.

En employant cet adjectif, il voulait dénoncer leur comédie car, tout en prétendant être contre César, ces pharisiens gardaient dans leurs poches des pièces d'argent sur lesquelles était gravée l'image de César.

Après avoir fustigé leur hypocrisie, Jésus invite ses interlocuteurs à rendre à César ce qui est à César et à Dieu ce qui est à Dieu.

En appelant à rendre à César ce qui est à César, Jésus reconnaît implicitement la légitimité et l'utilité de César. Cela signifie que, pour lui, le citoyen chrétien doit payer ses impôts, respecter les lois de la Cité, voter, etc. Mais Jésus ne se contente pas de dire que César est utile et légitime.

Il fait aussi remarquer que César ne prend en charge qu'une dimension de l'existence humaine (le corps, le temporel et temporaire) tandis que Dieu est considéré par lui comme Celui qui non seulement sollicite toute la personne (corps et âme) mais demandera des comptes à chacun quand viendra le jour du jugement. Ce jour-là, au dire de Jésus, même César répondra de sa gestion des hommes. Voilà pourquoi il interdit d'idolâtrer ou d'adorer César, c'est-à-dire de mettre la politique et ceux qui l'exercent au même plan que Dieu. Selon Jésus, l'homme ne doit se prosterner que devant Dieu car Il est non seulement le Créateur de toutes choses mais l'Éternel.

Or qu'est-ce qui se passe en général dans notre monde ? Qu'y constate-t-on ? Beaucoup de citoyens adorent César. De quelle manière l'adorent-ils ? Lorsque, sur la base de l'invitation de Saint Paul à se soumettre aux autorités politiques, ils permettent que tel ou tel président abuse du pouvoir qui lui a été provisoirement confié par le peuple, lorsqu'ils le laissent opprimer, tuer, détourner les deniers publics ou brader les richesses du pays à des multinationales, lorsqu'ils s'agenouillent ou rampent devant lui.

Un chrétien n'est pas obligé de se soumettre à une personne qui abuse de son pouvoir, ne promeut pas l'intérêt général, se prend pour Dieu et attend qu'on rampe ou qu'on s'agenouille devant lui. Au contraire, il se doit de lui résister.

En un mot, la conjonction de coordination « et » dans « *Rendez à César ce qui est à César et à Dieu ce qui est à Dieu* » signifie que le chrétien est invité, non pas à choisir entre César et Dieu, mais à s'intéresser à l'un (César) et à l'autre (Dieu) tout en gardant bien en tête que « *Dieu, sa loi, la loi de la conscience inscrite par lui au fond des cœurs, sont supérieurs au pouvoir politique* »[67].

Le « *à César et à Dieu* » signifie aussi que le temporel et le spirituel sont complémentaires et qu'ils doivent respecter l'autonomie l'un de l'autre : le temporel ne doit pas s'immiscer dans le spirituel et vice-versa.

En résumé, Jésus veut dire que César est nécessaire, que toute société ou communauté a besoin de chefs – politiques, religieux ou traditionnels – mais que les hommes et femmes ayant une parcelle d'autorité ne sont que des serviteurs et que, par conséquent, il est hors de question qu'ils soient sacralisés, idolâtrés ou absolutisés.

Il en découle que le peuple a le droit et le devoir de se soulever contre tout dirigeant qui ne sert pas les intérêts du peuple, le maltraite ou veut se maintenir au pouvoir en violation de la Loi fondamentale que le peuple s'est librement donnée.

Bravo donc aux évêques de la République démocratique du Congo qui ont demandé le 14 septembre 2014 au peuple congolais de s'opposer à toute modification de la Constitution ! Rappelons que, si elle avait eu lieu, cette modification aurait permis à Joseph Kabila de briguer un 3e mandat à la tête du pays, ce qu'interdit la Constitution. Félicitons également l'épiscopat burkinabè qui rejeta en février 2010 la modification de l'article 37 de la Constitution limitant le mandat présidentiel. Ces deux conférences épiscopales ont agi comme Jésus « *qui n'avait peur de rien et ne se laissait influencer par personne* ».

Fasse Dieu que leur exemple devienne contagieux car, dans plusieurs pays, pendant qu'un petit groupe s'enrichit et se la coule douce, des milliers de gens sont encore victimes de discrimination et d'injustice, arrêtés et détenus sans jugement à cause de leurs opinions, deviennent de plus en plus pauvres dans l'indifférence des « hommes de Dieu ».

---

[67] *Cf.* Hyppolite Simon, *Église et Politique*, Paris, Centurion, 1995.

Chapitre 11
Appel à la jeunesse africaine

Que Michel Kafando ait retrouvé son fauteuil est indéniablement une très bonne nouvelle pour tous ceux qui avaient été attristés et meurtris d'apprendre que la transition burkinabè avait été brutalement interrompue par une bande de médiocres, mais cela ne signifie pas que tout est réglé, que le Burkina est complètement tiré d'affaire. Que faut-il faire ?

Il convient de terminer le travail mais comment ? Le Régiment de sécurité présidentielle (RSP) doit être démantelé le plus vite possible, les putschistes doivent être arrêtés, jugés et sanctionnés comme le recommandent les lois burkinabè. Non seulement pour que cela serve de leçon à ceux qui préfèrent les coups d'État aux urnes mais aussi parce que ce serait la meilleure façon de montrer que les personnes qui ont perdu la vie dans ce stupide et inutile coup d'État ne sont pas mortes pour rien. Lors de son voyage dans la capitale burkinabè, Macky Sall avait proposé qu'on pardonne à Diendéré et à sa clique. Je lui réponds aujourd'hui que le pardon pourrait être accordé après que justice sera rendue car la justice doit faire son travail comme elle le fait si bien au Sénégal dans l'affaire Karim Wade accusé d'enrichissement illicite.

C'est la même justice que recommande Dramane Ouattara en Côte d'Ivoire, sauf que la sienne, une justice aux ordres de l'exécutif, s'est intéressée à un seul camp depuis 2011. On s'attendait à ce que le sieur Ouattara exige que les putschistes burkinabè soient jugés et qu'il condamne leur coup de force puisqu'il se targue souvent d'être démocrate. Il ne l'a pas fait et ne le fera jamais parce que cela n'a aucune importance pour lui. Pour le président reconnu par la communauté internationale, la seule chose qui compte est la participation des partisans de Compaoré aux futures élections (présidentielle et législatives). Pourquoi ? Parce que – et point n'est besoin d'être devin pour le savoir – Dramane Ouattara ne peut gouverner en paix en Côte d'Ivoire que si un partisan de Compaoré est au pouvoir à Ouagadougou. Il est, dès lors, difficile de balayer du revers de la main l'argument selon lequel Ouattara a trempé dans le coup d'État du RSP. Difficile également de ne pas croire qu'il avait intérêt à ce que les rênes du pouvoir soient tenues par Diendéré ou par le CDP (Congrès pour la démocratie et le progrès), le parti de celui qui a trouvé refuge en Côte d'Ivoire après avoir essayé de détruire ce pays où « *vivent plus de 4 millions d'étrangers, soit 26, 5% de la population* ». Les Burkinabè couperont-ils et la tête et la queue du serpent ? Ce sont les semaines à venir qui nous le diront. Pour l'instant, je voudrais répondre à la question suivante : quelles leçons pouvons-nous tirer de l'échec du putsch du RSP ?

Le premier enseignement, c'est que l'engagement et la détermination du peuple finissent toujours par aboutir. Diendéré se serait installé tranquillement dans le fauteuil présidentiel si le peuple burkinabè n'avait pas dit « non » à sa funeste entreprise et ne s'était pas mis debout sur l'ensemble du territoire national. La prière n'est pas inutile. Elle ne le devient que si elle ne débouche pas sur l'action. Les Burkinabè prient, croient en Dieu, mais ils viennent de nous prouver que la prière et la foi en Dieu sont parfaitement compatibles avec l'action des humains contre ce qui porte atteinte à leur dignité et liberté. Remplir les églises, temples et mosquées, les dimanches et vendredis, n'est pas du tout incompatible avec participer à des marches pacifiques organisées pour protester contre l'injustice, l'opression ou la dictature dans un pays. Cette leçon, les croyants africains doivent la retenir une fois pour toutes.

Le second enseignement est celui-ci : Tous les Africains attachés à la justice et à la liberté, et pas uniquement les Burkinabè, devraient neutraliser les dirigeants qui oppriment et volent leurs peuples avec la complicité des gouvernements français. Autrement dit, ce n'est pas uniquement les opposants congolais qui doivent se mobiliser contre Sassou Nguesso qui veut briguer un énième mandat présidentiel après 36 ans de gabegie et de crimes au pouvoir. Pourquoi les autres Africains doivent-ils soutenir les peuples angolais, burundais, camerounais, gabonais, tchadien, togolais, et congolais (RDC)...? Parce que, pour Antoine de Saint-Exupéry, « *être homme, c'est précisément connaître la honte en face d'une misère qui ne semblait pas dépendre de soi. C'est être fier d'une victoire que les camarades ont remportée, c'est sentir, en posant sa pierre, que l'on contribue à bâtir le monde* »[68]. Se sentir responsable de son semblable, tel était déjà le message du livre de la Genèse où, invité à dire ce qu'il avait fait de son frère Abel, Caïn répondit au Créateur qu'il n'était pas le

[68] *Cf. Terre des hommes*, 1939.

gardien de ce dernier. L'Africain doit sortir de la logique de Caïn. Cela signifie qu'il doit non seulement s'abstenir d'éliminer physiquement ceux qui s'en sortent mieux que lui mais voler au secours de quiconque est aux prises en Afrique avec le néocolonialisme tueur et prédateur. Quand Kwame Nkrumah faisait remarquer, à juste titre, que le Noir est partout un homme méprisé et exploité, quand il plaidait pour l'unité du continent, certains le prirent pour un doux rêveur. Le temps semble lui avoir donné raison car le « *chacun pour soi* » ne nous a rien apporté, sauf des larmes, des morts et une pauvreté déshumanisante. En d'autres mots, aucun pays africain ne viendra à bout tout seul de la Françafrique qui change de discours chaque fois que la France a un nouveau président mais ne change jamais son *modus operandi*. C'est ensemble que nous parviendrons à briser nos chaînes pour que les jeunes vivent dans un meilleur monde. Pour cela, les jeunes d'Afrique doivent travailler en synergie.

Le moment est arrivé pour que *le balai citoyen* (Burkina Faso), *Y en a marre* (Sénégal), *le Cojep* (Côte d'Ivoire), *Filimbi* (RD Congo) et d'autres mouvements de jeunesse en Afrique se rencontrent, travaillent ensemble et prennent la tête du combat pour la vraie indépendance du continent qui passe obligatoirement par la création d'une monnaie africaine et la fermeture des bases militaires françaises. Telle est la mission de leur génération, pour reprendre l'heureuse formule de Frantz Fanon, une mission qu'ils ne doivent pas trahir. Car l'Histoire, tôt ou tard, jugera chacun d'entre nous.

Chapitre 12
Pour un boycott de la farce du 25 octobre 2015

Mamadou Koulibaly et Essy Amara, après s'être retirés de la course à l'élection présidentielle d'octobre 2015, appellent les Ivoiriens à boycotter la présidentielle du 25 octobre 2015. Pourquoi ? Parce que, selon eux, les jeux sont déjà faits, c'est-à-dire que les Ivoiriens n'auront droit qu'à une parodie d'élection. Pour eux, un éventuel « non » massif ouvrirait la voie à une période de transition que certains envisagent sans Dramane Ouattara.

Massif ou non, un boycott changerait-il quelque chose dans le diabolique agenda de celui qui en octobre 2010 ne fut pas élu mais installé dans le sang par les bombes de la coalition franco-onusienne ? En quoi un faible taux de participation à cette comédie électorale l'affecterait-il ? Cela l'intéresse-t-il que de nombreux électeurs ivoiriens s'abstiennent de jeter leur bulletin dans l'urne ?

De plus, étant coutumier du faux, ne pourrait-il pas transformer 10% de participation en 60% ? La vraie question, à mon avis, n'est donc pas celle de savoir si peu ou très peu d'Ivoiriens iront voter, le dimanche 25 octobre 2015. La vraie question est celle-ci : que devons-nous faire pour qu'il n'y ait d'élection pour personne le 25 octobre 2015 ? Quels mécanismes devons-nous trouver pour bloquer toute activité dans le pays avant ou à partir du 25 octobre 2015 ? Quels produits et « services » comptons-nous boycotter et, donc, quels sacrifices sommes-nous prêts à consentir, pour que rien ne marche dans le pays ? Car nous devons avoir conscience que, tant que les Français (gouvernement et entreprises), indéfectibles soutiens de Ouattara, ne seront pas frappés au portefeuille, tant que nous ne leur ferons pas perdre de l'argent, ils continueront à fermer les yeux sur la dictature et le rattrapage ethnique de Dramane Ouattara.

Je l'exprime autrement : si le pays est calme, parce que nous avons peur de mourir ou parce que nous craignons de perdre le semblant de travail que nous avons ici ou là, pourquoi voulons-nous que Hollande, Ban Ki Moon et autres se bougent et interpellent celui qui leur permet de voler nos richesses ?

« Aussi longtemps que tu accepteras l'oppression, tu seras opprimé ; aussi longtemps que tu accepteras l'exploitation, tu seras exploité »,

affirme l'historien noir-américain Runoko Rashidi. Il en découle que le problème qui se pose présentement n'est pas tant la prétendue puissance de l'oppresseur ou de l'exploiteur que la résignation de l'opprimé ou de l'exploité. Et l'erreur que nous commettons fréquemment, c'est que nous oublions que les tyrans ne sont forts que devant les peuples résignés et courbés. En d'autres termes, nos souffrances et humiliations ne prendront fin que le jour où nous comprendrons que celui qui a véritablement la puissance et la force, c'est le peuple. Car, lorsque celui-ci prend conscience de sa force, lorsqu'il se met debout, lorsqu'il est uni et en ordre de bataille, il est comparable à un fleuve en crue. Il est alors capable de tout balayer sur son passage. Et les tyrans n'ont pas d'autre choix que de trembler et de prendre la poudre d'escampette. C'est ce que le peuple burkinabè nous a magistralement montré fin octobre 2014 contre le sanguinaire Compaoré et en septembre 2015 face à Diendéré et sa bande de petits voyous. En un mot, je veux dire que seul un soulèvement populaire peut chasser aujourd'hui Dramane Ouattara. Cela suppose que les Ivoiriens acceptent de rendre le pays ingouvernable.

Cela suppose également que Kouadio Konan Bertin et Konan Kouadio Siméon emboîtent le pas à Koulibaly, Essy et Banny en se retirant de cette farce électorale que nos prétendus guides religieux, chefs traditionnels et rois n'ont pas jugé bon de dénoncer. Comme si Dieu et les ancêtres avaient déjà donné leur bénédiction à une entreprise dont le moins que l'on puisse dire est qu'elle est autant malhonnête que criminelle.

Cela suppose enfin que les leaders de l'opposition arrêtent de tergiverser et de privilégier leurs intérêts personnels.

La vie, telle une roue, tourne. La dictature de Dramane passera, elle aussi, et le peuple ivoirien demandera des comptes à tous ceux qui auront soutenu, activement ou par le silence, ce régime violent, malfaisant et incompétent. Ils devront subir le même sort que les partisans du Maréchal Pétain après la libération de la France. Qu'on ne compte pas sur moi pour que leur soit accordé un quelconque pardon ! Kouadio Bertin et Konan Siméon peuvent donc se racheter encore s'ils veulent échapper demain à la colère du peuple.

Nous sommes comme à la croisée des chemins : ou bien nous osons poser le geste qui sauvera notre pays, c'est-à-dire le guérira (enfin ?) de la violence et de la tricherie qui lui ont été imposées depuis 1990 par Dramane ouattara avec la complicité de certains Ivoiriens qui ne pensent qu'à remplir leur panse, ou bien nous nous contentons de ne pas prendre part à un scrutin dont le vainqueur est déjà connu. Que choisirons-nous ? Pour moi, un boycott ne sera pas suffisant. Nous devons faire plus que boycotter. En clair, c'est tout le pays qu'il faut paralyser ; c'est l'élection frauduleuse du 25 octobre 2015 que nous devons empêcher. Aujourd'hui plus que jamais, le pays nous appelle à ne pas l'abandonner entre les mains d'une bande d'assassins et d'imposteurs.

Chapitre 13
Les attentats de Paris me font mal, mais…

« *En Afghanistan, en Irak, en Libye, au Tchad, en Syrie nous avons semé la mort et la terreur. Nous avons voulu imposer "la démocratie" à coups de bombes à des peuples qui n'en veulent pas. Nous avons voulu exporter des valeurs auxquelles nous-mêmes ne croyons plus. Nous avons infligé tellement de souffrances qu'aujourd'hui nous récoltons ce que nous avons semé. Nos politiciens font les guerres au lieu de s'occuper des problèmes graves de notre pays. Le chômage explose, la misère s'étend, nos retraités font les poubelles pour pouvoir survivre, notre jeunesse n'a plus d'espoir et nos gouvernements dépensent des milliards à bombarder des pays et des peuples étrangers. Arrêtons de nous mêler des affaires du monde. Nous ne sommes ni des exemples à suivre ni des justiciers* ».

Éric Montana

On nous demande de prier pour Paris où 7 attaques terroristes ont fait, le 13 novembre 2015, environ 129 morts et plus de 300 blessés dont certains seraient entre la vie et la mort. Et j'ai commencé à le faire. Sincèrement et intensément. Pourquoi ? D'une part, parce que de nombreux amis – des Africains et des Gaulois – vivent et travaillent là-bas. D'autre part, et c'est la raison la plus importante, parce que la foi chrétienne, Antoine de Saint-Exupéry, Émile Zola, Voltaire et d'autres grands auteurs français m'ont appris qu'être homme, c'est ressentir tristesse et colère devant la misère, la souffrance et la détresse d'un autre homme, quelles que soient sa couleur de peau, ses convictions religieuses, idéologiques ou politiques. Cette empathie, ajoutent-ils, devrait pousser quiconque revendique ce titre d'homme à agir en faveur de celui qui est en difficulté.

Comme j'eusse aimé que gouvernants et gouvernés français fussent choqués et révoltés par les massacres et viols devenus, depuis 1997, le pain quotidien des populations de l'Est de la République démocratique du Congo ! Comme j'eusse aimé qu'ils se solidarisent avec le Cameroun, le Nigeria aux prises avec Boko Haram depuis quelques mois, avec la Centrafrique qui n'en finit pas d'être endeuillée alors qu'un contingent militaire français y a été envoyé pour mettre fin aux violences de la Seleka et des Anti-Balaka ! Comme j'eusse voulu qu'ils volent au secours de la Côte d'Ivoire attaquée et coupée en deux, de septembre 2002 à avril 2011, par des terroristes venus du Burkina où ils avaient été entraînés au nez et à la barbe des diplomates et militaires français. La France ne se contenta pas alors de demeurer passive. Au cours d'un semblant de Table ronde à Marcoussis, en janvier 2003, elle ne se gêna pas pour forcer le président démocratiquement élu à travailler avec ces terroristes analphabètes et buveurs de sang dans un gouvernement d'union nationale comme si elle aurait permis aux assassins de Claude Érignac[69] d'entrer dans le gouvernement de Jacques Chirac.

Elle fit pire encore en 2011 en installant, dans la tricherie et après le bombardement de la ville d'Abidjan par ses avions, Dramane Ouattara, celui pour qui Soro et ses compères avaient pris les armes.

Certes, le temps est davantage au recueillement qu'au questionnement mais je ne résiste guère à l'envie de poser la question suivante : La France des Hollande, Sarkozy, Fillon, Juppé dirait-elle « oui » si les États-Unis lui proposaient de discuter avec les auteurs des attentats d'hier et de les nommer ministres pour que Paris soit en paix ? J'en doute fort puisque, dans son adresse au peuple français, M. Hollande a plutôt promis que son pays sera impitoyable à l'endroit de ceux qui se sont attaqués à la France. Comme j'eusse aimé que les gouvernants français affichent la même fermeté vis-à-vis du terroriste Soro Kigbafori jamais inquiété pour ses nombreux crimes en Côte d'Ivoire par la raciste et partiale CPI et persuadé qu'il peut continuer à frapper qui il veut dans la sous-région ! Dans une conversation téléphonique (avec le médiocre Djibril Bassolé) enregistrée, puis remise en septembre 2015 aux dirigeants burkinabè, en effet, le prétendu président de l'Assemblée nationale a menacé de tuer Salif

[69] Le préfet de Corse fut assassiné le 6 février 1998 dans les rues d'Ajaccio. C'est le premier préfet assassiné en France.

Diallo[70] et Chérif Sy[71] ! Je m'attendais à ce que la France se montre ferme en 2002 avec ce terroriste. Malheureusement, à la fermeté, la « patrie des droits de l'homme » préféra complaisance et soutien car c'est bien Paris qui déroule le tapis rouge à Soro chaque fois qu'il se rend dans la capitale française ; c'est bien dans cette ville que les micros des radios et télévisions lui sont tendus ; c'est bien en France que lui et ses compagnons ont ouvert des comptes bancaires et acheté villas et châteaux.

Je prierai pour Paris mais je prierai aussi pour que cessent la duplicité, l'indignation et les condamnations sélectives auxquelles nous avons assisté en France ces vingt dernières années ; je prierai pour que les dirigeants français arrêtent de semer le chaos dans les pays dont ils veulent accaparer les richesses (Libye, Côte d'Ivoire, Centrafrique, Cameroun), pour qu'ils renouent vite avec les valeurs prônées par leurs grands penseurs, pour que leur pays ne soit plus cette « civilisation » qui ne fait que « *ruser avec ses principes* » (Aimé Césaire).

Si « *les poseurs de bombes sont des poseurs de questions* » (Jacques Vergès), alors condamner sans réserve les attentats qui viennent de frapper Paris ne devrait pas empêcher les Français de s'interroger et éventuellement de faire leur examen de conscience. Je voudrais les y aider en leur proposant quatre petites questions :

1) Pour renflouer ses caisses et maintenir le train de vie de ses habitants, un pays a-t-il le droit d'aider des terroristes à déstabiliser un autre pays et à y tuer des milliers de personnes ?

2) Peut-on exporter la violence dans d'autres pays et espérer ne jamais en être victime soi-même ?

3) Peut-on se dire attaché aux droits de l'homme et à la démocratie et cautionner en Afrique des parodies d'élections qui tôt ou tard déboucheront sur des tensions et des violences ?

4) La vie d'un Noir ou d'un Arabe est-elle moins sacrée que celle d'un Français ?

Les attentats de Paris me font mal mais j'aurais encore plus mal si la France, au lieu de tirer les leçons de cette tragédie, continuait à s'acoquiner avec les terroristes dans certains pays étrangers et à semer la désolation et la mort là où il aurait simplement fallu négocier un partenariat gagnant-gagnant.

---

[70] Opposé à la modification de l'article 37 de la Constitution, ce dernier démissionna à temps du parti de Blaise Compaoré.

[71] Le président du Conseil national de transition.

Chapitre 14
La France doit combattre ses propres démons au lieu de bander ses muscles

> *« L'émotion est légitime et nécessaire mais ne peut pas être la seule réponse. La réponse uniquement sécuritaire est également impuissante. C'est justement dans ces moments marqués par l'émotion collective que nous ne devons pas renoncer à la compréhension, à la recherche des causes et à la lucidité face aux instrumentalisations de l'horreur ».*
>
> **Bouamama Saïd**
> Sociologue franco-algérien

Après l'hommage national aux victimes des attentats du 13 novembre 2015, après la douleur et les pleurs des parents et amis, après les indignations et condamnations, que doit faire la France ? Pour Hollande, il faut non seulement reprendre et intensifier les frappes contre Daesh mais travailler à ce que Bachar Al-Assad ne soit plus au pouvoir à Damas. Depuis plusieurs mois, en effet, le président français soutient qu'une solution politique en Syrie passe par la mise à l'écart du président syrien. Et le fait qu'il l'ait répété lors de sa dernière visite aux États-Unis prouve que l'ancien secrétaire du Parti Socialiste est vraiment obsédé par la chute du numéro 1 syrien. Nicolas Sarkozy était, lui aussi, un obsédé. Son obsession, c'était l'installation d'une marionnette à la place de Laurent Gbagbo, jugé par la France (droite et gauche confondues) pas assez docile pour laisser ses multinationales piller les richesses des Ivoiriens. En matière d'obsession, Hollande n'innove donc pas. En d'autres termes, dans la guerre contre les présidents qui refusent de se soumettre aux diktats des Occidentaux, il n'y a rien de nouveau sous le soleil français.

Ce qui est nouveau, c'est que la Russie de Poutine a clairement affirmé qu'elle ne se laisserait plus tromper par la France et ses alliés de l'OTAN qui avaient mis en avant l'instauration de la démocratie et la protection des populations civiles pour intervenir en 2011 en Libye. Ayant découvert avec le temps que ces pays avaient menti comme George W. Bush avait trompé le monde entier sur les armes de destruction massive que détiendrait Saddam Hussein et que le vrai mobile de leur ingérence dans les affaires libyennes était l'élimination physique de Kadhafi et l'accaparement du pétrole libyen, le président russe a décidé de soutenir le président syrien. Cela signifie qu'Assad n'est pas orphelin comme Gbagbo l'était de 2000 à 2011 et que les dirigeants français devront y réfléchir à deux fois avant de croiser le fer avec la Russie qui, en plus d'être membre permanent du conseil de sécurité de l'ONU, est une vraie puissance militaire qui n'entend pas laisser les pays occidentaux continuer à jouer les gendarmes du monde.

Au fait, qui a fait de Hollande, de Fabius, de Sarkozy, de Juppé et d'autres petits prétentieux et vaniteux français les maîtres du monde ? Qui les a institués « *juges et arbitres de la terre* » (Mélenchon) ? De qui tiennent-ils le mandat et le pouvoir de décider de qui mérite de diriger ou de vivre ? Et au nom de quoi, eux, quoiqu'ayant du sang sur les mains et quoique traînant une flopée de casseroles, auraient le droit de vivre ? Qu'est-ce qui les autorise à décréter qu'untel peut vivre pendant que tel autre devrait mourir ? Face à une telle arrogance, on est évidemment tenté de donner raison à Me Jacques Vergès qui estimait en 2011 que *« l'État français est conduit par des voyous et des assassins »*.

Ce que je veux mettre en relief ici, c'est que bomber le torse ou menacer de faire partir Assad ne sert à rien dans la mesure où les autorités russes se sont solidement mises derrière le président syrien et ne sont pas près de le lâcher. Pour le dire autrement, le refus de faire son *mea culpa* et le départ d'Assad réclamé à tout bout de champ par Hollande ne sont que de fausses solutions. Le locataire de l'Élysée ferait mieux d'entendre et de considérer sérieusement les vraies solutions proposées par certains de ses compatriotes. Il gagnerait, d'abord et avant tout, à prendre connaissance de ce que certains internautes français pensent de sa manière de gérer le pays. L'un d'entre eux dit ceci :

« *On peut encore pardonner après un premier attentat mais là, un second aussi meurtrier juste 10 mois après, c'est inadmissible ! C'est une faute lourde de l'État ! Le gouvernement savait, il n'a rien fait* ».

Un autre internaute fait cette mise en garde :

« *Non à la récupération politique. Hollande devrait avoir honte de son inaction coupable ; au lieu de quoi, il se balade à nos frais et en polluant un max pour jouer le maître du monde* ».

Un troisième Français, pour qui « *c'est ni plus ni moins de la sale campagne électorale tachée de sang* », conseille de « *ne pas tomber dans cette mascarade et complot du style la marche de Charly [qui est] de la grosse hypocrisie de la part de personnes qui ne font rien pour la France* ».

Un quatrième internaute se demande si la gauche a déjà fait quelque chose sur quelque sujet que ce soit et pointe le laxisme de Valls « *qui a refusé de l'État syrien la liste de djihadistes français en Syrie* ».

Quant à Emmanuelle Prévost, la sœur d'une victime tuée au Bataclan, elle s'étonne que « *des personnes fichées S circulent librement, empruntent n'importe quel moyen de locomotion* ».

D'autres citoyens français sont allés au-delà de l'exaspération pour faire des propositions à même d'aider le pays à combattre efficacement et durablement le terrorisme. C'est le cas de Jean-Luc Mélenchon pour qui il est urgent de « *sortir des ambiguïtés avec le Qatar et l'Arabie Saoudite* » et de considérer que « la Russie est un partenaire et non un adversaire abominable ». Et le co-président du Parti de Gauche d'appeler tous ses compatriotes à ne pas se contenter « *d'analyser les erreurs sans fin des dirigeants politiques qui nous ont amenés à cette situation mais à faire aussi aussi le point sur nous-mêmes. Je veux dire sur tous ceux qui ont laissé se prendre des décisions contraires à l'intérêt de notre pays pendant aussi longtemps sans dire un mot et sans sanctionner aucun responsable les jours de vote* ».

L'interpellation de Mélenchon me semble d'autant plus intéressante que le peuple français nous a jusqu'ici donné l'impression d'être indifférent aux malheurs causés en Afrique francophone par les gouvernements français successifs, de ne pas être au courant des crimes, pillages et coups tordus de ses dirigeants en Afrique francophone, de n'avoir jamais vu des Ivoiriens battre le pavé à Paris pour la libération de Laurent Gbagbo injustement détenu à la Haye, de n'avoir jamais entendu parler de biens mal acquis et cachés en France par plusieurs chefs d'État africains. Quant au chanteur Éric Montana, il n'y va pas de main morte quand il affirme :

« *Il est temps d'ouvrir les yeux : à force de semer la haine, le racisme et la mort, nous, nous récoltons le terrorisme et la peur. Et ces politiciens irresponsables qui nous conduisent vers l'abîme, ces pompiers pyromanes, profitent du terrorisme pour nous infliger l'état d'urgence, réduire nos libertés et nous dresser les uns contre les autres au risque de provoquer une guerre civile dans notre propre pays* ».

La suggestion du philosophe Michel Onfray ne me paraît pas moins pertinente. À la question de savoir quelle devrait être la bonne attitude pour la France, il répond sans hésiter :

« *Moi, je serais pour qu'on se désengage absolument de tous les conflits planétaires dans lesquels on s'en va bombarder des populations musulmanes. Pourquoi on aurait le droit d'intervenir au Mali mais pas le droit d'intervenir à Cuba, le devoir d'intervenir en Libye mais pas en Corée du Nord ? Qu'est-ce qui fait qu'on a des indignations sélectives ? On ne peut pas aller faire le gendarme sur la planète entière ! Donc on a des indignations sélectives parce qu'il faut penser en termes de géologie, de stratégie, de sous-sol. Faites une carte géologique et vous verrez que ce sont les endroits géostratégiques où ont lieu les guerres. Parce que là où il y a du pétrole, il y a toujours des militaires* ».

Ces propos de M. Onfray, si c'est un Africain qui les avait tenus, il aurait été accusé de la théorie du complot dont raffolent ceux qui non seulement manquent d'arguments face à des faits qui les accablent mais sont dans le déni permanent et se refusent à faire repentance. La France doit cesser de penser qu'elle est blanche comme neige, qu'on lui en veut et qu'on l'attaque pour rien ; elle doit cesser de soutenir que la colonisation fut une bonne chose, qu'elle fait œuvre salvatrice et civilisatrice en envoyant des soldats en Afrique et/ou en s'ingérant dans les affaires intérieures des pays africains. Ces interventions, qui se sont toutes soldées par la désolation, le chaos, la misère et la mort précoce de milliers de personnes en Centrafrique, en Libye, en Côte d'Ivoire et au Mali, il est temps qu'elles prennent fin. Autrement dit, les dirigeants français doivent enfin se regarder en face ou dans le miroir. Ils comprendront alors qu'ils ont fait trop de mal ici ou là et qu'ils doivent s'atteler dorénavant à régler d'abord les nombreux problèmes auxquels leur pays est confronté. Quand ils auront fait cela, quand ils auront fini de rendre leurs compatriotes heureux et, si nous le désirons, alors nous pourrions faire appel à eux. Pour l'instant, ils seraient mieux inspirés d'exorciser leurs propres démons et de relever leurs propres défis au lieu de se lancer dans une perpétuelle fuite en avant. Concrètement, cela veut dire fermer toutes les bases militaires en Afrique qui ne servent qu'à protéger des dictateurs corrompus et sanguinaires, laisser les Africains d'expression française se débrouiller tout seuls comme le font si bien Ghanéens, Zambiens, Nigérians, Kenyans, Botswanais ou Ougandais, ne plus empoisonner ou assassiner les Africains épris de liberté et de souveraineté. Car, tant qu'Africains et Arabes seront exploités, méprisés et humiliés, tant que ne sera pas engagée la vraie guerre, c'est-à-dire la guerre contre la duplicité et le soutien à des terroristes et rebelles cà et là pour déstabiliser des présidents qui refusent d'être des pantins, tant que perdurera la volonté de dire aux autres comment ils doivent vivre et qui doit les diriger, il sera difficile, voire impossible, d'éradiquer le terrorisme.

Chapitre 15
L'injustice et le mensonge n'auront pas le dernier mot

Lorsque sortit la première bande des conversations téléphoniques entre Soro et Bassolé, le premier ne tarda pas à déclarer que c'était un grossier montage – car, selon lui, jamais il n'aurait pris le risque de dire des choses aussi graves au téléphone – et que ce montage avait été fait aux États-Unis. Seules les personnes n'éprouvant aucune gêne à prendre son argent sale – l'argent du sang et des casses de la BCÉAO – ont pu croire à cette fable-là. Nous autres, c'est-à-dire la majorité des Ivoiriens habitués à sa voix et sachant que lui, Compaoré et Dramane Ouattara ont toujours usé des mêmes méthodes– mentir, tuer quiconque ne pense pas comme eux, arriver au pouvoir par les armes et non par les urnes –, étions persuadés que Soro était bel et bien cet homme qui promettait de tuer Salif Diallo et Chérif Sy et reconnaissait avoir éliminé en 2011 IB et Désiré Tagro.

Il fallut qu'Isaac Zida annonce que les conversations entre Soro et Bassolé sont authentiques pour que nous apprenions que le commanditaire des écoutes n'est plus aux États-Unis mais au Burkina Faso. Si, demain, un Rwandais emboîtait le pas à Zida en disant que les voix que nous avons entendues sont celles de Soro et de Bassolé, le prétendu président de l'Assemblée nationale ivoirienne rétorquerait-il que ceux qui le jalouseraient et chercheraient à lui nuire se trouvent à Kigali ? Pour Soro et ses courtisans, Kouamouo, Bouabré et Zida seraient donc des menteurs. Faux ! Car le vrai et seul menteur dans cette affaire, c'est Kigbafori Soro.

Mais celui-ci en est-il à son premier mensonge ? Non, si l'on se rappelle *Pourquoi je suis devenu rebelle*, le livre que Serge Daniel, le journaliste béninois de RFI – la radio qui s'est spécialisée dans la manipulation et la désinformation – a écrit pour lui. Il y soutenait alors avoir pris les armes parce que les gens du Nord sont regardés et traités comme des Ivoiriens de seconde zone, parce que Laurent Gbagbo veut exterminer les musulmans et les étrangers, parce que rien n'a été fait au Nord et pour le Nord. Dans *Fallait-il prendre les armes en Côte d'Ivoire ?*[72] , j'avais qualifié d'arguments fallacieux ce galimatias qui ne pouvait séduire que les Français qui ne supportent pas que la Côte d'Ivoire soit dirigée par un souverainiste et les Nordistes prompts à chercher des boucs-émissaires au Sud au lieu de se demander ce qu'eux-mêmes ont fait ou omis de faire pour que leur région accuse un tel retard. Je continue de penser que Soro est un fieffé menteur car où a-t-il planqué l'argent et les véhicules que lui et sa clique de malfaiteurs ont volés au Sud, de 2002 à 2011 ? Combien de lycées, d'universités, de dispensaires et de routes a-t-il déjà construits dans le Nord ivoirien ?

Je continue aussi de penser que l'une des choses qu'il a en commun avec les hommes politiques français de droite et de gauche, c'est le mensonge et les tueries pour faire main basse sur les richesses des Africains car c'est toujours avec empressement et le sourire aux lèvres qu'il est reçu dans l'Hexagone par les Claude Bartolone, Gérard Larcher, François Copé et autres.

« *Il n'y a rien de caché qui ne doive être découvert ni de secret qui ne doive être connu* »[73].

Au lieu de persister dans de piteuses dénégations, le soi-disant ancien séminariste de Katiola devrait se souvenir de cette parole de Jésus et comprendre que le monde entier vient de découvrir qui il est en réalité : une crapule et un assassin. Les chrétiens ont coutume de dire que Dieu est miséricordieux. Parce qu'Il est lent à la colère, Dieu a donné à Soro le temps de se convertir, c'est-à-dire de se détourner de sa mauvaise conduite – tuer quiconque n'est pas d'accord avec lui, dérober ce qui ne lui appartient pas, mentir, falsifier l'histoire de la Côte d'Ivoire, se glorifier des tueries qu'il a perpétrées, etc.– mais que fait Soro ? Il persévère dans le mal, ne cesse d'en faire à sa tête puisqu'il tient à ôter la vie à Salif Diallo[74] et à Chérif Sy et maintient n'avoir jamais conversé au téléphone avec l'ancien ministre des Affaires étrangères du Faso.

Mais, comme Dieu est également un Dieu juste et que l'expression « lent à colère » laisse entendre qu'il peut se mettre en colère, alors Soro doit se préparer à payer pour tout le sang qu'il a fait couler.

---

[72] Paris, L'Harmattan, 2003.

[73] Lc 12, 2.

[74] Pendant longtemps, il fut l'homme qui accomplissait les sales et basses besognes de Blaise Compaoré. Il a donc contribué à la déstabilisation de la Côte d'Ivoire et devrait rendre des comptes aux Ivoiriens le moment venu.

Face au bombardement d'Abidjan par l'armée française, face aux conséquences de ce bombardement –des milliers de personnes en exil, environ 300 personnes incarcérées depuis quatre ans et demi sans jugement pour avoir voté Laurent Gbagbo en 2010, l'argent et les postes du pays profitant seulement aux Français et aux ressortissants du Nord, Gbagbo et Blé Goudé à la Haye tandis que les vrais criminels se pavanent et plastronnent à Abidjan –, nombre d'Ivoiriens étaient découragés et se demandaient comment Dieu peut exister et permettre au mensonge et à l'injustice de triompher. Que Zida, qui aida Soro et Ouattara à déstabiliser la Côte d'Ivoire, se retourne aujourd'hui contre Soro ou que la justice burkinabè lance un mandat d'arrêt international contre Blaise Compaoré est peut-être une façon, pour Dieu, de nous répondre que le mal, l'injustice et le mensonge n'ont jamais le dernier mot et que l'homme a toujours intérêt à faire ce qui est bien, vrai et juste.

Chapitre 16
Soyons fiers des Noirs combattus par l'Occident

Le 8 décembre 2015, le correspondant de RFI à Abidjan essuie le courroux d'un prétendu député RDR. Celui-ci aurait ensuite laissé entendre qu'il préférait s'adresser à *Fraternité Matin* plutôt qu'à « la radio mondiale ». Le lendemain, c'est au tour de Dramane Ouattara de « *piquer une grosse colère devant le traitement fait à la deuxième personnalité de son pays* ». Pourquoi ? Parce qu'il aurait « *pris l'acte non pas comme une atteinte à l'image de Soro Guillaume, mais comme une agression contre la souveraineté de l'État de Côte d'Ivoire et une humiliation pour sa personne* ». Le même mercredi, des jeunes de Bouaké « *protestent contre l'attitude de la juge française Sabine Khéris qui a délivré un mandat d'amener contre le président de l'Assemblée nationale de Côte d'Ivoire, Guillaume Soro* ». Cette jeunesse aurait accusé la France d'avoir « *violé les coutumes politiques, les traités internationaux et les conventions judiciaires* » et souhaité « *que cette annulation soit effective et que jamais cela ne se répète* ».

Les trois questions qui viennent immédiatement à l'esprit sont celles-ci :

1) Par quelle action du Saint-Esprit le RDR et le RHDP sont-ils devenus du jour au lendemain partisans de la souveraineté nationale ?

2) Depuis quand se sont-ils convertis à la souveraineté car nous autres croyions que ce mot ne faisait pas partie de leur vocabulaire et que c'est parce qu'il défendait la souveraineté de la Côte d'Ivoire que Gbagbo fut combattu par eux de 2000 à 2011 et faillit être assassiné en 2011 par l'armée de leur maître et seigneur commun ?

3) Que croyaient Dramane Ouattara, sa jeunesse et ses députés godillots ? Autement dit, à quoi s'attendaient-ils de la part des Français ? S'imaginaient-ils que ces derniers ne feraient jamais rien contre eux et qu'ils couvriraient *ad vitam aeternam* leurs nombreux crimes ? Pensaient-ils que l'armée française avait détruit la résidence présidentielle pour leurs beaux yeux ? Les collabos de Chirac et de Sarkozy sont-ils en train de prendre conscience que la France n'aime aucun Noir et que la seule chose qu'elle aime, c'est d'opposer les Africains les uns aux autres et de tirer profit de leurs divisions ? Bref,

réalisent-ils enfin que seuls les intérêts matériels guident les « Blofouè »[75] qui, pour parvenir à leurs fins – faire main basse sur les ressources naturelles des Africains –, ont toujours eu besoin d'un idiot utile[76] ?

L'idiot utile est un individu à qui le Blanc fait croire que lui et son ethnie sont différents des autres ethnies, qu'ils sont plus intelligents, plus travailleurs et plus civilisés que les autres. On lui fournit alors toutes sortes de moyens pour dominer et écraser ceux qui lui sont présentés comme des gens inférieurs, barbares, sauvages, etc. Houphouët, Senghor, Mobutu, Eyadéma, Bokassa, Omar Bongo, Sassou Nguesso, Blaise Compaoré ont joué ce rôle d'idiot utile pour le malheur de leurs peuples. Pour le rayonnement culturel, politique et économique de la France, ils n'ont reculé devant rien. Mais la France vole rarement au secours de l'idiot utile quand il est en difficulté – Bokassa, Houphouët, Mobutu –, oublie de l'honorer quand il décède – Senghor.

N'en déplaise à certains, l'Afrique a peu de raisons d'être fière de ces présidents qui ont plus travaillé pour l'Occident et pour eux-mêmes que pour leur pays. Par contre, ceux que l'Afrique n'oubliera jamais, ceux à qui elle sera éternellement reconnaissante, ce sont les dirigeants qui ont refusé de s'aplatir, de brader les ressources de leur pays à vil prix, de posséder villas et comptes en banque en France ou de vivre dans l'opulence pendant que leur peuple croupissait dans la misère. Ceux-là, l'Occident les a diabolisés dans ses « *médias mensonges* » (Michel Collon) avant de les traiter de dictateurs, de chefs ethnocentristes, etc. Mais Albert Einstein nous apprend que « *les grands esprits ont toujours rencontré une opposition farouche des esprits médiocres* ». Sylvanus Olympio, Patrice Lumumba, Modibo Keïta, Cheikh Anta Diop, Kwame Nkrumah, Sékou Touré, Amilcar Cabral, Samora Machel, Um Nyobé, Osendé Afana, Ernest Ouandié, Félix-Roland Moumié, Thomas Sankara, Aimé Césaire, Frantz Fanon, Mongo Beti étaient incontestablement de grands esprits. Ils sont nos héros ; ils sont ces combattants intrépides dont l'exemple doit nous inspirer et nous galvaniser sans cesse. N'attendons pas que l'Occident les encense ou les décore. La France ne tressa jamais de lauriers à Césaire avant sa mort alors qu'il méritait, plus que Senghor, d'entrer à

---

[75] C'est ainsi que les Baoulés désignent le Blanc.

[76] Attribuée à Lenine, l'expression fit son apparition aux États-Unis en 1948. Elle s'applique à ceux qui sont manipulés, consciemment ou inconsciemment, par des régimes souvent autoritaires utilisant l'arme de la propagande à grande échelle.

l'Académie française. Pourquoi ? Parce qu'elle ne lui avait pas pardonné *Discours sur le colonialisme* où le poète martiniquais démontrait par A+B que la colonisation française ne fut jamais civilisation mais chosification et exploitation de l'homme noir.

Soyons donc fiers des Noirs dénigrés, boycottés et combattus par l'Occident. Méfions-nous, en revanche, des Noirs adulés par le Blanc. Ceux-là doivent nous paraître suspects. Samora Machel l'a exprimé mieux que quiconque dans cette phrase :

« *Le jour où vous entendrez les Blancs bien parler de moi, ce jour-là, ne partagez plus vos secrets avec moi, parce que cela voudra dire que je vous ai déjà trahis* ».

Et Mandela ? Héros ou traître ? Pour moi, il fut un des héros de la lutte anti-apartheid ; c'est un Africain digne et libre dont l'Occident a essayé de se servir pour renvoyer aux calendes grecques les transformations qui auraient permis que les Blancs cessent d'avoir la mainmise sur l'économie sud-africaine. Que la situation de la communauté noire se soit peu améliorée sous Mandela montre qu'il y a des choses à reprocher à sa gouvernance. Le premier président noir de l'Afrique du Sud demeure, malgré tout, un héros non seulement pour avoir combattu la discrimination dans son pays mais aussi pour avoir rendu visite, le 22 octobre 1997, à Mouammar Kadhafi dont le pays était sous embargo. Aux Américains qui jugeaient cette visite malvenue, le président sud-africain se contenta de répondre :

« *Aucun État ne peut s'arroger le rôle de gendarme du monde et aucun État ne peut dicter aux autres ce qu'ils doivent faire* ».

Mandela pouvait agir et parler de la sorte parce qu'il avait été élu par les Sud-Africains. Et c'est là toute la différence avec ceux que la France a mis au pouvoir en Afrique francophone.

Le RHDP a certes protesté contre le mandat d'amener Soro Kigbafori qui a été tout, sauf brave et courageux, mais jusqu'où iront ses protestations ? Nous aurons la réponse à cette question dans les mois à venir. En attendant, on pourrait lui rappeler deux phrases. La première est de Laurent Gbagbo. La voici :

« *Celui qui te fait roi a toujours un droit sur ton siège* ».

La seconde fut prononcée le 27 mai 2011 par Marine Le Pen qui, à en croire des analystes sérieux comme Jacques Attali, pourrait diriger très prochainement la France. La présidente du Front national était face à Roland Sicard de *France 2* et disait ceci :

« *Ouattara doit répondre des crimes incontestablement commis par son armée. Il doit être poursuivi. Ou alors qu'on considère encore une fois qu'il y a des intérêts supérieurs qui font qu'il y a des gentils criminels de guerre et des méchants criminels de guerre, comme il y a de bons dictateurs et les méchants dictateurs »*[77].

[77] https://www.youtube.com/watch?v=ax8SamdTFYg

Chapitre 17
L'Afrique doit-elle avoir peur du Front national ?

Les adversaires et détracteurs du Front national (FN) estiment que le parti fondé en 1972 par Ordre nouveau[78] est raciste et xénophobe. Aujourd'hui, pourtant, le parti dirige plusieurs mairies, preuve qu'il a considérablement progressé dans le cœur des Français. Certaines prédictions avancent même qu'il sera au deuxième tour de la présidentielle de mai 2017, comme en 2002 face à un certain Jacques Chirac. Cette montée en puissance du Front national inquiète naturellement la droite et la gauche qui n'ont pas hésité à mettre momentanément en veilleuse leurs divergences et inimitiés pour faire front commun dans un certain nombre de régions. Cette réconciliation temporaire, qui n'est pas sans rappeler celle de Pilate avec Caïphe sur le dos de Jésus, a permis aux deux partis de faire barrage au FN, le 13 décembre 2015. Mais le Front national est-il vraiment raciste ? Est-il plus dangereux que le PS et le parti des Fillon, Juppé et Sarkozy ? Si Marine Le Pen est élue présidente de la France, mènera-t-elle une politique plus dévastatrice en Afrique francophone que les Mitterrand, Chirac, Sarkozy et Hollande ? Se mettra-t-elle au service d'Israël, vu que son compagnon est sioniste[79] ?

I- Le Pen hait-il les Noirs et les Arabes ?

Sitôt arrivé en France pour des études, je ne tardai pas à écouter et à lire les discours de Marine et de son père afin de me faire ma propre opinion. Au-delà des caricatures dans lesquelles basculent rapidement les médias dominants quand ils ne vous portent pas dans leur cœur ou quand vous ne faites pas l'affaire de ceux qui les financent, je voulais savoir ce que le père et la fille disent et pensent vraiment. Je découvris

---

[78] Selon Wikipédia, Ordre nouveau est la forme courte du Centre de recherche et de documentation pour l'avènement d'un ordre nouveau dans les domaines social, économique et culturel, un mouvement politique français, nationaliste et d'extrême droite qui fut actif entre 1969 et 1973 et participa à la création du Front national.

[79] Certaines personnes pensent que la France est un pays colonisé par Israël et que toute la classe politique de gauche, de droite, du centre et des extrêmes ne jure que par Israël.

alors que le Front national n'est pas xénophobe mais souverainiste, ce qui n'est pas la même chose car vouloir que des étrangers n'entrent pas et ne vivent pas en France sans papiers ou encourager les Africains formés en France à retourner dans leur pays pour y servir ne veut pas dire qu'on est pour la fermeture des frontières françaises.

On me dira que certains Africains refusent de quitter la France après leur formation parce que leurs pays n'offrent pas toujours de meilleures conditions de vie et de travail. Cela est vrai mais, sur cette question, que demande Marine Le Pen à la droite et à la gauche ? De cesser de se mêler des affaires des Africains, d'aider les Africains chez eux, de ne plus piller leurs richesses, de cesser de faire et de défaire les présidents en Afrique, de poursuivre les criminels comme Dramane Ouattara et Kigbafori Soro.

Le FN soutient aussi que le Franc CFA est une monnaie qui asphyxie les pays africains francophones et que ces pays ne pourront jamais se développer avec une telle monnaie.

Plusieurs fois, il a attiré l'attention sur le fait qu'il y a plus de médecins béninois en France qu'au Bénin et on peut poser la question : en quoi le fait d'inviter les Africains ayant étudié dans l'Hexagone à mettre leur savoir et savoir-faire au service de leur pays qui en a besoin est-il une injure ? Pour moi, une telle invitation ne relève pas de la xénophobie mais du bon sens.

Si le Front national détestait et méprisait l'étranger, on n'y trouverait que des Dupont ou des Rousseau. Or des hommes et femmes de toutes races et religions y militent. Si le FN était xénophobe, l'Antillais Stéphane Durbec n'aurait pas été élu conseiller régional du FN en mars 2004 en Provence-Alpes-Côte d'Azur et le parti n'aurait pas présenté la candidature d'un Arabe à la députation à Paris, en 1956[80].

Il est indiscutable que le FN, dont certains membres sont d'anciens partisans de l'Algérie française non ralliés à De Gaulle, « a joué lui aussi sa partition dans le système françafricain » en fournissant des mercenaires et des barbouzes pour des expéditions aux Comores en 1995, au Zaïre en 1996 et 1997, au Congo-Brazzaville en 1997, 1998 et 1999, en se laissant financer par Omar Bongo pour la campagne présidentielle de 1998[81].

---

[80]http://www.algeriepatriotique.com/article/jean-marie-le-pen-algeriepatriotique-ne-peut-pas-dire-qu-est-en-democratie-en-france

[81] Survie, « Le Front national contre la Françafrique? », http://survie.org/billets-d-afrique/2015/252-decembre-2015/article/le-front-national-contre-la-5053

Il est incontestable qu'il y a des hommes et des femmes racistes au FN mais les racistes ne sont-ils présents que dans ce parti ? Le racisme n'existait-il pas en France avant la création du FN ? Pour Kofi Yamgnane, « *la France n'est pas devenue raciste, la France a toujours été raciste. Sauf qu'il y a eu un moment où le racisme en France sous la République n'étant pas une opinion, mais un délit, les gens en avaient honte, ils en parlaient sous le manteau* ». L'ancien secrétaire d'État aux Affaires sociales, puis à l'Intégration des gouvernements Édith Cresson et Pierre Bérégovoy, poursuit :

« *Aujourd'hui, les langues se sont déliées parce qu'il y a eu quelques évènements graves. En particulier, je peux vous citer le discours de Sarkozy à Dakar qui dit : 'L'Homme noir n'est pas rentré dans l'Histoire'* ».

Ça veut dire que l'Homme noir est resté un animal, l'Homme noir est un singe ! Aujourd'hui, les Français se sentent libres, libérés de pouvoir dire derrière leur Président :

« *Les Noirs sont des singes, Christiane Taubira est une guenon* »[82]
.

Nul doute que Jean-Marie Le Pen a eu quelques phrases malheureuses sur l'Islam et la Shoah mais il ne me semble ni honnête ni juste de taxer son parti de raciste et de xénophobe, uniquement parce qu'il refuse la soumission de la France aux solutions et décisions de l'Union européenne, parce qu'il désire que les Français ne deviennent pas étrangers dans leur propre pays. On ne peut condamner la trop grande place que sont en train de prendre les étrangers en Côte d'Ivoire et reprocher à Le Pen d'être pour la préférence nationale. L'un des mérites de celui-ci, c'est qu'il dit ce qu'il pense et dit tout haut ce que les autres pensent tout bas. Il est direct alors que les autres sont hypocrites et sournois, nous font croire qu'ils ne sont pas racistes alors qu'ils nous méprisent et haïssent en soutenant des présidents dictateurs et voleurs en Afrique francophone.

II- Que se passera-t-il si Marine accède au pouvoir ?

S'il est certain qu'elle ne fera pas tout ce qu'elle a dit et promis, elle se gardera néanmoins de reconduire la politique inhumaine et spoliatrice de ses prédécesseurs. Comme le dit Gabriel Makang, « *elle*

---

[82] http://www.lepoint.fr/politique/kofi-yamgnane-la-france-a-toujours-ete-raciste-13-11-2013-1756268_20.php

pourra très difficilement faire pire que ceux qui dirigent actuellement la France et qui, après une politique étrangère prédatrice, traînent derrière eux un héritage de guerres, d'assassinats, de génocides, de misère matérielle »[83]. Et le journaliste camerounais d'ajouter :

« *Elle n'a pas encore fait bombarder un village camerounais ou vietnamien au Napalm, provoqué le génocide d'une population comme au Rwanda ou renversé un chef d'État démocratiquement élu... Elle est contre le bombardement des sites nucléaires iraniens par respect pour la souveraineté des nations. Elle soutient la création d'un État palestinien tout en condamnant le recours à la violence. Elle promet de quitter l'OTAN pour créer un climat de détente avec la Russie dont elle reconnaît par ailleurs la légitimité politique du président en contradiction avec le discours prévalent dans le monde occidental qui l'habille en dictateur* ».

Sans l'incestueuse coalition PS-Républicains, le FN aurait raflé plusieurs régions, le 13 décembre 2015. Pourquoi les deux partis qui dirigent la France depuis plusieurs années se sont-ils ligués contre lui ? Pourquoi sont-ils opposés à l'arrivée de Marine Le Pen au pouvoir ? Parce que, au-delà de l'idéologie censée les distinguer, PS et Républicains ont en commun d'être de mèche avec l'oligarchie internationale qui concentre entre ses mains 90% des richesses mondiales. C'est cette oligarchie qui pille les ressources de l'Afrique, arme des voyous et des bandits pour affaiblir les États et tuer les innocentes populations. L'adversaire des Africains et des Arabes n'est donc pas Marine Le Pen mais cette oligarchie qui nous suce, nous appauvrit et nous clochardise depuis cinq décennies. Bien que la diaspora noire et arabe de France ait voté tantôt pour le PS, tantôt pour la droite, sa situation socio-économique s'est peu améliorée et la Françafrique n'a jamais arrêté de semer la misère et la mort dans les pays africains d'expression française. Peut-être le moment est-il venu, pour cette diaspora arabo-africaine, d'essayer un autre médicament.

---

[83] Gabriel Makang, « Pourquoi la diaspora noire et arabe doit voter Le Pen et ses semblables »,http://www.afriquemonde.org/index1.php?id=13408

Chapitre 18
Ceux qui discréditent l'Afrique

Ses parents auraient dû le prénommer, non pas Guillaume, mais Jérémie car, en lieu et place d'un discours cohérent et argumenté, Soro n'a servi que des jérémiades aux pseudo-députés du RHDP venus l'écouter, le 18 décembre 2015. En voici quelques exemples :

« *J'ai été choqué au plus haut point d'être victime de l'une des pires campagnes de dénigrement et de calomnie jamais orchestrées contre ma personne et mon combat politique... J'ai été meurtri par toutes ces cabales qui m'ont frappé de plein fouet... J'ai été blessé... Une juge française a cru devoir m'humilier par tous les moyens* ».

Que peut-on répondre à ces jérémiades ?

Je dirai, d'abord, que, devant une épreuve, un garçon ne pleure pas, n'ameute pas le monde entier mais supporte et souffre en silence comme ce loup dont Alfred de Vigny a si bien relaté les derniers instants en écrivant :

« *Tout en léchant le sang répandu sur sa bouche et, sans daigner savoir comment il a péri, refermant ses grands yeux, meurt sans jeter un cri... Comment on doit quitter la vie et tous ses maux, c'est vous qui le savez, sublimes animaux ! À voir ce que l'on fut sur terre et ce qu'on laisse, seul le silence est grand ; tout le reste est faiblesse. Ah ! Je t'ai bien compris, sauvage voyageur, Et ton dernier regard m'est allé jusqu'au cœur ! Il disait : 'Si tu peux, fais que ton âme arrive, à force de rester studieuse et pensive, jusqu'à ce haut degré de stoïque fierté où, naissant dans les bois, j'ai tout d'abord monté... Fais énergiquement ta longue et lourde tâche dans la voie où le Sort a voulu t'appeler. Puis après, comme moi, souffre et meurs sans parler'* »[84].

Soro aurait pris le temps de bien se former, il aurait préféré le long et austère apprentissage dans les amphithéâtres et bibliothèques au raccourci des coups d'État et des tueries, qu'il aurait découvert et assimilé cette belle leçon de courage et de dignité dans la souffrance.

Ma seconde remarque est qu'un garçon ne fuit pas devant un juge qui ne demande qu'à entendre sa version des faits. Soro prétend avoir

[84] *Cf.* Le poème « La mort du loup » dans *Les destinées* d'Alfred de Vigny.

résisté en ne répondant pas à la convocation de Sabine Kheris. Non, fuir n'a jamais signifié résister. Ne fuient que les gens couards et ayant des choses à se reprocher ou traînant de nombreuses casseroles.

Plus loin, Soro accuse la juge Kheris d'avoir fait du faux en le convoquant en France pour « *des faits qui se sont produits en Côte d'Ivoire et concernant deux Ivoiriens* ». Les vrais faussaires, c'est Soro, Dramane Ouattara et son gouvernement pour avoir transformé une visite privée en visite officielle et pour avoir fait parvenir aux autorités françaises un ordre de mission anti-daté.

Mais ce n'est pas seulement la juge française qui est attaquée par Soro-le-fuyard. Les dirigeants français, eux aussi, en prennent pour leur grade dans cette logomachie comme en témoigne ce passage :

« *Est-il imaginable un seul instant qu'un officiel français soit convoqué par des juridictions nationales ivoiriennes sur des faits qui se sont produits en France entre deux Français ? Face à la récurrence de tels incidents graves (je rappelle les cas du Maroc, du Gabon, de la Guinée équatoriale, de l'Algérie, du Rwanda et aujourd'hui de la Côte d'Ivoire, qui n'honorent pas l'excellence de nos relations avec la France), l'Afrique doit se réveiller* ».

Je laisse à l'Élysée et à Matignon le soin d'apprécier cette volée de bois vert et d'en tirer éventuellement les conséquences. De la même façon, je ne veux pas répondre à la place des Burkinabè dont Soro affirme aimer le pays alors qu'il a essayé, il y a quelques mois, de le mettre à feu et à sang, de renverser les autorités de la Transition et de mettre au pouvoir un proche de Blaise Compaoré.

Si j'étais Roch-Marc Kaboré, je me garderais d'étouffer et de classer cette affaire gravissime de conversations téléphoniques où Soro menaçait clairement de tuer Salif Diallo et Chérif Sy. Autrement dit, le nouveau président aurait tort, pour ne pas froisser Abidjan, de faire passer par pertes et profits l'implication de Soro et Ouattara dans la tentative de coup d'État de septembre 2015. Il devrait, au contraire, prendre au sérieux l'avertissement des USA selon lequel « *le Burkina n'est pas à l'abri d'un faux coup tant que Soro et Compaoré sont en Côte d'Ivoire* ». Pour ma part, je voudrais inviter le sieur Soro à ne pas mêler l'Afrique à ses ennuis judiciaires car ce n'est pas elle qui lui a demandé d'attaquer son propre pays le 19 septembre 2002 à partir du Burkina Faso. L'Afrique a été plutôt humiliée, déshonorée, ridiculisée et trahie le jour où Ouattara, Bédié et Soro ont envoyé Laurent Gbagbo et Blé Goudé à la Haye, quand ils ont demandé à la France de bombarder le palais présidentiel construit par Houphouët, quand ils ont permis à des puisatiers, bagagistes, bouviers, menuisiers, apprentis-gbaka et mécaniciens de devenir ministres ou préfets de région, quand ils ont applaudi la fermeture des banques et l'embargo sur les médicaments, quand ils étaient favorables en 2006 à la dissolution de l'Assemblée nationale.

Et le trio maléfique continue d'humilier et de torturer l'Afrique en maintenant en prison et en exil des milliers de pro-Gbagbo. Mais, comme tout passe, on peut être certain qu'arrivera un jour le « *crépuscuple des crapules* ».

Au total, le soi-disant discours de Soro n'est qu'un ramassis de mensonges et d'accusations gratuites. Il est même inutilement agressif et injurieux. La seule chose que je trouve intéressante dans ce verbiage pompeux mais creux, c'est le fait que, pour la première fois, Soro s'en prend à ceux qui l'ont fait roi. Mais je m'empresse d'ajouter qu'il ne les fustige pas pour les mêmes raisons que les vrais souverainistes africains. Il se déchaîne contre la France parce qu'on a failli l'y arrêter comme un vulgaire malfrat, parce qu'il pensait qu'il ne serait jamais inquiété, parce qu'il se prenait déjà pour un demi-dieu. Sawimbi, Foday Sankoh, Mobutu, Bokassa, Macias Nguema, Ben Ali, Moubarak et autres se prenaient, eux aussi, pour des hommes tout-puissants mais nous savons comment ils ont terminé leur vie. Soro peut se réjouir et se vanter d'avoir haussé le ton contre la France, le 18 décembre 2015, mais la question que l'on peut se poser est celle-ci : peut-on défier sans conséquence ceux qui vous ont mis au pouvoir ?

Chapitre 19
Rencontre avec Laurent Akoun

Le 2 janvier 2016, à Rockville (dans la région du Maryland), une centaine d'Ivoiriens – souverainistes, militants et sympathisants du Front populaire ivoirien – se sont rencontrés à l'occasion de la visite aux USA de Laurent Akoun, président délégué du parti. Organisée par la Fédération FPI-USA, la rencontre débuta à 15h 50 par le mot de bienvenue de Phil Nomel qui parlait au nom de Sékré Kouakou, représentant du FPI aux États-Unis d'Amérique. Ce fut ensuite au tour de Laurent Akoun de prendre la parole. L'invité spécial commença par présenter ses vœux de nouvel an à l'assemblée. Il souhaita, entre autres, que nous soyons unis, vigilants, intègres et fidèles à nos convictions dans la poursuite de la lutte pour la liberté et la souveraineté de notre pays.

Après la présentation des vœux, ce fut l'exposé proprement dit, axé sur trois points :

1) Qu'est-ce que le FPI, quels sont ses objectifs, quels moyens a-t-il choisis pour la conquête du pouvoir et quelles sont ses valeurs ?

2) Quelle est la situation en Côte d'Ivoire aujourd'hui ?

3) Quelles sont les perspectives d'avenir ?

S'agissant du premier point, le conférencier fit remarquer que le FPI est une organisation privée d'intérêt public désireuse de conquérir (ou de reconquérir) le pouvoir d'État par les urnes et de l'exercer pour le bien de tous les Ivoiriens, qu'il porte un projet ou une vision : fonder une nation africaine (prenant ce qu'il y a de meilleur dans les traditions ou cultures africaines), démocratique (prise des décisions autour et dans un débat contradictoire), socialiste (la solidarité et le partage font partie des valeurs qui guident le parti) et souveraine (ceux et celles qui y militent sont opposés à toute forme de domination à l'intérieur comme à l'extérieur de la Côte d'Ivoire).

La situation actuelle fut le second axe d'intervention du camarade Akoun. Pour l'ancien secrétaire général adjoint du FPI, les Ivoiriens vivent aujourd'hui sous une dictature qui systématiquement arrête, emprisonne et réprime tous ceux qui pensent autrement que le régime. Ainsi donc, 382 prisonniers politiques, civils et militaires, croupissent-ils encore en prison pendant qu'on est sans nouvelles de 228 autres, nous a appris le conférencier qui estime que la dictature est le propre de ceux qui ont peur de la contradiction. Conséquence : le pays a beaucoup reculé non seulement en matière de production artistique mais aussi en termes de développement. Or, sans développement, il ne peut y avoir de croissance, a ajouté Laurent Akoun pour qui la croissance à deux chiffres dont on nous rebat les oreilles n'est qu'un leurre, tout comme le slogan « vivre-ensemble » est une vraie escroquerie intellectuelle dans la mesure où le RDR « *veut vivre chez les autres sans eux* ».

L'invité spécial se prononça, en dernier lieu, sur le rôle que le FPI pourrait jouer dans les mois à venir.

D'abord, Laurent Akoun reconnut que le parti a pu commettre des erreurs entre 2000 et 2010 : arrogance de certains camarades, non prise au sérieux de certaines alertes par les responsables du parti, manque de solidarité entre militants, etc.

Il laissa ensuite entendre que le FPI ne participera aux prochaines élections que si certaines conditions sont réunies : libération de tous les prisonniers politiques, révision du découpage électoral et de la composition de la commission électorale indépendante, sécurisation des électeurs et des candidats sur l'ensemble du territoire national.

Enfin, il défendit l'idée que la réconciliation ne peut avoir lieu que si le RHDP, la coalition au pouvoir, renonce à la violence, à l'exclusion et à la pensée unique. L'exposé prit fin à 17 h 08. La séance des questions-réponses pouvait alors commencer.

Une personne demanda s'il était opportun de continuer à utiliser l'expression « le serpent n'est pas mort ». Akoun répondit que, dans l'entendement du FPI, le serpent symbolise la pensée unique et que le comportement des membres du RHDP prouve bien que cette pensée unique est loin d'avoir rendu l'âme.

Un autre participant proposa que le parti soit rebaptisé « Les Refondateurs » car, selon lui, l'appellation « Front populaire ivoirien » fait peur à certaines personnes.

Un autre intervenant tenta de lui répondre en faisant valoir que le plus important n'était pas de plaire à X ou à Y mais de savoir si on peut « *mettre le vin nouveau dans de vieilles outres* », autrement dit si le parti peut refonder la Côte d'Ivoire avec des gens ayant appartenu à l'ancien régime[85].

[85] Par exemple, des cadres et militants du PDCI avaient été nommés par Laurent Gbagbo : Amédée Kouassi Blé, Paul Nzi David, Jacques Anouma à la Présidence de la République, Jean-Baptiste Akrou à la tête du quotidien gouvernemental *Fraternité*

Il y eut également cette question : le FPI peut-il se réconcilier avec ceux qui ont accompagné et légitimé Dramane Ouattara lors de la présidentielle du 25 octobre 2015 dont tout le monde savait qu'elle était truquée et gagnée d'avance ? Pour Akoun, le Congrès de Mama (29 avril 2015) ayant fait de Laurent Gbagbo l'unique président du FPI après la gestion solitaire du parti par l'ex-président et réaffirmé qu'il est hors de question d'oublier les camarades injustement incarcérés/exilés et de se soumettre à la France, c'est sur cette base que les militants du FPI examineront la question du retour dans la famille FPI de ceux qui considèrent que la libération de Laurent Gbagbo passe par une négociation et une collaboration avec la France et avec ceux qu'elle a installés à la tête de notre pays.

Le président délégué du FPI termina son propos en informant l'assistance qu'il a apporté les statuts, règlements et code électoral du parti. C'est cette information qui clôtura la riche et joyeuse rencontre du 2 janvier 2016 qui restera gravée dans les mémoires non seulement en raison de la qualité des échanges mais également parce que chacun aura été frappé et séduit par le franc-parler, la simplicité, l'humilité et l'immense culture du camarade Laurent Akoun. Il était 19h15 quand nous nous retrouvâmes ensuite chez l'ancien ambassadeur Pascal Dago Kokora pour des agapes fraternelles.

Matin, Laurent Dona Fologo à la présidence du Conseil économique et social. Jamais inquiétés par le nouveau régime, ces individus se sont jusqu'ici gardés de prendre le moindre risque pour Gbagbo et ses camarades.

Chapitre 20
Le faux panafricanisme de Yaya Touré

Après que la CAF eut sacré le Gabonais Pierre-Émerick Aubameyang meilleur joueur africain 2015, Yaya Touré traita la confédération de tous les noms, voua ses dirigeants aux gémonies, jugea l'Afrique désespérante. Il ne lui restait plus qu'à prendre les armes contre l'institution dirigée par Issa Hayatou ou à demander à la France, pays que lui et les siens vénèrent tant, de larguer des bombes sur le nouvel élu et son pays, de fermer les banques françaises opérant à Libreville, Port-Gentil et ailleurs ou de décréter un embargo sur les médicaments à destination du Gabon. Car, dans leur monde et conformément à leur fameuse charte, c'est par la force et la violence que se règlent les problèmes d'injustice.

Avant lui, le complice de Djibril Bassolé, qui prêche aujourd'hui l'humilité en politique (car rien n'est définitivement acquis ou perdu sur cette terre) tout en continuant à qualifier de grossier montage ses conversations téléphoniques, avait expliqué avoir attaqué son propre pays pour réparer une injustice faite aux Nordistes et aux musulmans. Pour lui, Boga Doudou, Marcellin Yacé, les danseuses d'Adjanou, les 60 gendarmes de Bouaké avec leurs familles et 300 autres Ivoiriens méritaient d'être assassinés dans la nuit du 19 septembre 2002 parce que des policiers sudistes avaient osé lui demander ses papiers, parce que, d'après lui, les Nordistes étaient méprisés, ostracisés et persécutés par les Sudistes alors que tout le monde sait que les gens du Nord sont nombreux au Sud et que peu de sudistes vivent au Nord.

Celui qui, sans les armes, ne serait jamais là où il est aujourd'hui disait aussi être devenu rebelle pour faire triompher le vivre-ensemble, slogan cher au RDR mais dont la vraie signification est : vivre dans les villes et villages des autres sans eux.

Hayatou a mis sa vie en danger pour avoir refusé cette année le ballon d'or africain à Yaya. Il urge de le protéger car on ne sait jamais avec ces gens qui ont une aversion de la contradiction et ne connaissent qu'une chose : éliminer physiquement celui qui ne partage pas leur point de vue. Nous savons en effet comment IB et Tagro ont fini. Nous savons aussi qu'une épée de Damoclès est suspendue au-dessus de la tête de Chérif Sy et Salif Diallo aussi longtemps que la justice burkinabè ne mettra pas la main sur celui qui a décidé de s'occuper d'eux. Il convient de veiller sur la sécurité du président de la CAF car il n'est pas impossible que Yaya lui fasse payer le crime qu'il vient de commettre : préférer un Gabonais à un fils de ce Nord qui dit abhorrer l'ivoirité mais ne se gêne pas pour composer avec Bédié, qui pense que tout lui est dû et qui n'aime la Côte d'Ivoire que quand il a le pouvoir, l'argent et les honneurs.

Ceux qui ne comprenaient pas pourquoi Drogba refusa de rejoindre les Éléphants pour les joutes de la dernière Coupe d'Afrique des Nations ont enfin une réponse : le Nordiste Yaya Touré avait rendu irrespirable l'atmosphère au sein des pachydermes en voulant humilier et écarter, par tous les moyens, le Bhété Didier Drogba. Pour lui, le pays étant dirigé par le Nord depuis le 11 avril 2011, il était normal que le capitaine de l'équipe nationale vienne de ce Nord, que lui croisse et que Drogba diminue.

À mon avis, la Côte d'Ivoire avait les moyens de remporter la CAN deux fois au moins avant 2015. Elle ne le put parce que, pour Yaya et d'autres Nordistes tribalistes, il n'était pas question que cela profite à Laurent Gbagbo qui était au pouvoir à ce moment-là. C'est le même Yaya et d'autres fils du Nord qui ont exigé le remplacement de l'excellent entraîneur François Zahoui par le médiocre Sabri Lamouchi. La raison : il fallait effacer toute trace de Gbagbo et de son ethnie.

Yaya est, par conséquent, mal placé pour parler d'injustice aujourd'hui. Il est disqualifié pour prendre la défense des footballeurs évoluant sur le continent. L'Afrique digne et libre aura du mal à le reconnaître comme un des siens car quel investissement important a-t-il fait en Afrique ? Quel hôpital ou quel stade y a-t-il déjà construit ? Combien de bourses d'études a-t-il octroyées à des élèves ou étudiants africains brillants mais démunis ? S'est-il jamais insurgé contre Dramane Ouattara qui maintient encore environ 400 proches de Laurent Gbagbo dans les prisons ivoiriennes ? A-t-il protesté quand le président élu en 2010 par la majorité des Ivoiriens était injustement déporté à la Haye ? Leva-t-il le petit doigt quand le compétent Zahoui fut limogé au profit de l'inexpérimenté Lamouchi venu de France ? Non, le sort et les combats de l'Afrique n'ont jamais intéressé Yaya qui, en plus d'être un mauvais perdant, est un opportuniste et un tribaliste dont le masque est enfin tombé. Ce qu'il veut, la seule chose qui l'intéresse, c'est ceci : partout, dans tous les domaines, seuls les gens du Nord devraient être à l'honneur. Comme s'il n'y avait qu'eux, comme s'ils avaient le monopole de l'intelligence et de la compétence. En ce sens, Yaya n'est guère différent de l'auteur de la formule « le rattrapage ethnique ».

En conclusion, ce n'est pas la CAF mais Yaya Touré qui est ridicule ; c'est lui qui devrait avoir honte d'avoir tenu des propos insensés car Aubameyang mérite bel et bien son trophée. Le Gabonais a été choisi parce qu'il s'est révélé plus talentueux et plus brillant que les autres joueurs africains. Quant à Yaya, il doit comprendre qu'être milliardaire ou glaner des coupes ne suffit pas pour forcer le respect et l'admiration des gens. Que le milieu de terrain de Manchester City joue bien au football est une chose incontestable et je me réjouis que son beau jeu lui ait permis de gagner des médailles et des titres mais, s'il veut être respecté et admiré, il doit apprendre à reconnaître le talent des autres et à poser des actes qui, plus que les discours, prouveront qu'il aime l'Afrique et qu'il se soucie d'elle.

Chapitre 21
Quand des députés se ridiculisent

Le 20 janvier 2016, des députés fantoches ont apporté leur soutien, indéfectible et entier, à leur président victime, à leurs yeux, « *d'un acharnement politico-judiciaire incompréhensible* » – Bédié avait utilisé un vocabulaire similaire quand la juge française Sabine Kheris voulait mettre la main sur le même « président » – et protesté contre le mandat d'arrêt international lancé par la justice burkinabè contre Soro avant de proférer des menaces à peine voilées – s'en prendre aux Burkinabè vivant sur le territoire ivoirien – si le mandat était exécuté. Pour moi, ces personnes, qui ne doivent leur présence à l'Assemblée nationale qu'au fait que, en septembre 2002, quelques délinquants et voyous ont pris les armes et attaqué lâchement et injustement la Côte d'Ivoire, viennent une fois de plus de s'illustrer négativement. Pour trois raisons :

La première, c'est qu'ils proposent un règlement diplomatique de l'affaire Soro. Cette proposition me semble d'autant plus curieuse que les pseudo-parlementaires se sont toujours vanté d'avoir restauré la démocratie en Côte d'Ivoire. Or, dans une démocratie digne de ce nom, on ne règle pas par la diplomatie une question relevant de la justice et un vrai démocrate accepte que la justice et le parlement ne soient pas aux ordres du pouvoir exécutif. C'est au prix de nombreux sacrifices que les Burkinabè ont tourné le dos à la soumission de la justice à l'exécutif. Ce Burkina post-Compaoré tolérerait difficilement que le nouveau président s'immisce dans le travail des juges. En préconisant la solution diplomatique, Ouattara, Soro et leurs députés confirment simplement qu'ils sont adeptes des voies tortueuses. S'il était démocrate et digne, s'il n'avait pas trempé dans le coup d'État avorté de septembre 2015 contre les autorités de la Transition, Soro se serait empressé de démissionner pour se présenter devant les juges burkinabè.

Deuxièmement, les faux députés affirment que le Burkina a méprisé notre pays en émettant un mandat d'arrêt à l'encontre de Soro. Rien n'est plus faux. Le Burkina n'a pas encore insulté la Côte d'Ivoire. Ses juges poursuivent un seul objectif : entendre un individu qui voulait brûler leur pays. Soro n'est pas la Côte d'Ivoire et ce n'est pas en tant que président du Parlement ivoirien qu'il voulait donner un coup de pouce aux putschistes et assassiner Chérif Sy et Salif Diallo. En d'autres termes, ce n'est pas un pays mais un individu qui est en cause ici. Notre pays a déjà trop souffert de sa cruauté pour être mêlé aux ennuis judiciaires du sieur Soro.

Quand on ne connaît rien d'autre que la violence et les tueries, il faut s'attendre un jour au retour du bâton. Et, quand on n'est pas gêné d'envoyer devant la justice ses adversaires, accusés de crimes fantaisistes, on ne devrait pas refuser de répondre à la convocation de la même justice pour des faits graves avérés. Bref, Soro est assez grand pour se défendre. Je lui souhaite de prendre son courage à deux mains pour affronter la justice burkinabè ! S'il est innocent, il sera acquitté. Il pourra alors retrouver le perchoir du Parlement. Dans le cas contraire, il sera condamné, ce qui n'empêchera pas la terre de continuer à tourner ni le Burkina et la Côte d'Ivoire d'avoir de bonnes relations. Je pense même que les deux peuples entretiendront de meilleurs rapports car, tant que Soro, Compaoré et Dramane Ouattara ne sont pas neutralisés, la sous-région ne connaîtra ni paix, ni développement.

Au lieu de jouer les vierges effarouchées, au lieu de confondre un individu avec un pays, les pseudo-députés auraient dû rappeler à leur président les paroles prononcées par Louis XIV sur son lit de mort en 1715 :

« *Je m'en vais mais l'État demeurera toujours* ».

Le troisième fait qui montre que les députés de Soro font fausse route tient à leurs menaces. Ils laissent effectivement entendre que les Burkinabè établis en Côte d'Ivoire pourraient subir des représailles si le mandat d'arrêt était maintenu. Le peuple ivoirien, meurtri et appauvri depuis décembre 1999 par les assassinats et coups de force du RDR, ne cèdera pas à cette manipulation des prétendus députés et, donc, n'entreprendra rien contre les citoyens du Faso présents sur son sol. Si quelque chose leur arrive, les seuls responsables seront les députés du RDR. C'est à eux, et uniquement à eux, que les dirigeants du Faso devront demander des comptes.

Il n'est pas inutile de rappeler que, si Soro s'est impliqué dans la tentative de coup d'État du 16 septembre 2015, c'était pour renvoyer l'ascenseur à Compaoré qui l'avait aidé à déstabiliser la Côte d'Ivoire. Celle-ci est certes prête à offrir l'hospitalité à quiconque est persécuté dans son pays mais elle n'a pas vocation à héberger des bandits de grand chemin comme Compaoré. Elle n'est ni un repaire de brigands, ni une poubelle. À cause de la dictature de Compaoré, des hommes de qualité, parmi lesquels le souverainiste et panafricaniste Thomas Sankara, le journaliste d'investigation Norbert Zongo, l'universitaire Clément Oumarou Ouédraogo, nous ont prématurément quitttés, laissant derrière eux des veuves et orphelins que nul ne pourra jamais consoler. Justice doit être rendue à ces personnes. Voilà pourquoi les leaders de l'opposition ivoirienne doivent exiger et obtenir l'extradition de Compaoré. Eux et tous les hommes épris de justice doivent se mobiliser pour cette cause car, comme l'a bien exprimé le poète cubain, José Marti, « *celui qui ne se sent pas offensé par l'offense faite à d'autres hommes, celui qui ne ressent pas sur sa joue la brûlure du soufflet appliqué sur une autre joue, quelle qu'en soit la couleur, n'est pas digne du nom d'homme* ».

Concluons en disant que les députés RDR ont raté une occasion de se taire. Ils reprochent au Burkina d'avoir fait une entorse aux « us et coutumes » mais, depuis quand, déstabiliser un pays voisin fait-il partie des « us et coutumes » des pays civilisés ? Ils veulent nous faire croire que Soro et la Côte d'Ivoire, c'est la même chose. Ils placent les élus (députés et président de la République) au-dessus de la loi, même quand ceux-ci sont coupables d'actes terroristes. Pour eux, la diplomatie doit supplanter la justice. Mais ce qu'ils appellent diplomatie cache en réalité une impunité qui couvrirait les crimes commis. Car ce qu'ils désirent secrètement, c'est l'étouffement ou l'enterrement du scandale des conversations téléphoniques par Roch Kaboré. Un désir qui aura du mal à se réaliser, d'autant que les Burkinabè ont pris goût à l'indépendance de la justice et souhaitent, dans leur majorité, que les commanditaires et complices du coup d'État manqué soient arrêtés et sévèrement punis. Et on ne peut que leur donner raison car, si Soro avait été jugé et condamné pour avoir pillé la BCÉAO et tué des milliers d'Ivoiriens innocents, peut-être que nous n'en serions pas là aujourd'hui.

Chapitre 22
Les chefs traditionnels et religieux ont-ils perdu la lucidité ?

Après les députés RDR qui, entre menaces et mépris à l'égard de la République du Faso – « *les Burkinabè sont qui pour lancer un mandat d'arrêt international contre la deuxième personnalité de la Côte d'Ivoire ?* » –, proposaient que le Burkina et la Côte d'Ivoire empruntent la voie diplomatique pour régler l'affaire Soro (du nom de l'homme qui, en plus d'avoir apporté un soutien moral et financier à Diendéré et à sa clique de malfaiteurs, voulait assassiner Chérif Sy et Salif Diallo, le 16 septembre 2015) et, peut-être, avant les féticheurs, marabouts et autres mystificateurs qui suggéreront je ne sais quelle solution, ce sont les chefs traditionnels et religieux qui envisagent de se rendre à Ouagadougou dans les jours ou semaines à venir pour « *demander pardon* ».

Mais pourquoi demander pardon alors que Soro et ses thuriféraires soutiennent *mordicus* que les conversations téléphoniques ne sont qu'un grossier montage dont les auteurs sont des gens jaloux et malheureux de voir l'ancien chef rebelle succéder à Dramane Ouattara ? Nos chefs reconnaîtraient-ils implicitement que Soro est coupable d'avoir nourri le noir dessein de déstabiliser un pays voisin qui, ne l'oublions jamais, l'aida à attaquer la Côte d'Ivoire en 2002 et devint exportateur de cacao grâce à une rébellion qui pourrait avoir commis autant d'atrocités que Daesh et Boko Haram réunis ? Ne serait-il pas plus conforme à la morale et plus sérieux, de la part de nos braves chefs, d'inviter Monsieur Soro à démissionner de la présidence du Parlement pour s'expliquer devant la justice burkinabè ? À quel moment, ces députés et chefs bouffons prendront-ils conscience de la gravité de ce qui s'est passé en septembre 2015 ?

Il y eut quand même des morts, plusieurs morts, dans cette tentative de coup d'État. Et puis, qui sait si ce ne sont pas les mêmes terroristes qui sont derrière l'attaque de *Splendid hotel* et d'un dépôt d'armes dans la capitale burkinabè ? On souhaiterait que ceux qui ont tué Robert Gueï et sa famille soient punis mais on voudrait que soit absous celui qui voulait ôter la vie à Sy et à Diallo.

Hier, on est resté silencieux quand Laurent Gbagbo et Blé Goudé étaient injustement transférés à la Haye ; aujourd'hui, on remue ciel et terre, on se montre plus bavard qu'une pie, parce que le Burkina veut entendre un individu pris la main dans le sac. Dans quel monde somme-nous ? Notre pays marche-t-il sur la tête ? Certaines personnes y ont-elles perdu la lucidité et la dignité ? On les savait corrompus, veules et lâches, mais on était loin d'imaginer que ces chefs pouvaient aliéner aussi facilement leur diginité. Et c'est ici que l'on s'aperçoit douloureusement que le mal de notre pays est profond et que le travail de reconstruction morale ne sera pas une mince affaire.

La Côte d'Ivoire peut rebondir ; elle peut renaître mais à une seule condition : que nous commencions par arrêter ce folklore – demander pardon pour des actes graves censés être examinés par la justice – qui discrédite un peu plus notre pays devenu la risée du monde entier depuis que des hommes violents et menteurs ont été installés à sa tête par la France, depuis que le pouvoir ne promeut que les ressortissants du Nord, depuis que la sécurité des biens et des personnes est assurée par des dozos incultes et inexpérimentés, depuis que des enfants y sont enlevés et assassinés par des individus assoiffés de gloire, de pouvoir et d'argent, depuis que des pans essentiels de notre économie sont bradés à des va-nu-pieds français.

Je l'ai déjà dit et je voudrais le répéter ici : la Côte d'Ivoire n'est pas en guerre contre le Burkina car Soro n'est pas la Côte d'Ivoire. La seule exigence du Burkina – et elle est légitime – c'est que lui soient livrés Soro et Compaoré qui voulaient brûler leur pays.

Pour reprendre une expression chère aux Ivoiriens, nos chefs traditionnels et religieux doivent et peuvent encore se ressaisir, c'est-à-dire redevenir ces personnes sur lesquelles on peut compter et s'appuyer quand tout s'effondre autour de nous ; ils peuvent encore retrouver cette qualité d'hommes et de femmes non seulement dignes mais viscéralement attachés à la vérité et à la justice. Il n'est pas trop tard pour qu'ils fassent leur la jolie formule d'Alexis de Tocqueville :

« *Je n'ai pas de traditions, je n'ai point de parti, je n'ai point de cause, si ce n'est celle de la liberté et de la dignité humaine* »[86].

Pour cela, ils se doivent d'interpeller tout responsable politique qui agit contre la Morale et le Droit, de défendre le faible. Le faible, en 2010-2011, c'était la Côte d'Ivoire bombardée de jour comme de nuit par la France après la fermeture des banques et un sévère embargo sur

[86] A. de Tocqueville, *Lettre à Louis de Kergorlay*, 15 décembre 1850.

les médicaments. C'était une manière, pour l'ancienne puissance colonisatrice, de faire payer à Laurent Gbagbo son refus de laisser le gouvernement français dominer la Côte d'Ivoire et continuer à avoir la mainmise sur ses matières premières. Les chefs traditionnels et religieux ont-ils une fois condamné ces crimes contre l'humanité ? Non ! Or c'est en prenant le parti des faibles que chacun de nos chefs sera regardé comme une autorité morale. Ce titre se mérite. Il est rarement attribué aux lécheurs de bottes, aux petits opportunistes ou aux individus sans foi ni loi. Ce qui fait justement une République, c'est la loi car c'est elle qui met d'accord tous les citoyens. Et cette loi doit s'appliquer à tous. Nul n'est au-dessus d'elle. C'est la raison pour laquelle on dit que tous les citoyens sont égaux devant la loi. Quiconque se réclame de cette République devrait, par conséquent, laisser la justice faire son travail. L'État dans les pays occidentaux est « fort » en partie parce que la formule « force doit rester à la loi » y est prise au sérieux. Nos États, eux, sont faibles parce que les lois n'y sont jamais appliquées. Chacun cherche toujours à déroger à la loi, à la contourner. Cette façon de faire doit cesser.

Par ailleurs, une République ne peut s'acommoder d'un concept qui appartient au registre religieux. Le pardon est certainement une chose importante et utile mais il a davantage sa place dans les communautés religieuses que dans une République. Prêtres, pasteurs, imams et rabbins ont pour tâche, entre autres, de le prêcher pour que la paix revienne entre personnes ou groupes de personnes qui ne se parlent plus ou ne se fréquentent plus. La victime, croyante ou non, peut pardonner au bourreau sans que cela empêche la justice de juger l'acte posé par le bourreau. Ainsi, le Turc Mehmet Ali Agça, auteur de l'attentat contre Jean-Paul II, le 13 mai 1981, place Saint-Pierre, fut jugé et condamné par la justice italienne quoique le pape lui ait tout de suite pardonné. Sy et Diallo, s'ils le désirent, peuvent accorder leur pardon à Soro mais l'État burkinabè n'est pas obligé de le faire. Je dirais même qu'il n'est pas dans son intérêt de le faire quand on se souvient que l'amnistie accordée par Gbagbo au même Soro n'a pas empêché ce dernier de reprendre la violence contre l'État de Côte d'Ivoire.

Chapitre 23
Après les révélations de Me Altit sur la France : on fait quoi ?

« *Vous connaîtrez la vérité et la vérité vous rendra libres* »[87].

Cette parole de Jésus signifie, à mon avis, deux choses. La première peut être énoncée de la manière suivante : c'est en vain que tel homme ou tel pays tentera d'étouffer la vérité. En d'autres termes, nul, malgré ses ruses ou les obstacles qu'il créera artificiellement, ne peut empêcher la manifestation de la vérité. Ainsi, par la voix de F. Hollande, la France a fini par avouer, en juillet 2015, les atrocités qu'elle commit au Cameroun entre 1955 et 1958 contre Ruben Um Nyobè, Osendé Afana, Ernest Ouandié et les autres nationalistes camerounais dont le seul tort était de militer pour « *une indépendance totale et immédiate* ». Le 1er décembre 2014, au cimetière de Thiaroye (Sénégal), le même Hollande reconnaissait que son pays massacra des tirailleurs africains qui réclamaient le paiement de leur solde après avoir aidé la France à se débarrasser de l'Allemagne nazie.

De la même façon, à la faveur du procès de Laurent Gbagbo et Blé Goudé, le monde entier est en train de découvrir le parti pris de la France en Côte d'Ivoire entre 2002 et 2011, son refus d'un règlement pacifique du conflit ivoirien en 2011, sa participation au casse et au pillage de la BCÉAO de Bouaké, de Man et de Korhogo, son soutien à des voyous et assassins ayant attaqué puis coupé le pays en deux le 19 septembre 2002, ses tueries (les 64 jeunes manifestants désarmés que Licorne tua devant l'hôtel Ivoire en novembre 2004, les milliers[88] d'Ivoiriens qui perdirent la vie suite à l'embargo sur les médicaments, à la fermeture des banques et au bombardement des sites civils et militaires en 2010-2011). Ces crimes contre l'humanité, Paris croyait qu'ils ne sortiraient jamais de l'ombre, du moins pas maintenant. Mais c'était sans compter avec le Maître des Temps et de l'Histoire qui « *fait toute chose bonne en son temps* » (Ecclésiaste 3, 11) et pour qui « *rien n'est voilé qui ne sera révélé* » (Luc 12, 2).

---

[87] Jean 8, 32.

[88] Selon le rapport de la CDVR, remis par Charles Konan Banny à Dramane Ouattara mais jamais rendu public par ce dernier, c'est au moins 16 000 et non 3 000 personnes qui furent tuées en 2010-2011.

Aveuglés par la haine des Africains qui refusent de plier l'échine devant eux et persuadés que c'en serait fini pour lui, les dirigeants français, UMP et PS confondus, envoyèrent Laurent Gbagbo à la Haye. Mais, aussi paradoxal que cela paraisse, il arrive que le mal se transforme en bien. En effet, si L. Gbagbo n'avait pas été déporté à la Haye, il n'y aurait pas eu de procès et nous n'aurions pas assisté au « pilonnage » de la France par les avocats de la défense. Une France dont Me Emmanuel Altit n'aura aucune peine à exposer l'hypocrisie, la duplicité et les mensonges (par exemple, « *la fusillade devant l'hôtel Ivoire, le 6 novembre 2004, ne fit aucun mort* » ou « *sans les soldats français, les rebelles se seraient emparés d'Abidjan le 19 septembre 2002* » alors que tous ceux qui ont été témoins de cette violence injustifiable savent que l'armée gouvernementale, bien que peu équipée, avait chassé les rebelles de la capitale économique). Car les vidéos produites par la défense pour illustrer sa plaidoirie ont bien montré l'armée française transportant ou aidant les rebelles.

Ouattara et Sarkozy commirent incontestablement une faute gravissime en transférant Laurent Gbagbo et Blé Goudé à la CPI mais, en voyant la tournure des événements, on peut aisément parler, comme les chrétiens à propos de la trahison de Judas, d'une heureuse faute (*felix culpa*) car, si Laurent Gbagbo était resté à Korhogo, peut-être qu'il ne serait plus de ce monde et nous n'aurions jamais connu la vérité sur le rôle négatif joué depuis 1960 par la France dans notre pays.

En résumé, la manifestation de la vérité résiste à toutes les entraves possibles. Grâce au procès de L. Gbagbo, Africains, Européens, Asiatiques et Américains ont enfin compris que la France, pour des intérêts économiques et géostratégiques, a déstabilisé et abîmé un petit pays qui voulait se prendre en charge et jouir des matières premières que Dieu lui a données. Ils connaissent maintenant la vérité sur l'intervention de la France en Côte d'Ivoire. Et le dévoilement du visage hideux de cette France qui se targue d'être la « *patrie de la liberté et des droits de l'homme* » constitue déjà une immense victoire pour Laurent Gbagbo et pour les nationalistes africains. Ceux-ci souhaitent évidemment que Blé Goudé et le président reconnu par les Ivoiriens soient libérés, ce qui ne serait que justice, car seuls Ouattara, Soro, Compaoré, Chirac, Sarkozy et leurs chefs de guerre, les vrais criminels, méritent d'être derrière les barreaux mais, de mon point de vue, que les deux hommes sortent de prison ou non importe peu aujourd'hui. Le plus important est que la vérité ait été révélée au monde. Ce qui compte, c'est le fait que l'on sache, en Afrique et ailleurs, que Blé Goudé et Laurent Gbagbo sont à la Haye, non parce qu'ils ont perpétré des crimes, mais parce qu'ils ont résisté à la France qui avait besoin d'une marionnette à la tête de la Côte d'Ivoire pour recommencer à piller les matières premières de ce pays où les Français sont revenus en force comme dans les années 50, 60 et 70.

Ce qui importe aussi, et je voudrais aborder à présent la seconde signification de la déclaration du Christ, c'est ce que nous envisageons de faire après avoir découvert la vérité. Jésus ne se limite pas à dire que la vérié sera dévoilée. Il dit aussi que la vérité doit affranchir ceux qui l'ont découverte. En Côte d'Ivoire, en Afrique et en France, plusieurs personnes n'ont pas attendu la magistrale et brillante démonstration de Me Altit pour savoir que c'est la France qui a créé la chienlit en Côte d'Ivoire. Elles connaissaient la vérité mais étaient enchaînées. Sinon, elles auraient protesté contre cette « communauté internationale » partiale et injuste, se seraient indignées publiquement contre le « deux poids, deux mesures », auraient agi pour que justice soit rendue aux Ivoiriens. Il en découle que la connaissance de la vérité ne rend pas tout le monde libre. Or, pour le Christ, connaître la vérité et se comporter en homme libre vont de pair.

Mais à quoi reconnaît-on un homme libre ?

« *Être libre, ce n'est pas seulement se débarrasser de ses chaînes* », répond Nelson Mandela.

Les Africains sont-ils prêts à briser leurs chaînes ? Ceux qui sont épris de liberté et de justice, ceux qui refusent que des innocents croupissent à la Haye pendant que les vrais tueurs sont libres, ceux qui estiment à juste titre que l'Afrique d'expression française ne s'en sortira jamais avec le franc CFA, ne peuvent donc pas se borner à fustiger le néocolonialisme de la France. Il est aussi nécessaire qu'ils travaillent ensemble, qu'ils mutualisent leurs intelligences et qu'ils trouvent les moyens et stratégies qui leur permettront de venir à bout de ce néocolonialisme qui a déjà fait trop de mal à l'Afrique francophone.

D'aucuns feront remarquer que la tâche sera d'autant moins facile que certains Africains se sont mis au service de la France. L'Algérie, la France et la Chine ont eu, elles aussi, leurs traîtres mais nous savons quel traitement fut réservé aux indignes *collabos*. Si mes souvenirs sont bons, certains traîtres furent pendus haut et court. L'Afrique s'inspirera de ces exemples pour punir ceux et celles qui l'ont trahie pour un plat de lentilles. Pour l'heure, la question qui doit nous préoccuper est celle de savoir si nous sommes prêts à payer le prix de notre liberté, si nous sommes capables de faire des sacrifices pour que nos petits-enfants vivent, demain, dans un meilleur monde. Or force est d'admettre que nous sommes nombreux à désirer qu'une seule personne se sacrifie pour la collectivité. Pour le dire autrement, aucun d'entre nous ne veut faire le moindre sacrifice. Personne ne veut souffrir. Pourtant, pour parler comme la Grande royale dans *L'Aventure ambiguë* de Cheikh Hamidou Kane, peut-on gagner ceci sans perdre cela ? Si Algériens, Vietnamiens et Américains ne s'étaient pas sacrifiés, s'ils n'avaient pris aucun risque, auraient-ils obtenu leur indépendance ? Nous autres ne sommes pas encore indépendants parce que les pseudo-pères de l'indépendance n'ont pas osé affronter et chasser le colonisateur quand il le fallait. Le moment est venu d'engager cette bataille. Sans attendre la fin du procès, les souverainistes et démocrates africains doivent se lever et se mobiliser partout en même temps comme à la fin des années 1950 car, si nous ne faisons rien maintenant, nos pays seront, dans 20 ans, plus pauvres qu'aujourd'hui.

« *La bêtise insiste toujours* », disait Albert Camus.

La France trouvera toujours des raisons pour justifier son immixtion dans nos affaires et maintenir ses bases militaires sur le sol africain. Jamais elle n'abandonnera sa politique arrogante et prédatrice dans ses ex-colonies. Il est illusoire de croire qu'elle mettra volontairement fin à la françafrique car elle doit à ce système mafieux le titre, usurpé, de « grande puissance ». Bref, ce n'est pas de leur plein gré que les Français changeront de cap. C'est à nous de les y forcer, d'une manière ou d'une autre. Comme le dit Njoh-Mouelle, « *c'est une extrême naïveté de s'imaginer que les autres nations renonceront à leurs intérêts primordiaux pour prendre fait et cause pour les intérêts de l'Afrique et cela parce qu'ils auront entendu les leçons de morale d'une certain littérature africaine* »[89].

[89] *Cf.* Ebénézer Njoh-Mouelle, *Jalons II. L'Africanisme aujourd'hui*, Yaoundé, CLÉ, coll. « Point de vue », 1975, p. 58.

Chapitre 24
Un nouveau slogan creux

Depuis quelque temps, Dramane Ouattara et les autres soi-disant disciples d'Houphouët parlent d'Ivoirien nouveau, soutiennent que l'Ivoirien devrait désormais être ceci ou cela. Et on a envie de dire :

« *Honni soit qui mal y pense !* »

Car tirer les habitants d'un pays vers le haut, les inviter à passer « *de la médiocrité à l'excellence* » (Ebénézer Njoh-Mouelle) n'est pas une mauvaise chose. Est-il toutefois suffisant de proclamer que l'Ivoirien ne doit plus faire telle ou telle chose ?

« *L'homme contemporain écoute plus volontiers les témoins que les maîtres ou, s'il écoute les maîtres, c'est parce qu'ils sont des témoins* », déclarait le pape Paul VI aux membres du Conseil des laïcs, le 2 octobre 1974[90].

Ce qu'il faut comprendre ici, c'est qu'agir est aussi important que discourir.

Or les apôtres de « l'Ivoirien nouveau » ne montrent pas toujours que leurs actes s'accordent avec leurs paroles, ce qui nous conduit à affirmer que le concept d'Ivoirien nouveau est un slogan creux, voire un opium, destiné à endormir les Ivoiriens. Mystifier les populations, anesthésier leur conscience pour mieux les plumer et les appauvrir, telle est en effet la vraie motivation de ceux qui usent et abusent de ce concept brumeux. Que leur comportement soit aux antipodes de ce qu'ils prêchent, jour et nuit leur importe peu. Et il ne sera guère difficile de trouver des exemples pour étayer notre thèse.

Le premier exemple est la naturalisation de Blaise Compaoré dont le but est de permettre à l'ancien dictateur d'échapper à la justice burkinabè qui désire connaître la vérité sur la mort de plusieurs Burkinabè parmi lesquels Thomas Sankara, Jean-Baptiste Lingani, Henri Zongo, Clément Oumarou Ouédraogo et le journaliste Norbert Zongo. Peut-on vouloir en même temps la fin de l'impunité et chercher à soustraire à la justice un individu qui, en plus d'avoir fait couler le sang dans la sous-région (Liberia, Sierra Leone, Burkina, Côte d'Ivoire et Mali), s'est enrichi en volant et en pillant à droite et à

[90] *Cf. Evangelii Nuntiandi* (exhortation apostolique sur l'évangélisation dans le monde moderne), 1974, n. 41.

gauche ? Les Balla Keïta, Boga Doudou, Désiré Tagro, Dali Obré, Dagrou Loula, Marcelin Yacé et le Français Philippe Rémond assassiné le 31 mars 2011 par les forces fidèles à Dramane Ouattara pour avoir fustigé le néocolonialisme de la France sont-ils moins importants que Robert Guei et ses proches ? Leur vie et leur mort ont-elles moins de valeur ? Ceux qui estiment que le moment est venu d'abandonner les mauvaises habitudes ne devraient-ils pas se battre pour que justice soit rendue aux familles de tous ceux qui sont morts dans des conditions atroces sous Compaoré et Ouattara ?

Mon second exemple est Yamoussoukro qui se dégrade de jour en jour. Le paradoxe est que Laurent Gbagbo est le seul président ayant essayé de redorer le blason de cette ville alors que, au départ, il n'était pas d'accord avec le projet de faire du village de Félix Houphouët la capitale politique de notre pays. Malheureusement, le néocolonialisme français et ses laquais locaux ne lui laissèrent pas le temps d'achever ce qu'il avait si bien entamé. Il peut toutefois – et ce n'est pas son seul mérite –se réjouir de n'avoir pas succombé à la tentation de faire de Mama, son village, la nouvelle capitale du pays comme l'autre qui, en s'occupant plus de Daoukro que de Yamoussoukro, fut soupçonné de vouloir faire oublier le « Vieux ». Le RHDP donne ainsi l'impression que c'est uniquement « dans la bouche » qu'il est houphouëtiste.

Troisèmement, on veut que les Ivoiriens tournent le dos à la violence, qu'ils ne règlent plus leurs inévitables contradictions et conflits par la force. Or qu'avons-nous constaté à la MACA, le 20 février 2016 ? Comment Yacou-le Chinois et ses acolytes sont-ils morts ? À ce propos, au moment où les Ivoiriens sont exhortés à adopter des comportements nouveaux, comment peut-on autoriser des gangsters à détenir des kalachnikovs en prison ? Comment un individu condamné deux fois à 20 ans de prison peut-il bénéficier d'un traitement spécial ? Et Soro, un autre chantre de l'Ivoirien nouveau, comment voulait-il résoudre son différend avec Chérif Sy et Salif Diallo ? Demanda-t-il à Djibril Bassolé et à Gilbert Diendéré d'arrêter leur stupide coup d'État contre la Transition ? Leur conseilla-t-il de reconquérir le pouvoir par les urnes et non par les armes ?

Lorsque ceux qui sont censés incarner une autorité morale (intellectuels, guides religieux et traditionnels) continuent à se vendre et à se prostituer pour si peu, lorsque persiste chez eux la peur d'être « *la bouche des malheurs qui n'ont point de bouche* » (Aimé Césaire), lorsque la crainte de perdre certains avantages matériels ou d'être jetés en prison les conduit à garder le silence devant la dictature, les meurtres d'enfants et le rattrapage ethnique, lorsqu'ils poussent le petit peuple à ne compter que sur Dieu alors que Celui-ci compte sur l'homme pour que la société devienne meilleure, plus juste et plus humaine, ergoter sur l'Ivoirien nouveau a-t-il encore un sens ? Quand un candidat félicite un autre candidat avant la proclamation des résultats d'un scrutin truqué et gagné d'avance, juste parce qu'il veut empocher 100 millions de F CFA, c'est cela l'Ivoirien nouveau ?

L'exemple vient d'en haut, dit-on. Or ceux qui dirigent notre pays en ce moment sont loin d'être des modèles en matière de respect des droits de l'homme, d'égalité de tous devant la loi, d'amour et de défense de la patrie, de solidarité avec ceux et celles qui sont victimes d'injustice, de discrimination et de traitements inhumains. C'est pourquoi je voudrais demander une seule chose aux adeptes de l'Ivoirien nouveau : qu'ils commencent par tenir les promesses qu'ils ont faites lors de la campagne électorale au lieu de nous bassiner avec une chose à laquelle eux-mêmes ne croient pas. Qu'ils honorent les attentes élémentaires des Ivoiriens au lieu de se gargariser de propos pompeux mais creux !

Chapitre 25
Sam l'Africain

Sur Facebook, depuis le 7 mars 2016, Sam l'Africain est à l'honneur. Si la plupart des messages lui sont consacrés, tous ne font cependant pas son éloge. Ainsi, certains commentaires nous mettent en garde contre une hâtive et excessive jubilation après son témoignage devant la CPI. Selon les auteurs de ces commentaires, il est trop tôt pour crier victoire. Et ce n'est pas tout.

Ils estiment en outre qu'on devrait se méfier de l'Ivoiro-libanais car son objectif, d'après eux, ne serait pas d'innocenter Blé Goudé et Laurent Gbagbo mais de fournir, à cette cour raciste et injuste, des informations à même de corroborer la fameuse thèse selon laquelle les deux accusés ont participé à un plan commun visant la conservation du pouvoir et l'extermination des partisans de Ouattara (musulmans, Nordistes et ressortissants de la CÉDÉAO). Pour eux, ce n'est pas un hasard si Éric Mc Donald a longuement interrogé Sam sur les deux slogans les plus utilisés lors de la campagne du candidat Laurent Gbagbo :

« *On gagne ou on gagne* » et « *Y a rien en face, c'est maïs* ».

Les camarades qui invitent à prendre les propos de Sam devant le substitut du Procureur avec des pincettes ont-ils raison ou bien exagèrent-ils ? Avant de répondre à cette question, je voudrais exposer quelques-uns des reproches adressés par eux à Sam.

Ils lui reprochent, par exemple, de n'avoir rien dit sur le bombardement de la résidence présidentielle par les forces franco-onusiennes, de n'avoir pas évoqué l'exécution des 60 gendarmes de Bouaké et des danseuses d'Adjanou par les rebelles de Ouattara en 2002, d'avoir affirmé que la galaxie patriotique était bien organisée, d'avoir demandé au Procureur de relire sa déposition de 2011 où il chargeait probablement l'ancien régime alors que Me Altit n'avait pas jugé cela nécessaire, d'avoir rendu hommage à Dramane Ouattara et à Hamed Bakayoko.

Même si Sam n'était pas obligé de répondre à toutes les questions de Mc Donald (car certaines questions étaient franchement si idiotes qu'on se demande comment le Canadien a atterri à la CPI), même si je suis d'accord avec ceux qui conseillent de ne pas vite s'emballer, il me paraît difficile de souscrire à l'idée que l'Ivoiro-libanais a voulu enfoncer Laurent Gbagbo et son ancien ministre de la Jeunesse. À moins d'avoir fait une mauvaise lecture de son témoignage, je serai plutôt enclin à penser que Sam n'a pas eu peur de dire et de marteler l'essentiel et cet essentiel, à mon avis, se trouve dans trois paroles.

La première est celle-ci :

« *La France est le père fondateur de la crise* ».

Sam rejoint ici Gbagbo affirmant, au cours de sa première prise de parole à la Haye le 5 décembre 2011, qu'il a été arrêté « *sous les bombes françaises* » et que « *c'est l'armée française qui a fait le travail* ». Il rejoint aussi Me Jean Balan déclarant sur *Europe 1*, le 24 février 2016, que la mort des 9 soldats français en novembre 2004 était « *un coup monté* [par Chirac, Dominique de Villepin, Michel Barnier et Michèle Alliot-Marie] *pour faire tomber Gbagbo* ».

Deuxième parole essentielle de Sam l'Africain :

« *Quand ils ont attrapé Gbagbo à sa résidence, le 11 avril 2011, les hommes de Ouattara ont le lendemain fait plus de 1 000 morts à Duékoué, des femmes et des hommes égorgés, des femmes enceintes éventrées, des maisons brûlées mais tout ça c'est allé où ? Et cela avec la complicité de la France et de l'ONU. Et pourquoi c'est Gbagbo et Blé qui sont ici ? Ils ont tué Kadhafi, c'est allé où ? Ils ont fait des massacres partout, où c'est parti ? Ils s'acharnent sur les Noirs comme si nous sommes méchants. Non, non, le peuple noir est bien et bon. Je demande donc au procureur demain d'orienter ses questions sur l'essentiel. C'est-à-dire qui a tué et quelle a été la cause de la guerre ?* »

Le président de la NACIP laisse entendre ici deux vérités :

1) Chirac, Sarkozy, de Villepin, Alain Juppé, François Fillon, Ban Ki Moon, Choï, Dramane Ouattara, Blaise Compaoré, Soro Kigbafori, Bédié et leurs chefs de guerre devraient, eux aussi, être derrière les barreaux ;

2) Ceux qui aiment guerroyer et faire couler le sang humain, ceux qui n'ont aucun scrupule à semer la mort et la désolation, juste pour accaparer le bien d'autrui, ce ne sont pas les Africains mais les Occidentaux. Ça peut être dur à entendre mais c'est la pure vérité.

Le troisième et dernier message essentiel de Sam l'Africain est celui-ci :

« *Gbagbo n'est pas un criminel, il ne peut pas planifier la mort des Ivoiriens* ».

De fait, si Gbagbo était un tueur froid, s'il était un criminel sans aucun état d'âme, il n'aurait pas hésité à bombarder l'hôtel du Golf qui était le quartier général des vrais criminels.

Au lieu de soupçonner Sam de ceci ou de cela, nous devrions donc nous focaliser sur la France : écrire et montrer des vidéos sur la responsabilité pleine et entière de la France dans la déstabilisation et la destruction de la Côte d'Ivoire ; faire voir comment cette France raciste et néocolonialiste utilise des vauriens et assassins comme Ouattara et Soro pour parvenir à ses fins.

Que Sam ait pu dire des choses pas toujours utiles ou que sa connaissance approximative de la langue française l'ait conduit à commettre des maladresses, cela est possible mais nous devrions nous garder de le brûler.

Nous devrions surtout nous garder de penser que le verbe et les larmes comme celles de Sam suffiront pour que Blé et Gbagbo sortent de la Haye où ils sont injustement détenus. Je voudrais répéter ici ce que j'ai déjà écrit dans une tribune antérieure : Charles Blé Goudé et Laurent Gbagbo, dont le seul crime est d'avoir refusé de se soumettre à la France, risquent de mourir en prison si les souverainistes africains se contentent de suivre ce procès bidon et inique au lieu de réfléchir à de bonnes stratégies pour briser le joug de la domination et de l'oppression qui pèse sur leurs pays, s'ils ne frappent pas la France et ses entreprises au portefeuille, s'ils ne les empêchent pas de gagner chaque jour de l'argent sur le dos des populations, s'ils continuent à consommer des produits français (fromages, moutarde de Dijon, vins bordelais, voitures de marque française, sacs de Louis Vuitton, Orange, etc.) tout en insultant et en maudissant les dirigeants français.

En conclusion, ce qu'il faut retenir, c'est que Sam l'Africain a fait de graves révélations à telle enseigne que certains se sont demandé si sa famille ne risquait pas de faire les frais de la barbarie des FRCI et autres dozos. Bref, le « témoin hostile au Procureur » s'est montré courageux non seulement en témoignant à visage découvert mais en indexant la France. Ce n'est donc pas sur lui que nous devons tirer à boulets rouges. Ce n'est pas contre lui que nous nous battons. Je peux comprendre que certains de ses propos aient énervé telle ou telle personne mais, de grâce, ne nous trompons ni de cible, ni de combat ! Évitons de jeter le bébé avec l'eau du bain !

Chapitre 26
Et si les attaques de Bassam avaient pour but de détourner notre attention du procès où Ouattara et la France sont malmenés ?

Selon Vincent Hugeux, dont on attend toujours qu'il batte en brèche la thèse de son compatriote Me Jean Balan – la mort des 9 soldats français à Bouaké début novembre 2004 n'est qu'un prétexte utilisé par Jacques Chirac, Michèle Alliot-Marie, Dominique de Villepin et Michel Barnier pour se débarrasser de Laurent Gbagbo jugé par eux peu accommodant parce qu'il refusait d'être un simple sous-préfet et de donner à la France autant que Félix Houphouët avait coutume de donner –, les attaques de Grand-Bassam seraient le fait d'AQMI qui en veut terriblement à la France[91]. Une telle explication n'est vraie qu'en apparence et nous le démontrerons plus loin. Il y a une vérité dans l'analyse de Hugeux non seulement parce que 4 Français figurent parmi les personnes assassinées par les terroristes mais parce que la Côte d'Ivoire accueillerait aujourd'hui 15 000 Français, preuve que la France y est revenue en force, non pour construire routes, hôpitaux et universités (cela ne l'a jamais intéressé), mais pour piller les richesses des Ivoiriens.

Reste que la vérité de V. Hugeux n'est qu'apparente. Vérité apparente car le but du prétendu « spécialiste » de l'Afrique pourrait en réalité être de détourner notre attention des vraies raisons et des vrais commanditaires de ces attaques. Car comment croire que la France, dont les soldats sont stationnés non loin de Grand-Bassam, ait été surprise par ces attaques ? Comment accorder foi au fait que ses services de renseignement ignoraient ce qui se tramait contre elle ? Si la France pense que les djihadistes lui en veulent et qu'ils peuvent l'attaquer partout et à tout moment, pourquoi n'a-t-elle pas anticipé en protégeant tous les sites sensibles susceptibles d'être visités par ses ressortissants ? Et si les attaques de Bassam étaient un coup monté par

[91] Mais est-il possible d'être sans griefs contre ce pays qui, en plus d'être hostile à tout acte de repentance pour ses nombreux crimes passés et présents, ne se gêne guère pour soutenir des rebelles sanguinaires et créer le chaos dans les pays dont il convoite les richesses tout en se vantant d'être la « *patrie des droits de l'homme et de la démocratie* »?

un groupe de personnes (le temps nous permettra de savoir de qui il s'agit) embarrassées et gênées aux entournures par le procès de la Haye qui est devenu le procès de la France dans la mesure où on y apprend, jour après jour, que « *la France est le père fondateur de la crise ivoirienne* » et qu'un président africain qui ne fait pas son affaire ou ne lui est pas soumis est immédiatement débarqué ou assassiné ? Hugeux évite de poser toutes ces questions parce qu'il émarge peut-être au budget du Quai d'Orsay, parce que, avec Dozon, Bousquet, Hofnung, Boisbouvier, Soudan et d'autres petits bonimenteurs, il est chargé de vendre l'idée que la France n'intervient en Afrique francophone que pour sauver les Africains de la guerre civile, des tueries, de la famine, de l'ignorance, etc.

Le gouvernement ivoirien, lui, a parlé d'abord de 6, puis de 3 assaillants neutralisés. Quelle belle cacophonie ! Si Karim Koné, rescapé du carnage, affirme qu'aucun terroriste n'a été tué par les forces dites spéciales[92], d'où vient que Hamed Bakayoko ait parlé d'assaillants neutralisés ? Quels sont ces « assaillants neutralisés » dont les corps ne sont pas montrés ? Enfin, quand le Mali et le Burkina avaient été attaqués, n'avait-il pas claironné arrogamment que la capitale économique avait été bouclée et que les Ivoiriens pouvaient vaquer tranquillement à leurs occupations ?

Personne ne peut évidemment se réjouir du malheur qui a frappé Grand-Bassam, le 13 mars 2016. On ne peut que pleurer ces vies innocentes injustement et prématurément fauchées par des barbares sans foi ni loi. Mais qu'on ne nous prêche pas l'union sacrée autour d'un gouvernement de menteurs et d'incompétents ! Qu'on ne nous invite pas à nous solidariser avec des individus qui ont usé et abusé du faux pour parvenir au pouvoir et dont les crimes sont en train d'être dévoilés peu à peu au monde par Sam l'Africain et d'autres « témoins à charge » ! Non, les auteurs et commanditaires des attaques de Bassam ne réussiront pas à nous divertir. Les médias occidentaux, hier prompts à traiter Laurent Gbagbo de dictateur, d'assoiffé de pouvoir et de mauvais perdant, se taisent sur les « vérités » des avocats de la défense et de Sam, des vérités qui déconstruisent leur *storytelling*. S'ils ont choisi de boycotter le procès de leur pays de peur de voir les crimes de leurs gouvernements successifs, nous autres le suivrons jusqu'au bout parce que nous souhaitons que soit révélé tout ce qui a été fait contre Laurent Gbagbo et contre notre pays, parce que nous

---

[92] *Cf. Notre Voie* du 15 mars 2016.

voulons savoir qui a fait quoi en Côte d'Ivoire entre le 24 décembre 1999 et le 11 avril 2011.

Chapitre 27
La vie des Ivoiriens est le dernier souci de M. Ouattara

Le 13 mars 2016, quand la ville de Grand-Bassam fut attaquée, on sonna du cor et de la trompette comme jadis à Sion. Le monde entier fut ameuté. Les médias français, habituellement peu diserts sur les affaires africaines, commentèrent abondamment le malheureux événement. De prétendus spécialistes de l'Afrique y soutenaient, entre autres, que c'est AQMI qui voulait punir Paris dont les troupes – plus de 3000 – sont présentes au Sahel depuis le 1er août 2014.

Quarante-huit heures après l'attentat, deux ministres français débarquèrent effectivement à Abidjan pour « pleurer » avec les Ivoiriens et annoncer que leur pays aiderait le nôtre à combattre le terrorisme. Une annonce qui fit sourire à Abidjan, d'autant que la France a du mal à venir à bout de ses propres terroristes et que son Premier ministre avait prédit, en novembre 2015, d'autres attaques d'ampleur. Quelques présidents de la sous-région se rendirent sur les lieux du drame. Je ne sais si l'un d'entre eux, connu et reconnu comme grand pleureur devant l'Éternel, versa des torrents de larmes, ce jour-là. Le gouvernement, qui avait pourtant assuré plusieurs semaines plus tôt que toutes les dispositions avaient été prises pour que notre pays ne soit pas attaqué comme le Mali et le Burkina, décréta trois jours de deuil. Sur un air de « zouglou » et de « coupé décalé », onze artistes ivoiriens chantèrent :

« *En Côte d'Ivoire, nous on est debout oh, jihadistes, on n'a même pas peur* ».

C'était probablement leur façon d'exorciser le traumatisme et de rendre hommage aux blessés et aux morts.

Parce que la mort d'un seul être fait toujours mal, parce que l'assassinat d'une seule personne n'est jamais acceptable, il était juste et bon que l'on s'indignât et que l'on pleurât ces frères et sœurs trop tôt disparus. Mais est-ce la première attaque terroriste subie par notre pays ? Si oui, comment devrions-nous appeler les massacres des populations ivoiriennes par les rebelles proches de Dramane Ouattara à Abidjan (dans la nuit du 18 au 19 septembre 2002), à Guitrozon, dans le quartier Carrefour de Duékoué (28 et 29 mars 2011), à

Nahibly, à Anonkoua-Kouté, à Adébem et à Godjiboué ? Et les crimes commis par l'armée française dans notre pays en novembre 2004 et en avril 2011, comment devrait-on les qualifier ? Moins d'Ivoiriens y perdirent-ils la vie qu'à Grand-Bassam ? Combien de gens d'ici et d'ailleurs furent-ils émus et révoltés par ces tueries ? En un mot, tous ceux que Dramane Ouattara, Soro, Compaoré, Chirac et Sarkozy ont fait assassiner depuis 2002 pour faire main basse sur les ressources naturelles des Ivoiriens sont-ils moins importants que ceux de Grand-Bassam ?

Il y a quelques jours, suite à des affrontements entre éleveurs et cultivateurs, plusieurs personnes ont trouvé la mort – une trentaine – à Bouna. Sauf erreur de ma part, ni les soi-disant députés ivoiriens ni Ouattara ne se sont encore rendus dans cette ville. La capitale des Lobi et Koulango n'abritera pas de conseil des ministres comme Grand-Bassam. Pourquoi ? Parce qu'il n'y a pas de Français parmi les victimes – n'oublions pas que M. Ouattara travaille pour la France – ; parce que la vie et la mort des Ivoiriens n'ont jamais été une préoccupation pour l'ami de Sarkozy. Ce qui a toujours préoccupé ce dernier, c'est le fauteuil présidentiel. Il voulait diriger notre pays par tous les moyens – y compris, en recourant au faux et au mensonge, en faisant couler le sang des Ivoiriens – pour enrichir sa famille, son clan et ses amis de France et de la CÉDÉAO. La vie des Ivoiriens est le dernier de ses soucis. Sinon, d'où vient que gendarmes et policiers aient été désarmés par lui sitôt après son installation à la tête de notre pays par le gouvernement français et que notre sécurité soit assurée par des dozos et miliciens incultes et inexpérimentés ? Et pourtant, des gens comme Michel Camdessus ont vanté les « compétences » et « qualités » de cet homme. Et il se trouve encore en Côte d'Ivoire et en Afrique des naïfs et des inconscients qui le prennent pour un messie.

Mais, comme rien n'est gratuit dans ce monde, on peut penser que, si certaines personnes adulent Ouattara et font son éloge, c'est parce qu'elles croient avec le fabuliste Jean de la Fontaine que « *tout flatteur vit aux dépens de celui qui l'écoute* ».

Chapitre 28
Défait militairement et non moralement

En janvier-février-mars-avril 2011, lorsque notre pays était dans l'impasse et qu'il s'acheminait lentement mais inexorablement vers l'affrontement, je faisais partie de ceux qui souhaitaient que le président Laurent Gbagbo s'adresse au peuple ivoirien, puis se retire momentanément du pouvoir. Non parce qu'il avait occupé trop longtemps la fonction présidentielle comme les Houphouët, Mobutu, Bongo, Eyadéma, Biya et autres Sassou Nguesso, ni parce qu'il avait perdu le second tour de la présidentielle de novembre 2010 – le perdant, c'était plutôt celui qui préféra l'usage de la force meurtrière au pacifique recomptage des voix par une commission internationale – ni parce que la majorité des Ivoiriens ne lui faisait plus confiance, mais parce que je croyais qu'un tel retrait aurait permis que lui, sa famille, certains de ses collaborateurs et plusieurs jeunes venus le soutenir ne soient pas massacrés par les forces franco-onusiennes.

Je croyais aussi que son adversaire, une fois installé au pouvoir, ne tarderait pas à étaler son incompétence et son incurie, qu'il ne serait pas en mesure d'honorer ses nombreuses fausses promesses, ce qui conduirait inéluctablement le peuple ivoirien à se tourner une fois de plus vers le fondateur du FPI comme le peuple béninois ramena en 1996 Mathieu Kérékou au pouvoir pour deux mandats successifs. J'étais persuadé que partir était la meilleure chose que le grand-frère Laurent pût faire, à ce moment-là, pour son pays. Un pays qu'il aurait probablement gouverné autrement si la France et ses marionnettes du RHDP ne l'avaient pas empêché de travailler en fomentant putschs et rébellions.

Mais Laurent Gbagbo voyait les choses différemment. Il faisait une autre lecture des événements. Pour lui, il n'était pas question de bouger. Alors, il resta avec un certain nombre de personnes dans la résidence construite par Houphouët. Était-il suicidaire ? Non car, de son propre aveu, il aime et respecte la vie : non seulement la sienne, mais aussi celle des autres. Ceux qui l'ont fréquenté peuvent témoigner que c'est un bon vivant, qu'il est certes intransigeant sur les principes et valeurs mais qu'il n'est pas homme à pouvoir se tirer une balle dans la tête comme le socialiste chilien Salvador Allende qui se donna la mort à 65 ans dans le palais présidentiel de la Moneda, le 11 septembre 1973 après avoir demandé à ses partisans de quitter les lieux.

Pourquoi Gbagbo se refusa-t-il à quitter la résidence présidentielle de Cocody ? Premièrement, parce qu'il avait compris, comme Allende, qu'il est « *vil, contraire à la nature et déshonorant de laisser son bien, son honneur et sa religion à la merci des malfaiteurs* » (Gandhi).

La seconde raison est qu'il voyait plus loin que nous autres qui n'avions qu'un souci : ne pas le voir périr avec les personnes autour de lui dans le bombardement de la résidence par l'armée française qui, à notre avis, ne s'est jamais autant déshonorée qu'en Côte d'Ivoire. En effet, c'est le refus de Gbagbo d'abdiquer face à l'imposture et à l'injustice qui obligea la France à jeter enfin le masque, permettant ainsi au monde entier de découvrir que c'est la « patrie des droits de l'homme » qui était derrière la rébellion, que c'est elle qui, depuis 2001, combattait sournoisement un individu à qui il était reproché de ne pas avoir le charisme d'obéir au doigt et à l'œil à l'ex-puissance coloniale et que ce n'était pas un hasard si les pourparlers inter-ivoiriens furent transférés de Lomé (Togo) à Linas-Marcoussis (France).

Que la France se soit vanté après coup d'avoir dégagé un Laurent Gbagbo qui ne souhaitait qu'une solution pacifique au conflit est vraiment ridicule et lamentable car, si les Français étaient aussi puissants qu'ils veulent nous le faire croire, pourquoi se laissèrent-ils piétiner et humilier par les Allemands durant la Seconde Guerre mondiale ? Pourquoi furent-ils battus à Diên Biên Phu (Vietnam) avant d'en être chassés en 1954 ? Oseraient-ils bomber le torse devant Cuba, la Corée du Nord ou l'Inde ? Leur pays est-il à même de donner le coup de Jarnac à Poutine comme il le donna à Gbagbo qui ne lui déclara jamais la guerre ?

Aujourd'hui, tout le monde se rend bien compte que l'élection de 2010 n'était qu'un prétexte tout comme le bombardement du camp militaire français de Bouaké fut utilisé par les autorités françaises pour se débarrasser de Laurent Gbagbo, que Ouattara n'a pas gagné le scrutin (le rapport de la Commission-Dialogue-Vérité-Réconciliation le confirme) et que la France voulait coûte que coûte remplacer en 2010 Laurent Gbagbo par Ouattara.

Mais, pour que tous ces coups tordus et plans diaboliques sortent de l'ombre, pour que soit dévoilé le vrai visage de la France, il fallait qu'un homme accepte de se sacrifier et choisisse de faire face au lieu de fuir.

« Pour acquérir le bien qu'il souhaite, l'homme entreprenant ne redoute aucun danger, le travailleur n'est rebuté par aucune peine. Les lâches seuls, et les engourdis, ne savent ni endurer le mal, ni recouvrer le bien qu'ils se bornent à convoiter. L'énergie d'y prétendre leur est ravie par leur propre lâcheté ; il ne leur reste que le désir naturel de le posséder », faisait remarquer Étienne de La Boétie dans son *Discours de la servitude volontaire*.

L. Gbagbo ne s'est pas contenté de désirer que la Côte d'Ivoire retrouve sa souveraineté. Il a montré qu'il était prêt pour cela à souffrir, à affronter le danger, voire à perdre sa vie.

Évidemment, tout le monde ne peut et n'est pas obligé de faire ce que l'ancien président et d'autres souverainistes firent début avril 2011 car le martyre est une grâce que Dieu accorde à certaines personnes et Dieu donne toujours à ces personnes la force et le courage de rendre ce témoignage suprême. Il n'en reste pas moins vrai que chacun de nous a quelque chose à faire ou à sacrifier, un rôle à jouer, des coups à prendre et des avantages à perdre « *si nous voulons extirper le colonialisme de notre continent* »[93]. Autrement dit, la libération de l'Afrique francophone de la domination et de l'exploitation françaises n'est pas l'affaire d'un seul individu ou d'un seul pays. C'est ensemble, chacun dans son domaine et avec les moyens dont il dispose, que nous devons engager le combat. Par « combat », j'entends ici une lutte à mort car jamais la France n'acceptera que ses ex-colonies possèdent les mêmes choses qu'elle : assurance maladie, routes bitumées, autoroutes, écoles, universités et hôpitaux bien équipés. Jamais elle ne fermera de son propre chef les bases militaires qu'elle a installées dans certains pays africains ; jamais elle n'admettra que le franc CFA est une monnaie asservissante et appauvrissante. Au contraire, elle n'hésitera pas à renverser ou à assassiner tout dirigeant qui voudra améliorer un tant soit peu les conditions de vie et de travail de son peuple.

Au moment où nous nous souvenons de la énième barbarie de la France en Afrique francophone, je voudrais inviter tous les Africains francophones au courage qui « *n'est pas l'absence de peur, mais le fait de triompher d'elle* »[94].

---

[93] Kwame Nkrumah, *L'Afrique doit s'unir*, tr. fr. L. Jospin, Paris, Payot, 1964.
[94] Nelson Mandela, *Un long chemin vers la liberté*, Paris, Livre de Poche, 1996.

Je voudrais aussi leur rappeler qu'il y a des « *défaites qui réveillent* »[95]. Laurent Gbagbo fut défait militairement et non moralement par la France. Cette défaite militaire a réveillé et continuera de réveiller bien des gens qui croyaient à tort que la France était un pays civilisé et démocratique. Ce réveil est déjà une victoire mais il s'agit d'une victoire partielle. Il revient à chacun de s'engager, avec courage et détermination, pour que cette victoire soit totale.

[95] Antoine de Saint-Exupéry, *Pilote de guerre*, Paris, Gallimard, 1972.

Chapitre 29
La Côte d'Ivoire est gouvernée par des monstres

« *Celui qui doit combattre des monstres doit prendre garde de ne pas devenir monstre lui-même* », disait Nietzsche[96].

Et, pour le philosophe allemand, le monstre est celui qui finit par faire lui-même ce qu'il reproche aux autres[97]. Ainsi en est-il des femmes de *La Colonie* qui, à la fin, reproduisent les comportements qu'elles condamnaient chez les hommes. Pourtant, au départ, ces femmes exilées avec des hommes sur une île portaient un beau et noble projet : créer une communauté débarrassée de l'injustice et de l'oppression. Malheureusement, ce projet ne verra pas le jour car les femmes, en voulant s'émanciper de la domination des hommes, vont confisquer peu à peu tous les pouvoirs et mettre en place un système de pouvoir oppressif semblable à celui qui les fit souffrir, des années durant[98].

Pierre de Marivaux aussi bien que Nietzsche veulent attirer notre attention sur le fait que le démon n'est pas uniquement hors de nous et que celui qui combat les monstres court le risque d'en devenir un lui-même.

Dramane Ouattara et ses suiveurs ont dénoncé l'ivoirité ; ils ont fait croire que les Nordistes étaient traités comme des Ivoiriens de seconde zone et exclus des responsabilités et fonctions de l'État mais, depuis avril 2011, qui dirige l'ENA, l'ENS, les Ports d'Abidjan et de San-Pedro, la Poste, la Douane, les Impôts, l'Université de Cocody, la RTI, l'État-major des armées, la SICOGI, la SOTRA, etc. ?

Ils ont poussé des cris d'orfraie quand Bédié emprisonna la direction du RDR ; ils ont crié à la persécution mais qui garde, depuis cinq ans, des centaines d'Ivoiriens à la Maca, dans les prisons infectes de Bouaké, de Dabou, de Dimbokro, de Bouna, etc. ? Qui a poussé des milliers d'Ivoiriens à s'exiler ici ou là ?

Ils ont dit que la place des enfants n'était pas dans les plantations de café et de cacao mais les enfants, dont certains arriveraient

---

[96] *Par delà le bien et le mal*, Aphorisme, No. 146.

[97] F. Nietzsche, *Ainsi parlait Zarathoustra.*

[98] Pierre de Marivaux, *La Colonie,* 1750.

régulièrement du Burkina Faso, ont-ils arrêté de travailler dans ces plantations ? Quelles mesures sont prises à l'encontre de ceux qui enlèvent et tuent froidement les enfants avant d'emporter leurs organes ?

Ils ont parlé d'escadrons de la mort quand furent assassinés Camara Yêrêfê dit « H », Émile Téhé et Benoît Dacoury ; ils ont fustigé les enquêtes sur les assassinats qui, d'après eux, n'aboutissent pas. Maintenant qu'ils sont aux affaires, leurs compétents enquêteurs ont-ils déjà retrouvé les tueurs de Guy-André Kieffer, Philippe Rémond, Yves Lambelin, Stéphane Frantz Di Rippel ?

Ils ont attribué à Laurent Gbagbo le charnier de Yopougon mais qui sont les auteurs des massacres de Nahibly, de petit Duékoué, Guitrozon, Carrefour Duékoué, Adébem ? Lesdits auteurs ont-ils été arrêtés et sanctionnés ?

Ils aimaient ironiser sur les Refondateurs qui s'en mettaient plein les poches, faisaient la bamboula et cadeautaient leurs copines. Mais, sous leur règne, la Côte d'Ivoire en a-t-elle fini avec le détournement et le gaspillage des deniers publics, l'entretien des maîtresses et l'ouverture de comptes bancaires à l'étranger ?

Opposants, ils estimaient que personne ne songerait à aller se soigner à l'étranger si les hôpitaux et dispensaires du pays étaient mieux équipés et les médecins bien payés mais où vont-ils quand eux et leurs proches sont malades ?

Quiconque ne se distingue pas de ceux qu'il critiquait hier est un monstre. Comment les monstres sont-ils perçus ? Voici la réponse de Thabo Mbeki :

« *Alassane Ouattara est un homme qui n'a ni foi en l'honneur ni parole d'honneur. Je serai toujours surpris de la distance qu'il est prêt à parcourir dans le seul but de contenter ceux qui, il y a seulement 50 ans, mettaient son peuple dans les chaînes de l'oppression. Je me sens un peu responsable de la situation ivoirienne dans la mesure où c'est moi qui ai persuadé le Président Gbagbo de permettre à Ouattara d'être candidat. Je n'ai pas assez de mots pour vous dire le dégoût que m'inspire cet homme* ».

En 1957, l'Américain Léon Festinger (1919-1989), professeur en psychologie sociale à l'Université Stanford, élaborait la théorie de la « dissonance cognitive ». Selon cette théorie, lorsque les circonstances amènent une personne à agir en désaccord avec ses croyances ou convictions, cette personne éprouvera un état de tension inconfortable appelé dissonance.

Ouattara, qui n'a pu réaliser aucune des promesses faites en 2010 – faire tomber une pluie de milliards sur les villes où il était en campagne, ne passer que cinq ans à la tête de notre pays et le remettre debout pendant ces cinq années, construire cinq universités en cinq ans –, est indiscutablement atteint de cette dissonance cognitive. Comment essaie-t-il de la surmonter ? En menaçant de prison ou de mort tout Ivoirien qui tente de lui faire prendre conscience de son incohérence et de son imposture, en multipliant les voyages hors du pays, en voulant distraire et endormir le peuple avec les jeux et la danse. Mais pendant combien de temps règnera-t-il par la terreur et les menaces ? Est-il certain que sa fuite en avant durera éternellement si les Ivoiriens prennent conscience que « *finalement mieux vaut se battre qu'avoir peur* » (Gandhi) ? Quand un peuple est progressivement dépouillé et piétiné, quand il court le risque de devenir étranger sur ses propres terres, il n'a plus d'autre choix que de livrer bataille. Si nous refusons cette bataille, alors nous donnerons raison à Étienne de la Boétie quand il déclare :

« *Ce sont les peuples qui se laissent, ou plutôt se font garrotter, puisqu'en refusant seulement de servir, ils briseraient leurs liens. C'est le peuple qui s'assujettit et se coupe la gorge : qui, pouvant choisir d'être sujet ou d'être libre, repousse la liberté et prend le joug, qui consent, qui consent à son mal ou plutôt le pourchasse* »[99].

On n'en est pas encore là et les Ivoiriens peuvent à tout moment montrer de quoi ils sont capables quand ils sont mécontents. Si on se réfère, par exemple, aux événements d'octobre 1958 (expulsion des Dahoméens accusés de recruter dans l'administration ivoirienne leurs compatriotes au détriment des Ivoiriens) et de novembre 1993 (riposte à la bastonnade des supporteurs de l'ASEC Mimosas d'Abidjan par ceux de l'Ashante Kotoko de Kumasi), on s'aperçoit que, poussés à bout, les Ivoiriens sont capables de se faire entendre et se faire respecter.

Cela fait cinq ans que Ouattara est en train de se venger des Ivoiriens en les terrorisant, en les divisant et en pillant leurs biens, alors qu'il avait laissé entendre qu'il travaillerait pour tous et que la réconciliation se ferait comme en Afrique du Sud après le démantèlement de l'Apartheid.

---

[99] *Cf. Discours de la servitude volontaire.*

Pire encore, il travaillerait pour qu'une nouvelle Constitution remplace celle d'août 2000 alors que même les immoraux accords de Marcoussis (janvier 2003) ne prévoient pas une chose pareille.

Cinq ans, ce n'est certainement pas rien mais un peuple debout et déterminé a besoin de quelques jours pour tourner la page de plusieurs années de souffrances et d'humiliations.

Chapitre 30
La lutte pour la vérité, la liberté et la justice n'est jamais vaine

On dit qu'il est un des meilleurs constitutionnalistes du pays, que ses cours étaient fort appréciés, que certains de ses disciples étaient tellement sous son charme qu'ils avaient une seule obsession : parler comme lui, y compris en alignant des synonymes dans une même phrase, ce qui tient plus du pédantisme et de la mystification que du « *parler pour dire quelque chose de sensé* ». Bref, l'érudition et le talent oratoire de l'homme sont incontestables ; ils sont aussi incontestables que son piètre score à l'élection présidentielle en 1995 (3, 56% des voix), en 2000 (5, 70%) et en 2010 (0, 29%). Mais un pays n'a pas besoin uniquement d'érudits, de gens qui parlent ou écrivent bien. Il lui faut plus que cela dans des moments difficiles comme ceux que nous traversons depuis le 11 avril 2011. Il lui faut des hommes et des femmes qui se battent et qui se battent d'abord par le verbe pour éclairer, éveiller ou mettre en garde contre les politiciens véreux, les vendeurs de rêves – émergence de la Côte d'Ivoire en 2020 alors que les hôpitaux et dispensaires sont devenus des mouroirs, les routes impraticables, les produits de première nécessité introuvables à cause de la cherté de la vie – car au commencement, dit saint Jean, était le verbe. Le poète martiniquais, l'immense et immortel Aimé Césaire, l'avait si bien compris qu'il proclamera que « [s]*a bouche sera la bouche des malheurs qui n'ont point de bouche et sa voix, la liberté de celles qui s'affaissent au cachot du désespoir* »[100].

Or, le 2 juin 2016, notre agrégé de droit a fait le vœu de ne plus parler. Pourquoi ? Il ne donne aucune explication. On est alors réduit à faire des suppositions : soit l'ancien patron du Parti ivoirien des travailleurs aurait reçu des menaces de mort après avoir émis de légitimes réserves sur la dernière lubie du prince : donner une nouvelle Constitution au pays qui, lui, a d'autres préoccupations ; soit le régime aurait mis de l'argent sur son compte bancaire et lui, en contrepartie, aurait décidé de ne plus « mettre sa bouche » dans les affaires des Ivoiriens. Beaucoup penchent en faveur de la seconde

[100] *Cf. Cahier d'un retour au pays natal.*

hypothèse car, soutiennent-ils, l'homme a un faible pour les espèces sonnantes et trébuchantes. Ils ajoutent que c'est cet amour de l'argent qui l'a conduit, quoique homme de gauche, à travailler avec des régimes de droite (Bédié en 1995 et Ouattara en 2011). Ils déplorent que l'homme, qui milita entre 1960 et 1990 dans la FEANF, la LIDHO, la section ivoirienne d'Amnesty international, le SYNARES et la Gauche démocratique et lutta âprement pour la liberté et la justice, se soit acoquiné, au soir de sa vie, avec des tueurs et des imposteurs, qu'il se soit déculotté en janvier 2003 devant Pierre Mazeaud à Marcoussis, qu'il ait accepté de remplacer Paul Yao Ndré dont le mandat n'avait pas encore pris fin. Ils font valoir que Wodié fait simplement partie de « *cette génération de diplômés africains ayant choisi de trahir leur continent pour mener une médiocre carrière personnelle* »[101], qu'il a raté tous les grands rendez-vous de notre pays avec l'Histoire et qu'au fond il n'a peut-être jamais eu de convictions.

Car comment peut-il abandonner les Ivoiriens à leur triste sort ? Comment peut-il quitter le navire alors que celui-ci vogue dangereusement sur des eaux déchaînées ? Comment peut-il décréter qu'il ne dira plus rien au moment où le pouvoir installé dans le sang par la France ne se gêne point pour exterminer et exproprier les Ivoiriens ? À l'heure où le peuple a du mal à se soigner et à se nourrir, au moment où le prince et ses thuriféraires se préparent à lui imposer une nouvelle Loi fondamentale, comment lui, Wodié, peut-il jeter l'éponge ? Le capitaine Alfred Dreyfus aurait-il été innocenté et réhabilité en 1906 en France si Émile Zola avait eu peur et abandonné la partie ?

Il est possible que l'ancien président du Conseil constitutionnel ait choisi d'être réaliste comme Max Weber qui préférait l'éthique de responsabilité à l'éthique de conviction chère à Emmanuel Kant mais, pour Weber, seules des fins bonnes peuvent amener une personne à compter avec des moyens moralement malhonnêtes (par exemple, mentir à un criminel pour sauver un innocent ou voler du pain pour nourrir sa progéniture)[102]. Quelle (s) fin (s) bonne (s) Wodié poursuivait-il pour la Côte d'Ivoire en se mettant au service de Ouattara ? La collaboration des deux hommes a-t-elle renforcé notre démocratie (indépendance de la justice, contrôle de l'action

[101] *Cf.* Blaise Pascal Talla dans *Journal de l'Afrique en Expansion*, mars 2006.
[102] *Cf.* M. Weber, *Le savant et le politique*, Paris, 10/18, 1995.

gouvernementale par le Parlement, ouverture des médias publics à toutes les formations politiques, etc.) ? A-t-elle mis fin au rattrapage ethnique et à l'emprisonnement des Ivoiriens qui pensent différemment du pouvoir ? A-t-elle rendu le pays plus prospère qu'avant ? En d'autres termes, qu'est ce que le soutien de Wodié à Ouattara en 2011 a fait gagner à notre pays ? En quoi l'a-t-il fait avancer ? J'ai beau chercher, je ne vois rien. Seul Wodié a tiré profit de sa collaboration avec ce régime sanguinaire et totalitaire. La Côte d'Ivoire, elle, n'a rien eu. Or nous avions toujours pensé que l'homme ne luttait pas uniquement pour sa panse, qu'il avait embrassé la politique pour apporter un peu de bonheur à ses compatriotes, qu'il voulait démontrer que faire de la politique, ce n'est pas se servir mais servir la collectivité.

Nous autres qui estimons qu'un homme digne de ce nom doit avoir des convictions et être capable de souffrir, voire de mourir, pour ces convictions-là ; nous qui croyons avec Kant que dire la vérité est le devoir de tout être rationnel, d'aucuns ne manqueront pas de nous traiter d'idéalistes et d'irresponsables mais il est facile de leur répondre par la question suivante : celui qui agit par conviction est-il nécessairement irresponsable ? Autrement dit, doit-on s'asseoir sur ses convictions pour agir de façon responsable ? Et puis, tous ceux qui ont eu à diriger, ici ou là, l'ont-ils fait en mettant en poche les valeurs et principes auxquels ils croyaient dur comme fer ?

Il est vrai que les temps sont durs et que nous avons besoin de pain pour vivre mais la quête du pain autorise-t-elle que l'on emprunte tous les moyens ou chemins ? Le fait de vivre ou de survivre doit-il nous amener à des compromissions qui, en définitive, porteraient atteinte à la fois à notre honneur et à notre dignité ? Au total, si nous sommes prêts à renier aussi facilement nos valeurs et principes ; si, sans remords ni honte, nous pouvons revenir sur nos convictions, juste pour occuper tel ou tel strapontin, qui voudra s'inspirer de notre conduite après que nous aurons tiré notre révérence ? Le pays se souviendra-t-il même de nous ? En France et ailleurs, on se souvient encore, longtemps après sa disparition, non pas de combien de maisons, de voitures, de diplômes, d'enfants et de comptes bancaires Zola possédait, mais de ce qu'il fit pour Dreyfus, des risques qu'il prit pour que le capitaine injustement condamné retrouve la liberté. Car réussir sa vie, ce n'est pas d'abord amasser ou accumuler des biens matériels qui, par expérience, sont éphémères et que personne n'emporte dans la tombe. C'est autre chose. Quiconque se bat pour le triomphe de la vérité, de la liberté et de la justice ne se bat pas en vain. Le peuple le récompense toujours d'un bien qui ne meurt jamais.

Chapitre 31
Sidiki Bakaba

Convoqué par la justice française, il n'a pas quitté Paris *en catimini* mais s'est présenté devant le juge. Pourquoi n'a-t-il pas pris nuitamment les jambes à son cou comme l'autre qui adore faire le matamore ? Parce que c'est un garçon et non un lâche, parce qu'il est convaincu de n'avoir rien fait de répréhensible, parce qu'il a la conscience tranquille, parce que ses mains et sa bouche ne sont pas dégoulinantes du sang des Ivoiriens, parce qu'il ne se reconnaît pas dans les accusations farfelues portées contre lui (« meurtre, menaces de mort, complicité de violences, atteinte à la liberté individuelle »), parce qu'il n'a jamais cassé de banques à Bouaké, à Korhogo ou à Man, parce qu'il ne fait pas partie du club des égorgeurs, éventreurs et buveurs de sang, parce qu'il n'a jeté personne dans un puits, parce qu'il n'était ni commanditaire ni auteur des massacres de Nahibly, de Guitrozon, de Petit Duékoué, d'Anonkoua Kouté ou d'Adébem, parce que la caméra est la seule arme qu'il ait toujours utilisée, pour combattre l'injustice, la discrimination et l'oppression.

Bakaba est effectivement acteur de cinéma et cinéaste. En tant que cinéaste, il a réalisé des films de fiction et des documentaires tels que *Les Guérisseurs* (1988), prix de la meilleure musique au Festival du Cinéma Francophone, *La Voix de l'espoir* au Fespaco de Ouagadougou en 1989, *Le Nord est tombé sur la tête* (1985-1998) pour la chaîne TV5, *La Parole* (1992), *L'Anniversaire de Daymios* (1992), *Cinq siècles de solitude*, *La victoire aux mains nues* (2002), *Roues libres* qui remporta le prix du meilleur scénario en 1998 au festival d'Amiens. Comme acteur, il joua dans *Pétanqui*, *Le médecin de Gafiré*, *Mami Watta*, *Bako ou l'autre rive*, etc.

On le voit bien : Bakaba a appris à faire quelque chose avec sa tête et ses mains ; il n'a pas cherché à brûler les étapes comme certains Ivoiriens superficiels et cupides. Devenir riche et célèbre, vite et en usant de moyens peu recommandables, ne fut jamais sa préoccupation. Il s'est plutôt attelé à gagner son pain à la sueur de son front. S'il a dirigé le palais de la Culture de 2001 à 2010, il le doit uniquement à ses compétences, à la différence de certains qui ne seraient rien dans notre pays sans les armes. Bref, Bakaba n'est ni tueur ni voleur ni violeur ni dictateur. Les vrais tueurs, violeurs et voleurs sont à Abidjan.

Alors, pourquoi le régime sanguinaire et totalitaire d'Abidjan soutenu par la France a-t-il porté plainte contre lui ? Pourquoi s'acharne-t-on sur lui ? Parce qu'il est resté fidèle à Laurent Gbagbo qui n'a jamais voulu être un sous-préfet de la France, parce qu'il n'a pas répété, avec la meute de crétins et de pantins, que Gbagbo voulait exterminer les musulmans et les Nordistes. Mais on lui en veut surtout parce qu'il a filmé et conservé tout ce qui s'est passé à la résidence du chef de l'État entre le 8 et le 11 avril 2011, parce qu'il a été témoin oculaire des crimes de la France contre un pays qui avait la capacité de régler tout seul ses problèmes. On lui reproche d'avoir vu des choses qu'un pays soi-disant attaché aux droits de l'homme et à la démocratie n'aurait jamais dû faire. On craint que son film sur le bombardement de la résidence présidentielle par l'armée française, s'il est projeté, ne ternisse un peu plus l'image de la France. Mais cette crainte n'est pas moins stupide que le fait d'accuser Bakaba de complicité de violence, surtout quand les accusateurs sont ceux-là même qui ont introduit la violence dans notre pays en 1999. L'ancien directeur du palais de la culture révèle, en effet, qu'il n'est *« pas allé sur le front avec l'intention de se battre, arme au poing" mais que "c'est le front qui est venu vers lui ».*

Il ajoute *:*

« Ma maison se trouve dans le pourtour présidentiel, à quelques minutes à pied de la Résidence présidentielle. Progressivement, les bruits de guerre se sont rapprochés. Un jour, je me réveille, et je vois devant mon domicile quelques centaines de jeunes combattants loyalistes. Ils m'expliquent qu'Abidjan est divisée, et que seuls les combattants sont dans la rue... Bref, ils m'expliquent que je ne peux pas sortir seul, même pour acheter du pain ».

Le cinéaste poursuit *:*

« Et ils me proposent de m'escorter, de me protéger d'une certaine manière. J'écoute ces jeunes soldats, qui sont mes compagnons par la force des choses. Et il me semble que je retrouve dans leur bouche les mêmes mots que ceux des jeunes qui, les mains nues, ont affronté les chars français en novembre 2004. Sauf que là, ils sont armés. Ils disent qu'ils sont prêts à mourir... Ils répètent : 'Nous voulons libérer la Côte d'Ivoire, nous voulons libérer l'Afrique... *La phrase :* 'il faut libérer l'Afrique' *crée une résonance en moi. Nous l'avions prononcée il y a longtemps, quand j'étais jeune, quand nous commencions à*

remettre en cause les indépendances dans nos pays. Je suis donc allé voir, sentir, et pourquoi pas témoigner de ce qui apparaissait déjà comme un remake de novembre 2004 ».

Ce que la France et Ouattara ne pardonnent pas à Sidiki Bakaba, c'est de vouloir la liberté pour son pays et son continent, de faire partie des Africains opposés à cette indépendance factice que nous avons obtenue en 1960, d'être de ceux qui veulent libérer enfin l'Afrique francophone, c'est-à-dire la débarrasser du franc CFA, des bases militaires françaises, des accords de coopération qui jusqu'ici n'ont profité qu'à la France. Parce que sa cause est noble, parce que son combat est juste, parce qu'il nous rappelle Modibo Keïta, Kwame Nkrumah, Patrice Lumumba, Sylvanus Olympio, Sékou Touré, Thomas Sankara, Ruben Um Nyobè, Félix Moumié, Samora Machel, Amilcal Cabral, Mongo Beti, Frantz Fanon, Ahmed Ben Bella, parce qu'il n'a rien à voir avec les prétendus agrégés et professeurs africains qui constamment disent et se dédisent ou arrêtent de parler pour le peuple dès qu'ils ont eu gain de cause (villas, voitures et argent), cet homme mérite le respect et le soutien des souverainistes africains.

Chapitre 32
Le peuple ivoirien s'est-il réveillé ?

La Constitution lui interdit-elle en 1995 de briguer la magistrature suprême parce qu'il s'est prévalu d'une autre nationalité (la nationalité burkinabè) et parce qu'il n'est pas né de père et de mère eux-mêmes ivoiriens ? Il n'est pas au courant.

Le 19 septembre 2002, le pays, qu'il avait auparavant promis de rendre ingouvernable, est-il attaqué par une horde de voyous et d'illettrés ? Il n'est pas au courant. L'attaque fait-elle 300 morts et des milliers de blessés, ce jour-là ? Non seulement il n'est pas au courant mais il dit ne rien à voir avec cette tentative de coup d'État car il considère qu'il est pour la conquête du pouvoir par les urnes. Or, au moment où le candidat démocratiquement élu en octobre 2000 prêtait serment, son parti avait fait savoir à ses militants que le pouvoir était dans la rue et qu'ils devaient y aller pour le ramasser. Or, au cours d'un *meeting* tenu en 2003 à Korhogo, Koné Zakaria avouait :

« *Quand on se préparait au Burkina, c'est Alassane Ouattara qui envoyait 25 millions de [F CFA] par mois* ».

Chérif Ousmane lui emboîtera le pas en révélant à Mankono que « *c'est à cause de Alassane Ouattara qu'ils ont pris les armes et qu'ils ont pris les armes pour qu'il soit candidat* ». Or, lors d'une visite à Bouaké en juin 2009, lui-même félicitera les rebelles pour « la justesse de leur combat et pour les sacrifices consentis », puis fera remarquer que c'était « *un combat indispensable* ».

La France, « patrie des droits de l'homme », décrète-t-elle un embargo sur les médicaments ainsi que la fermeture des banques, deux crimes contre l'humanité qui provoqueront la mort de milliers d'Ivoiriens ? Il n'est pas au courant.

Le 29 mars 2011, plus de 800 personnes sont-elles exterminées à Duékoué par les FRCI, selon le Comité international de la Croix-Rouge (CICR) ? Il n'est pas au courant.

Un camp de réfugiés est-il attaqué le 20 juillet 2012 à Nahibly ? Il n'est pas au courant.

L'ancien ministre Assoa Adou est-il emprisonné pour avoir critiqué le régime ? Il n'est pas au courant.

Les microbes, adolescents délinquants et drogués, tuent-ils les gens à Adjamé, à Yopougon et à Koumassi avant de s'emparer de leurs biens ? Il n'est pas au courant.

Des routes sont-elles devenues impraticables aussitôt après avoir été bitumées ? Il n'est pas au courant.

Ses proches détournent-ils les deniers publics ? Mènent-ils un grand train de vie alors que de nombreux Ivoiriens tirent le diable par la queue ? Il n'est pas au courant.

Des familles ivoiriennes, dépossédées de leurs terrains comme les Boundy par des étrangers se permettant des choses qu'un Ivoirien n'oserait faire chez eux, sont-elles obligées de dormir à la belle étoile ? Il n'est pas au courant.

Les factures d'électricité sont-elles illégalement gonflées par des agents malhonnêtes ? Il déclarera, le 1er mai 2016, qu'il n'est pas au courant mais qu'il veillera à ce que la hausse soit annulée. Aujourd'hui, les Ivoiriens se rendent compte que rien n'a changé et qu'ils ont été purement et simplement roulés dans la farine. D'où leur colère qui s'exprime par de violentes manifestations cà et là.

Des prisonniers politiques sont-ils torturés à la Maca ? Y décèdent-ils ? Il n'est pas au courant.

Nous avons ainsi affaire à un individu qui n'est jamais au courant de ce qui se passe autour de lui, du mal et des souffrances que lui et ses hommes font subir aux Ivoiriens depuis 1989.

Pourquoi n'est-il jamais au courant ? Parce qu'il n'a jamais voulu assumer, parce qu'il a toujours eu le comportement d'un lâche comme l'autre qui ignorait qu'il y avait un coup d'État contre Thomas Sankara, qui « dormait » quand Jean-Baptiste Boukari Lingani et Henri Zongo étaient froidement exécutés ou qui n'était pas là quand le journaliste d'investigation Norbert Zongo et ses compagnons étaient calcinés dans leur voiture. Pour échapper à la sanction du peuple burkinabè, il est devenu ivoirien mais pour combien de temps ? Car, pour Roch Marc-Christian Kaboré, « *quand on a été pendant 27 ans président d'un pays, il faut assumer ses responsabilités devant son peuple. Compaoré devra répondre de ce qui lui est reproché devant les tribunaux de son pays (...) Je suis certain que tôt ou tard Blaise Compaoré devra rendre des comptes* »[103].

[103] *Cf. Jeune Afrique* du 19 juillet 2016.

Bref, les deux hommes, qui ont toujours rêvé de mettre le grappin sur notre pays, ne savent jamais. Quant à nous, nous savons une chose :

« *On peut tromper une partie du peuple tout le temps et tout le peuple une partie du temps, mais on ne peut pas tromper tout le peuple tout le temps* » (Abraham Lincoln).

Nous savons aussi que « *364 jours pour le voleur, un jour pour le propriétaire* ». Le jour du propriétaire est-il arrivé en Côte d'Ivoire ? Sommes-nous dans ce que les Grecs appelaient jadis le *Kairos*, ce temps favorable et opportun ?

Quand un peuple se tait, il peut donner l'impression qu'il a abdiqué, qu'il a renoncé à se battre, qu'il est complice de ceux qui le font souffrir. Mais il suffit d'une injustice ou d'une pilule amère de trop, pour qu'il sorte de son silence et de son indifférence. Incontrôlable et indomptable, il est alors en mesure de renverser tout ce qui se trouve sur son chemin. Le peuple ivoirien, qui n'a jamais été autant malmené et spolié que sous Ouattara, s'est-il réveillé ? Nous ne le croirons véritablement que si les protestations contre la vie chère et la dictature, qui ont commencé à Yamoussoukro et à Daloa, s'étendent à toutes les villes du pays, si les parents d'élèves bravent la peur pour se joindre aux étudiants dont le seul crime est de revendiquer de meilleures conditions de vie et de travail, si toutes les couches sociales, réalisant que « trop, c'est trop » et que la situation est devenue intenable pour la majorité des Ivoiriens, descendent et restent dans la rue jusqu'au départ d'un régime qui, tout bien pesé, aura fait beaucoup de promesses mais n'aura réalisé que peu de choses pour les Ivoiriens.

Chapitre 33
Faut-il festoyer pour une indépendance fictive ? Lettre à un ami diplomate

Cher ami, dans ta lettre du 2 août 2016, tu écris que, pour le 56e anniversaire de la commémoration de l'indépendance de la Côte d'Ivoire, on mangera, on boira et on dansera à gogo et que tu souhaiterais que je sois de la fête qui aura lieu dans les locaux de notre ambassade.

Juillet et août sont habituellement des mois où certains élèves sont célébrés. Ils font la fête avec leurs parents et amis parce qu'ils sont sortis victorieux de l'épreuve du baccalauréat ou du brevet, parce qu'ils sont passés d'un niveau à un autre, d'une étape à une autre, parce qu'ils sont entrés dans une nouvelle vie, parce qu'ils ont accompli un bond qualificatif.

D'après la Bible, les Juifs célébraient Pâque pour commémorer la sortie d'Égypte du peuple hébreu, la naissance d'Israël en tant que peuple et le passage à sec de la Mer Rouge. En somme, ils fêtaient leur liberté retrouvée, la fin de leur asservissement et oppression. Voilà pourquoi Pâque est une des fêtes les plus importantes de la religion juive. Chaque année, les chrétiens célèbrent Pâques en souvenir de la résurrection de Jésus qui est son passage de la mort à la vie.

Notre pays a-t-il fait un seul bond qualitatif depuis le 7 août 1960 ? Sommes-nous sortis de la pauvreté et de la dépendance ? Les conditions de vie et de travail de notre peuple se sont-elles améliorées ? L'Ivoirien vit-il plus longtemps qu'autrefois ? Hormis « *la carte d'identité nationale et celle du parti unique qui sont les morceaux du pauvre dans le partage et ont la sécheresse et la dureté de la chair du taureau* »[104], l'accession de notre pays à l'indépendance a-t-elle changé fondamentalement notre existence ? Bref, avons-nous gagné plus d'argent et de liberté ? À toutes ces questions, je ne puis répondre que par la négative car, dans nos villages, les paysans utilisent encore

[104] Propos de Fama dans Ahmadou Kourouma, *Les soleils des indépendances,* Paris, Seuil, 1970.

la machette et la daba comme en 1960 alors que l'argent du cacao et du café aurait pu servir à mécaniser l'agriculture. En ville, les riches et leurs familles préfèrent se soigner en Europe parce qu'ils ne font pas confiance à nos hôpitaux et dispensaires qui manquent du strict minimum. Non seulement aucune nouvelle université digne de ce nom n'a été construite après 1960 mais les lycées et collèges qui marchaient bien autrefois se sont considérablement dégradés ; les internats se comptent sur les doigts de la main. Le 43e Bima est toujours présent à Port-Bouët alors que vous ne trouvez aucune base militaire anglaise au Ghana, en Zambie ou au Kenya et que le Portugal ne possède pas de base militaire en Angola ou au Mozambique. Notre monnaie demeure le franc CFA qui n'est ni connu ni reconnu en France, pays auquel il profite d'abord et avant tout, pendant que chaque pays de l'Afrique anglophone dispose de sa propre monnaie et qu'il ne s'en porte pas plus mal. Nous n'avons pas arrêté de n'être que des pourvoyeurs de matières premières dont les prix continuent d'être fixés par l'Occident alors que certains pays asiatiques qui étaient au même niveau que nous en 1960 se sont industrialisés. L'ex-puissance coloniale n'a pas cessé d'intervenir dans nos affaires internes ; elle s'est même permis en 2011 de dire qui a gagné notre présidentielle de 2010 et de bombarder les symboles de notre souveraineté (résidence du chef de l'État, Télévision nationale, camps militaires, etc.) pour placer à la tête de notre pays un président à sa solde (rappelle-toi le « *on a sorti Gbagbo et installé Ouattara, sans aucune polémique* » de Sarkozy[105] et, depuis, c'est le retour en force des coopérants, conseillers et assistants techniques français sur les bords de la lagune Ébrié.

Je pourrais citer d'autres faits mais je me limite à ceux-ci pour montrer que notre indépendance est fictive. Il nous reste à conquérir la vraie indépendance, celle dont s'honore l'Algérie et que les Algériens n'ont pas reçue sur un plateau d'argent mais qu'ils ont arrachée après une lutte âpre et difficile où ils firent preuve de courage, de détermination et de solidarité. La vraie indépendance signifie être maître de son propre destin, elle « *ne consiste pas à avoir un bon maître, mais à n'en point avoir* » (Cicéron). Césaire a dit qu'il croyait

---

[105] *Cf.* Nathalie Schuck et Frédéric Gerschel, *Ça reste entre nous, hein ? Deux ans de confidences de Nicolas Sarkozy,* Paris, Flammarion Document, 2014.

à cette indépendance tout en se demandant si les Martiniquais la voulaient vraiment[106].

Les Ivoiriens désirent-ils vraiment la liberté ? Sont-ils prêts à en payer le prix ? Car la liberté coûte cher. Par exemple, serions-nous capables, si les circonstances devaient nous y contraindre, de ne consommer que l'attiéké[107] et de ne boire que le vin de palme ? Accepterions-nous de nous soigner et de scolariser notre progéniture sur place ?

Une chose est certaine : ce n'est ni en nous amusant à longueur d'année, ni en dansant sans cesse, que nous gagnerons la bataille de la vraie indépendance. Malheureusement, nous sommes bien contents quand une télé caporalisée nous sert la danse *ad nauseam* pour nous abrutir et nous détourner des enjeux de société comme la plèbe réclamait naguère le pain et les jeux (*panem et circenses*) dans la Rome antique. Je ne suis pas contre la danse en tant que telle ; je constate simplement que nous en faisons un peu trop dans ce domaine. Or qu'est-ce qui peut arriver à un peuple qui danse trop ou passe le plus clair de son temps à s'amuser ? Pour l'écrivain congolais Henri Lopes, « *L'Afrique à force de rire et de danser s'était laissée surprendre par les peuples plus austères, elle en avait été déportée et asservie* »[108].

Tu as promis qu'on dansera beaucoup, ce 7 août 2016. Je vous souhaite, à tes invités et à toi-même, de vous livrer à toutes les danses possibles, y compris à celles qu'on qualifie d'endiablées. Quant à moi, je resterai chez moi pour réfléchir à la situation de notre pays. Même des gens ayant soutenu Ouattara reconnaissent que cette situation est devenue catastrophique, que la Côte d'Ivoire va de plus en plus mal, que les prix de l'électricité augmentent mois après mois, ce qui jeta dernièrement plusieurs personnes dans la rue à Bouaké, Yamoussoukro, Tiassalé et Daloa, que l'argent ne circule que parmi les bénéficiaires du rattrapage ethnique, que pas un jour ne passe sans que des Ivoiriens ne perdent la vie sur les routes ; j'aurai une pensée pour toutes ces personnes comme pour les prisonniers et exilés politiques, pour les hommes et femmes tués ou blessés par les « Microbes » et pour les Ivoiriens injustement expropriés ; je relirai

[106] *Cf. Nègre je suis, Nègre je resterai. Entretiens avec Françoise Vergès*, Paris, Albin Michel, 2005, p.43.

[107] Mets ivoirien fait à base du manioc et semblable au couscous algérien ou marocain.

[108] *Cf.* H. Lopes, *Tribaliques*, Yaoundé, CLE-Press pocket, 1983, p. 29.

volontiers Ki-Zerbo, Cheikh Anta Diop, Marcel Amondji ou Fabien Eboussi Boulaga qui « *tient pour une catastrophe sans nom que, pendant deux ou trois générations, tous ceux qui ont fait des études supérieures et secondaires aient été larbinisés, rendus serviles, tenus en laisse au moyen d'un salaire* »[109].

C'est à dessein que le philosophe camerounais évite d'employer le mot « intellectuel ». Pour lui, on ne peut se dire intellectuel et verser facilement dans la lâcheté et la démission lorsque de graves menaces pèsent sur la *Res publica.* Comme Eboussi, Mongo Beti[110] préfère appeler tous ceux qui ont fréquenté le collège, le lycée et l'université de « simples diplômés » et non des intellectuels. Pourquoi ? Parce que, selon lui, être intellectuel, c'est se dresser contre l'injustice, la dictature comme le firent les Français Émile Zola, Voltaire, Jean-Paul Sartre, André Malraux, le Tchèque Vaclav Havel, l'Argentin Adolfo Perez Esquivel, le Polonais Adam Michnik ou l'Américain Noam Chomsky. À leurs risques et périls, en effet, ces personnalités se sont mouillées pour le triomphe de la vérité et de la justice ; plusieurs fois, elles se sont prononcées ouvertement sur ce qui se passait dans leur pays. Jamais, elles n'ont choisi de se réfugier dans le silence pour protéger de périssables avantages matériels ; jamais, elles n'ont fait passer leur petit confort et leur tranquillité avant le salut du pays ; en un mot, elles n'ont jamais accepté de jouer un rôle de spectateurs.

Pourquoi avons-nous, en Afrique, plus de diplômés que d'intellectuels ? Parce que, quoique conscients des problèmes et défis du continent et quoique « *capables de critiquer avec compétence et lucidité les gouvernements africains dans un salon, ils sont incapables de passer à l'action et de s'engager par peur de représailles* ». Or, ajoute Mongo Beti, « *il ne suffit pas de dire j'ai été à l'école normale supérieure. Une élite qui ne peut pas s'engager n'existe pas* »[111].

Le 7 août 2016 ne sera pas un jour de fête pour moi car on ne célèbre que ce qu'on a conquis. Nous n'avons encore rien conquis. Bien au contraire, nous sommes en train de perdre le peu d'acquis arrachés de haute lutte par la gauche ivoirienne en 1990 : liberté d'opinion, liberté d'expression, liberté de réunion, liberté d'association, liberté de mouvement. Ce sera un moment de recueillement et de réflexion, un moment pour relire l'histoire de notre

---

[109] *Cf.* Fabien Eboussi Boulaga, *Lignes de résistance*, Yaoundé, CLE, 1999.

[110] Alexandre Biyidi Awala, de son vrai nom.

[111] *Cf. Mongo Beti parle, testament d'un esprit rebelle. Entretiens avec Ambroise Kom*, éditions Homnisphères, 2006.

pays. Je reste persuadé que l'Afrique ne peut pas s'en sortir si elle se contente de jouer, de rire et de danser. Elle a aussi besoin de lire ; les Africains doivent lire car « *le livre et la lecture peuvent être une école de la vie, faire acquérir au lecteur des expériences et une sagesse qui n'ont pas nécessairement besoin de naître d'une confrontation avec les réalités de l'existence ; ils offrent au lecteur l'occasion d'une précocité intellectuelle* »[112].

En conclusion, je dirais que célébrer l'indépendance de notre pays n'a aucun sens au moment où la terre de nos ancêtres est occupée militairement, économiquement et politiquement par la France, au moment où ceux et celles qui se sont battus pour arracher le multipartisme en 1990 sont exilés ou incarcérés, au moment où les rares banques nationales sont privatisées, au moment où les étudiants (es) sont bastonnés, violés et jetés en prison pour avoir réclamé de meilleures conditions de travail. Sortons d'abord la Côte d'Ivoire de cette situation. Battons-nous pour qu'elle ne nous soit pas complètement arrachée. Cette bataille me semble plus importante et plus urgente que festoyer pour une indépendance de façade.

[112] *Cf.* Koffi Anyinéfa, « Le fait littéraire dans l'œuvre de Henri Lopes: Éléments d'une sociologie de la littérature africaine », *Éthiopiques* (revue trimestrielle de culture négro-africaine), no 52, 1er semestre 1989 - vol. 6, n° 1.

Chapitre 34
Le dernier essai de Glaser

En mars 2016, chez Fayard, est sorti le dernier essai d'Antoine Glaser, un autre prétendu spécialiste de l'Afrique. L'essai a pour titre *Arrogant comme un Français en Afrique*.

La première chose que je voudrais dire, c'est que Glaser n'est pas le premier à stigmatiser l'arrogance de ses compatriotes. Avant lui, Romain Gubert et Emmanuel Saint-Martin avaient consacré au sujet un livre justement intitulé *L'arrogance française*[113].

Si les deux journalistes voient l'arrogance française comme « *une maladie à laquelle les Français sont très attachés : croire que la France se doit d'offrir au monde les Lumières, le Droit, la Liberté. Que leurs dirigeants sont porteurs d'un message forcément universel. Qu'eux-mêmes à l'étranger, ne sont pas de simples voyageurs, mais autant d'ambassadeurs du talent, du goût, du charme français* », ils s'empressent toutefois de faire remarquer que « *nos prêches, nos coups de menton, envolées lyriques et autres péroraisons ont fini par lasser la planète. Pis encore : nous faisons rire. Et la France paie cher cette morgue dominatrice* ».

J'avais aimé lire ce livre non seulement parce qu'il s'en dégage un aveu lucide et objectif mais aussi parce que les auteurs souhaitent ardemment que leur pays cesse de donner des leçons à droite et à gauche alors qu'il n'est pas un parangon de vertu et qu'il est le premier à fouler aux pieds les valeurs auxquelles il prétend être attaché.

Comme Gubert et Saint-Martin, Antoine Glaser critique ces Français méprisants et arrogants ; il est sans pitié pour cette France qui s'est toujours comportée comme si elle n'avait rien à apprendre de l'Afrique alors que, de l'avis de l'historien burkinabè Joseph Ki-Zerbo, « *l'Afrique a apporté, depuis des siècles, beaucoup d'éléments que la civilisation occidentale a captés et intégrés. On les connaît peu, on les méconnaît et on déduit qu'ils n'existent pas* »[114]. Il ajoute que la France gagnerait énormément si ses missionnaires, militaires,

[113] Paris, Éditions Jacob Duvernet, 2003.
[114] *Cf. À quand l'Afrique? Entretiens avec René Holeinstein*, Paris, Éditions de l'Atelier, 2003.

diplomates, politiques, avocats, hommes d'affaires et enseignants consentaient enfin à écouter l'Afrique et à recevoir d'elle.

Tout ceci est fort intéressant et touchant mais pas suffisant, à mon avis, pour enthousiasmer les Africains et les amener à croire à une mort ou à une disparition prochaine de la Françafrique. Il leur sera difficile d'applaudir des deux mains Glaser pour la simple raison que celui-ci se garde bien de se prononcer sur cette nébuleuse qui pendant cinq décennies a vampirisé l'Afrique francophone et enrichi tous les dirigeants français de la Ve République en même temps que certains chefs d'État africains à la solde de Paris. Nulle part, en effet, il ne remet en cause ce système violent et dévastateur à qui certains analystes imputent l'empoisonnement, l'assassinat ou le renversement de plusieurs résistants et nationalistes africains : Roland-Félix Moumié, Um Nyobè, Sylvanus Olympio, Thomas Sankara, Modibo Keïta. Il se contente plutôt de dire, à la suite de Ki-Zerbo, que son pays peut apprendre quelque chose de l'Afrique (p. 184). Mais comment l'Afrique peut-elle enseigner quand on a dit et écrit pendant longtemps qu'elle ne sait rien et que « *l'homme africain n'est pas assez entré dans l'Histoire* » (Sarkozy) ? Comment peut-elle donner quand elle a été dépouillée et qu'elle n'est même pas capable de financer ses propres organisations, quand une partie de son argent est stockée dans les caisses du Trésor français ? Comment peut-elle prendre la parole quand une monnaie de singe lui est imposée, quand elle ne peut choisir librement ses gouvernants ?

Si le livre de Glaser pèche gravement, c'est à ce niveau : lorsqu'il laisse intacte la question de la Francafrique qui a fait trop de mal aux ex-colonies de la France. Tout se passe, dans cet essai, comme si la Françafrique était un sujet tabou, comme si l'ancien patron de *La lettre du continent* voulait dire aux Français :

« *Vous pouvez continuer à piller les richesses des Africains, vous pouvez continuer à leur imposer vos vues pourvu que vous les écoutiez, pourvu que vous ne fassiez plus comme si vous saviez tout, pourvu que vous ne rechigniez plus à leur donner les visas d'entrée en France* ».

Pour moi, le problème qui se pose entre la France et l'Afrique francophone n'est pas juste de forme mais de fond. Je le résumerai de la manière suivante : les Africains sont fatigués de la Françafrique ; ils ne veulent plus ni diktats ni conseils, ni propositions, ni charité de la France (que les Français gardent tout cela pour eux-mêmes !) ; ils ne veulent plus que leurs richesses soient pillées par les multinationales françaises sans aucune contrepartie ; ils ne veulent plus voir les soldats français violer des mineurs et parader dans les rues de leurs villes.

Parce qu'il n'aborde pas ces questions essentielles, le livre de Glaser m'a laissé sur ma faim. Certes, l'auteur s'en prend à la morgue et à la suffisance de ses compatriotes qui n'ont jamais jugé nécessaire de renouveler leur « science africaine ». Certes, il reconnaît que « *transformer Laurent Gbagbo en reine d'Angleterre et confier tous les pouvoirs à un Premier ministre soutenu par l'opposition [fut] une manipulation grossière* » de la part du gouvernement français en janvier 2003 (p. 46). Certes, il ne comprend pas que, en 2000, la France ait été incapable de trouver à l'Ivoirien Tidjane Thiam « *un poste du niveau de ceux occupés par ses anciens camarades de promotion* », après que celui-ci eut étudié à Polytechnique et à l'École des mines (pp. 21-22). N'empêche qu'il ne se montre pas aussi courageux que l'avocat Robert Bourgi qui, début juillet 2016, déclarait à *Vox Africa* :

« *Je ne veux plus de financement politique [des partis politiques français] par les Africains, je ne veux plus que les chefs d'État africains soient choisis par l'ancienne puissance coloniale ; je ne veux plus que les dirigeants africains soient choisis par l'ancienne puissance coloniale ; je ne veux plus que les hauts fonctionnaires viennent ici faire génuflexion devant l'ancienne puissance coloniale. Les Africains aujourd'hui doivent êtrre maîtres de leur destinée ; c'est aux peuples africains de désigner leurs dirigeants et c'est aux peuples africains de les révoquer, de les dégager... Je m'adresse aux Africains et indirectement aux dirigeants français* »[115].

Glaser, lui, s'adresse uniquement aux Français, non pas pour que ces derniers mettent fin à un système aussi criminel qu'anti-démocratique, mais pour que, tout en changeant d'approche (« *comprendre les spécifités et les désirs des Africains* »), ils continuent à avoir une emprise sur la politique et l'économie de l'Afrique francophone. Les souffrances et difficultés des Africains, il n'en a cure. On peut donc affirmer, et c'est par là que je terminerai, qu'Antoine Glaser ne fait pas partie de ceux qui se battent pour la liberté et la souveraineté de l'Afrique. Cet homme a toujours travaillé pour la France. Il continue d'être en mission en Afrique pour son pays. Il n'est pas partisan, comme un Jean-Marie Bockel, de la mort de la

[115] https://www.youtube.com/watch?v=nTrX6XFvt4g

Françafrique. La seule chose qu'il attaque, c'est l'habillage d'une vaste mafia.

Il y a une différence entre accabler un système et militer pour la disparition dudit système. Glaser ne souhaite nullement la disparition de la Françafrique. Il fait juste semblant de ne pas être d'accord avec les bourreaux de l'Afrique et c'est en cela qu'il est dangereux car dénoncer les limites ou manquements de la politique africaine de la France peut bien être une manière de distraire ou d'endormir les Africains estimant que la France n'est plus la bienvenue en Afrique. En d'autres termes, ce qui rend Glaser dangereux, c'est qu'il est en désaccord, non pas avec un système qui a causé trop de dégâts sur le continent africain, mais avec une certaine approche de ceux qui animent la Françafrique et à laquelle il appartient probablement.

Chapitre 35
Le temps de dialoguer avec Ouattara est passé

Les évêques catholiques de Côte d'Ivoire ont fait une déclaration après leur 105e Assemblée plénière tenue à Katiola du 16 au 22 janvier 2017. Qu'ils soient remerciés d'avoir rappelé que « *certains de nos compatriotes [environ 300 pro-Gbagbo] sont encore injustement détenus en prison* » et que, sans l'élargissement de ces prisonniers politiques, la paix et la réconciliation dans notre pays ne seront que comédie et escroquerie morale.

Il convient également de leur dire merci pour avoir souhaité « *une justice équitable et la facilitation du retour des exilés avec des garanties de sécurité pour tous* ». Bien qu'ils soient importants, je n'insisterai pas sur ces deux points.

Le point sur lequel j'aimerais m'appesantir ici est l'invitation au dialogue : les évêques encouragent les Ivoiriens, toutes couches sociales confondues, « *à se retrouver autour d'une table pour débattre de toutes les questions relatives à la sécurité, à la cherté de la vie, au chômage des jeunes, aux conditions de travail, à la situation salariale, etc.* » A priori, appeler des personnes opposées sur telle ou telle question à dialoguer n'est pas une mauvaise chose mais nos prélats auraient dû se montrer moins vagues et plus directs en demandant, par exemple, à Ouattara de discuter avec les fonctionnaires d'une part et avec toute l'opposition, d'autre part car celui qui pose aujourd'hui problème à « *toutes les composantes de la société ivoirienne* » (et pas seulement à ces deux groupes de personnes), c'est bel et bien Dramane Ouattara.

Par ailleurs, le tout n'est pas que X et Y acceptent de se concerter. Encore faut-il que les décisions issues de cette concertation soient respectées par les deux parties. Le gouvernement a déjà discuté avec une partie de l'opposition (L'Alliance des Forces démocratiques, si je ne m'abuse). Ouattara a-t-il honoré les engagements pris par son gouvernement à cette rencontre ? J'en doute fort. Il a ensuite rencontré les responsables de la CDVR qui, en lui remettant leur rapport, lui ont fait part de quelques suggestions pour une sortie de crise. Ce rapport fut rangé dans les tiroirs par Ouattara probablement parce qu'il contenait des vérités trop dérangeantes pour son régime.

Le 22 mai 2016, quand les évêques plaidèrent pour la libération de tous les prisonniers politiques parce que « *personne ne peut se dire innocent* », ils ne reçurent pas d'autre réponse qu'un méprisant « *il n'y a pas de prisonnier politique en Côte d'Ivoire* ».

En 2011, quand les mêmes évêques lui déconseillèrent de déporter Laurent Gbagbo à la Haye, il fit la sourde oreille.

Avec ces exemples, on voit qu'il est inutile de continuer à vouloir dialoguer avec un homme qui n'a aucune considération pour les Ivoiriens. Les seules personnes que Ouattara respecte et écoute sont ses patrons occidentaux et les mutins. Pourquoi ? Parce qu'il doit son pouvoir aux premiers et parce que les seconds ont des armes qu'ils peuvent faire parler à tout moment. Il a fallu en effet que les mutins prennent Bouaké, Korhogo, Daloa et d'autres villes pour que Soro, leur patron, conserve la présidence de l'Assemblée nationale alors que le RDR et le PDCI avaient choisi une autre personne pour ce poste. Je le répète : Ouattara n'éprouve que du mépris pour les Ivoiriens, les évêques y compris. N'attendons donc pas de lui qu'il dialogue avec les fonctionnaires en grève ou qu'il prenne en compte leurs légitimes revendications. La seule chose qu'il désire, c'est qu'on lui obéisse au doigt et à l'œil, que Sangaré Aboudramane et les autres souverainistes ivoiriens fassent acte d'allégeance, c'est-à-dire le reconnaissent comme le vainqueur de la présidentielle de 2010, ce qui risque de ne jamais arriver car, pour le FPI, c'est Laurent Gbagbo qui a gagné en 2010.

Avant la présidentielle d'octobre 2015, Charles Konan Banny avait vu juste en faisant remarquer que Ouattara ne concevait l'amitié qu'en termes de soumission[116]. Il n'en va pas autrement du dialogue. Ouattara ne veut dialoguer qu'avec des gens qui lui sont soumis. Pour s'en convaincre, il suffit de voir avec qui il travaille, discute ou rigole aujourd'hui. Pour lui, dialoguer signifie dicter sa loi, entendre qu'il est le plus fort et le plus intelligent, même si un bon nombre de ses partisans commencent à découvrir qui il est réellement : mythomane et imposteur de la même trempe qu'Arnaud du Tilh qui fit croire pendant 8 ans qu'il était Martin Guerre tenu pour mort[117].

Arnaud du Tilh qui se faisait passer pour ce qu'il n'était pas finit par être démasqué. L'histoire dit qu'il fut condamné, puis pendu et brûlé. On n'en est pas encore là avec Dramane Ouattara mais nos

[116] *Cf. Jeune Afrique* du 15 au 21 juin 2015.

[117] *Cf.* Pierre Lunel, *Les plus grands escrocs de l'Histoire*, Éditions First, 2015.

évêques devraient admettre une fois pour toutes que Ouattara ne comprend que le langage de la force et que le temps du dialogue avec lui est passé.
Après avoir gardé le silence sur des questions aussi capitales que le bombardement de la résidence du chef de l'État par la France, la confiscation de la commission électorale et des médias publics par le RHDP, l'inopportune constitution de Ouattara et ses élections bidon, après avoir abandonné Laurent Gbagbo à son triste sort à Korhogo alors même que le pape Jean-Paul II rendit visite le 23 décembre 1983 à celui qui faillit le tuer, il ne s'agit pas, pour nos prélats, de voler au secours d'un homme cerné de toutes parts, acculé et quasiment perdu après la chute de ses parrains extérieurs (Sarkozy, Hilary Clinton, Barack Obama et Ban Ki Moon) mais de soutenir ouvertement les Ivoiriens qui se battent pour leur liberté et dignité. Cet homme qui a bloqué et détruit notre pays depuis 2000, rien n'autorise à lui venir en aide. Si certains évêques ont été arrosés de billets de banque sous son triste règne, qu'ils sachent que cet argent n'appartient ni à Ouattara ni au Burkina Faso mais à la Côte d'Ivoire. Ils ne sont donc pas tenus d'éteindre le feu qui vient de se déclarer dans sa case. Le seul service que nos prélats puissent rendre à Ouattara est de lui rappeler ce qu'il disait à Laurent Gbagbo pendant la campagne électorale de 2010 :

« *Quand on est incapable de gérer le pays, on quitte le pouvoir. Quand on a échoué dans les grandes démocraties, on quitte le pouvoir. Quand on n'a pas pu amener la paix à son pays, on quitte le pouvoir. On ne s'accroche pas au pouvoir en signant des accords qu'on ne respecte pas* ».

Ils devraient se souvenir de l'avertissement de Mgr Desmond Tutu (« *Si tu es neutre en situation d'injustice, alors tu as choisi d'être du côté de l'oppresseur* ») mais également de la mise en garde du pape François : « *Une Église qui n'a pas la capacité de surprendre est une Église faible, malade, mourante et elle doit être hospitalisée en service de réanimation au plus vite ! L'Église ne doit pas non plus avoir peur de semer la pagaille ou déranger. Certains à Jérusalem auraient préféré que les disciples, bloqués par la peur, restent enfermés chez eux pour ne pas semer le trouble. Aujourd'hui aussi beaucoup veulent cela des chrétiens. L'Église de Pentecôte ne se résoud pas à être inoffensive, trop distillée. Elle ne veut pas être un élément décoratif. C'est une Église qui n'hésite pas à sortir, à la rencontre des gens, pour annoncer le message qui lui a été confié, même si ce message dérange ou perturbe les consciences, même si ce message apporte peut-être des problèmes et même parfois s'il conduit au martyre*[118] ».

Tout le monde sait aujourd'hui qui opprime, affame, vole et tue en Côte d'Ivoire. Les Ivoiriens qui souffrent le martyre depuis que Ouattara est arrivé dans leur pays n'ont pas besoin de gens cherchant à incarner une impossible neutralité ou essayant de ménager la chèvre et le chou. Il est indéniable que, contrairement aux autres guides religieux, la hiérarchie catholique parle de temps à autre mais ce n'est plus le moment de jouer les équilibristes ni de pondre des déclarations lénifiantes, généralisantes et floues. Ceux qui sont progressivement devenus étrangers sur leurs propres terres veulent écouter des hommes et femmes qui prennent fait et cause pour l'opprimé et le spolié ; ils veulent entendre la voix de ceux qui appelent un chat, un chat.

118 *Regina caeli* du 8 juin 2014.

Chapitre 36
La colonisation

Pour François Fillon, candidat de la droite et du centre à l'élection présidentielle de mai 2017 mais soupçonné de trafic d'influence, d'abus de biens sociaux et de détournement de fonds publics, « la France n'est pas coupable d'avoir voulu faire partager sa culture aux peuples d'Afrique, d'Asie et d'Amérique du Nord[119] ». Mais on a envie de lui demander ce qu'il entend par culture française : Est-ce la langue française que l'on nous obligea à parler et qui progressivement « mangea » les langues africaines (la fameuse glottophagie de Louis-Jean Calvet[120]) appelées dédaigneusement dialectes par le colonisateur alors que, de l'avis de François Amon d'Aby, la langue de ce dernier pouvait prospérer chez nous sans tuer les nôtres[121] ? Quel était le vrai but de la France et d'autres pays occidentaux en venant en Afrique ? Les colons français ne voulaient-ils pas « *arracher les pitoyables tribus indigènes à l'atroce esclavage des démons tout en les protégeant contre l'exploitation des maîtres sans conscience* »[122] ?

Difficile de savoir si les missionnaires occidentaux ont vraiment réussi à empêcher les Noirs d'aller en enfer. Ce que je sais, c'est que nos masques et autres objets d'art nous furent arrachés, sous le prétexte qu'ils avaient quelque chose à voir avec le diable, puis se retrouvèrent dans des musées européens qu'on ne visite pas gratuitement.

Il est tout autant indiscutable que l'Occident n'a jamais cessé d'opprimer et d'exploiter les Africains (et cela au nez et à la barbe des missionnaires) et que, bien souvent, ces « maîtres sans conscience » ont été soutenus par ceux qui, au nom du « Messie crucifié », auraient dû se mettre du côté des exploités et des opprimés. Pour ne prendre que deux exemples, quel missionnaire européen ayant travaillé ou travaillant encore en Côte d'Ivoire a protesté contre le massacre des Ivoiriens par l'armée française en 2004 et 2011 ? Quel pape ou quelle

[119] Déclaration faite le dimanche 28 août 2016, à Sablé-sur-Sarthe.
[120] *Linguistique et colonialisme*, Paris, Payot, 1974.
[121] *La couronne aux enchères*.
[122] Benoît XV, *Maximum Illud*, 1919.

conférence épiscopale européenne a une fois dénoncé les crimes de la France en Afrique et son immixtion dans les affaires des Africains ?

N'en déplaise au mari de Penelope, l'objectif de la France n'était point de faire partager sa culture mais de voler et de violer. Autrement dit, la colonisation fut « ni évangélisation, ni entreprise philanthropique, ni volonté de reculer les frontières de l'ignorance, de la maladie, de la tyrannie, ni élargissement de Dieu, ni extension du Droit »[123]. Certains feront remarquer que la France ne fut pas le seul pays à voler et à tuer et je ne peux que leur donner raison car l'Angleterre fut, elle aussi, une puissance colonisatrice mais les Anglais ne se contentèrent pas de prendre ; ils construisirent et laissèrent quelque chose (ponts, routes, bâtiments, usines, etc.) dans leurs anciennes colonies alors que tout ce que la France a fait et continue de faire en Afrique francophone, c'est piller et ramener chez elle tout le fruit de son pillage. Voilà pourquoi Aimé Césaire écrit :

« *Sécurité ? Culture ? Juridisme ? En attendant, je regarde et je vois, partout où il y a, face à face, colonisateurs et colonisés, la force, la brutalité, la cruauté, le sadisme, le heurt et, en parodie de la formation culturelle, la fabrication hâtive de quelques milliers de fonctionnaires subalternes, de boys, d'artisans, d'employés de commerce et d'interprètes nécessaires à la bonne marche des affaires... Entre colonisateur et colonisé, il n'y a de place que pour la corvée, l'intimidation, la pression, la police, l'impôt, le vol, le viol, les cultures obligatoires, le mépris, la méfiance, la morgue, la suffisance, la muflerie, des élites décérébrées, des masses avilies. Aucun contact humain, mais des rapports de domination et de soumission qui transforment l'homme colonisateur en pion, en adjudant, en garde-chiourme, en chicote et l'homme indigène en instrument de production* ».

L'ancien maire de Fort-de-France ajoute :

« *À mon tour de poser une équation : colonisation = chosification. J'entends la tempête. On me parle de progrès, de 'réalisations ', de maladies guéries, de niveaux de vie élevés au-dessus d'eux-mêmes. Moi, je parle de sociétés vidées d'elles-mêmes, de cultures piétinées, d'institutions minées, de terres confisquées, de religions assassinées, de magnificences artistiques anéanties, d'extraordinaires possibilités supprimées. On me lance à la tête des faits, des statistiques, des kilométrages de routes, de canaux, de chemins de fer. Moi, je parle de*

[123] Aimé Césaire, *Discours sur le colonialisme*, Paris, Présence Africaine, 1950.

milliers d'hommes sacrifiés au Congo-Océan. Je parle de ceux qui, à l'heure où j'écris, sont en train de creuser à la main le port d'Abidjan. Je parle de millions d'hommes arrachés à leurs dieux, à leur terre, à leurs habitudes, à leur vie, à la vie, à la danse, à la sagesse. Je parle de millions d'hommes à qui on a inculqué savamment la peur, le complexe d'infériorité, le tremblement, l'agenouillement, le désespoir, le larbinisme. On m'en donne plein la vue de tonnage de coton ou de cacao exporté, d'hectares d'oliviers ou de vignes plantés. Moi, je parle d'économies naturelles, d'économies harmonieuses et viables, d'économies à la mesure de l'homme indigène désorganisées, de cultures vivrières détruites, de sous-alimentation installée, de développement agricole orienté selon le seul bénéfice des métropoles, de rafles de produits, de rafles de matières premières ».

L'auteur de *Cahier d'un retour au pays natal* conclut :

« *On se targue d'abus supprimés. Moi aussi, je parle d'abus, mais pour dire qu'aux anciens – très réels – on en a superposé d'autres– très détestables. On me parle de tyrans locaux mis à la raison ; mais je constate qu'en général ils font très bon ménage avec les nouveaux et que, de ceux-ci aux anciens et vice-versa, il s'est établi, au détriment des peuples, un circuit de bons services et de complicité. On me parle de civilisation, je parle de prolétarisation et de mystification* »[124].

Je ne sais pas si Emmanuel Macron a lu l'immense Césaire mais il est intéressant qu'il abonde dans le même sens que le poète martiniquais en qualifiant la colonisation française de barbarie et de crime contre l'humanité. Les Français d'aujourd'hui devraient avoir honte des actes barbares perpétrés par leurs ancêtres et présenter des excuses au lieu de persister dans un déni stupide et irrationnel. Il est temps que leurs dirigeants se débarrassent des haillons de l'arrogance et de la suffisance pour revêtir le manteau de l'humilité. Car c'est aussi à la capacité de faire son *mea culpa,* quand on a commis telle ou telle faute, qu'on reconnaît les grands hommes ou les grands peuples. Les Allemands demandèrent pardon à la Namibie le 10 juillet 2015 pour le génocide des peuples hereros et namas ; les Anglais, au Kenya en 2013 pour la répression des Mau-Mau ; la Belgique, à la République démocratique du Congo le 5 février 2002 pour son rôle dans l'assassinat de Patrice Lumumba ; l'ONU au Rwanda en 1999

[124] *Discours sur le colonialisme, op. cit.*

pour non-assistance à personnes en danger en 1994. Le 15 décembre 2015 à Ottawa, à l'occasion de la remise du rapport final de la Commission vérité et réconciliation sur le sort des enfants autochtones (amérindiens, métis et inuits) dans des pensionnats du Canada, le gouvernement canadien présenta ses excuses aux peuples autochtones pour avoir manqué à son devoir envers eux, et leur demanda pardon. Au nom et en vertu de quoi, la France ne s'excuserait-elle pas d'avoir exterminé des peuples qui ne faisaient que réclamer plus de justice et de liberté ? Les Français seraient-ils plus intelligents et plus forts que les autres peuples qui les ont précédés sur le chemin de la repentance ?

« *Présenter ses excuses, c'est purger l'Histoire pour construire le futur* », dit l'écologiste Yannick Jadot.

Fillon, Juppé, Sarkozy, Hollande, Marine et Marion Le Pen, Bernard Debré, ne revendiquez pas seulement la Révolution française, la Déclaration universelle des droits de l'homme, Émile Zola, Jean Jaurès et autres grandes figures politiques et intellectuelles françaises ! Assumez aussi le passé sombre et peu glorieux de votre pays ! Cessez de parler des bienfaits de la colonisation car d'autres pourraient aussi suggérer que Hitler, en occupant la France, voulait faire partager la culture allemande et vous a fait du bien, ce qui risquerait de vous mettre en colère ! Mettez de côté votre petit orgueil ! Présentez vos excuses à tous les peuples que l'État français a martyrisés, méprisés et piétinés et vous ferez mentir Albert Camus qui disait que « *la bêtise insiste toujours* ».

Chapitre 37
La Francophonie[125]

Avant d'entrer dans le vif du sujet qui nous rassemble ici, je voudrais m'acquitter de quatre obligations :

Premièrement, je tiens à remercier l'Alliance française de Philadelphie, sa directrice sortante, Mme Martine Chauvet, sa nouvelle directrice, Sonia Penas, et son conseil d'administration de l'honneur qu'ils me font de donner cette conférence sur la Françafrique. Merci également à vous, Mesdames et Messieurs, d'avoir répondu à notre invitation malgré votre emploi du temps qui doit être extrêmement chargé !

Deuxièmement, quand je parle de la France, je n'entends pas le peuple français qui bien souvent n'est pas au courant des magouilles et coups tordus de certains hommes politiques français en Afrique. Dans ce peuple français, je compte plusieurs amis opposés à la Françafrique.

Troisièmement, je ne mets pas en cause tous les politiques français ; je ne les mets pas dans le même sac, je ne dis pas que tous sont des acteurs de la Françafrique. Lionel Jospin, par exemple, a montré qu'il était contre la Françafrique en refusant, en pleine cohabitation (la France était dirigée à ce moment-là par lui et Jacques Chirac), que son pays intervienne militairement pour remettre en selle l'Ivoirien Henri Konan Bédié victime d'un coup d'État militaire, le 24 décembre 1999.

Enfin, je voudrais dire à haute et intelligible voix que je me revendique de la Révolution française de 1789 ; que je m'honore d'avoir étudié des textes d'Émile Zola, Victor Hugo, Voltaire, Albert Camus, Antoine de Saint-Exupéry, André Malraux, Jean-Paul Sartre, Pierre Bourdieu, Emmanuel Mounier, Paul Ricœur et d'autres qui m'ont appris qu'un intellectuel « *n'est ni un pacificateur ni un bâtisseur de consensus, mais quelqu'un qui engage et qui risque tout son être sur la base d'un sens constamment critique, quelqu'un qui refuse, quel qu'en soit le prix, les formules faciles, les idées toutes faites, les confirmations complaisantes des propos et des actions des*

[125] Conférence donnée le 24 mars 2017 à l'Alliance française de Philadelphie (USA) dans le cadre de la semaine de la francophonie.

gens de pouvoir et autres esprits conventionnels. Non pas seulement qui, passivement, les refuse, mais qui, activement, s'engage à le dire en public »[126] .

« *En 2017, nous fêterons les 20 ans de la création du poste de secrétaire général de l'OIF. L'âge de la maturité pour que la famille francophone dresse un bilan sans tabou. Trop longtemps, taraudée par sa conscience postcoloniale, la France est restée figée dans une réserve incomprise de ses partenaires. Or la Francophonie n'est pas un héritage. Elle représente un avenir commun. Le débat doit s'ouvrir sur ce qui la définit et sur le projet politique qu'elle entend porter au XXI*e *siècle* », déclarait Alain Juppé, le maire de Bordeaux, le 19 mars 2016.

Je souhaiterais que nous puissions débattre, ce soir, d'un sujet dont la Francophonie ne parle pas assez ou pas du tout : La Françafrique. Comment est né ce néologisme ? Quel sens faut-il lui donner ? Pour répondre à ces deux questions, je donnerai la parole, entre autres auteurs, à feu François-Xavier Verschave (Français), à Makhily Gassama (Sénégalais) et à François Mattei (Français). Ce sera la 1e partie de notre présentation. Nous verrons ensuite comment la Françafrique est perçue par deux politiques français (Nicolas Sarkozy et François Hollande), pourquoi elle perdure, nonobstant les discours promettant et prédisant sa fin (2e et 3e parties). Dans la 4e et dernière partie, nous essaierons de voir si, oui ou non, la Francophonie est complice de la Françafrique.

C'est l'économiste F.-X. Verschave qui a forgé le concept de la Françafrique, une parodie de l'expression « FranceAfrique » employée pour la première fois par Houphouët-Boigny, premier président ivoirien, qui souhaitait que les pays africains nouvellement indépendants puissent entretenir de bonnes relations avec l'ancienne puissance colonisatrice. Pour le fondateur de l'Association Survie, la Françafrique est « *un système occulte, orchestré par Jacques Foccart depuis la cellule africaine de l'Élysée, pour continuer à exercer une influence en Afrique ; un système composé d'acteurs économiques, politiques et militaires français et africains organisés en réseaux et cherchant à s'accaparer les rentes de l'aide au développement et les matières premières* »[127].

---

[126] *Cf.* Edward Said, *Des intellectuels et du pouvoir*, Paris, Seuil, 1996.

[127] F.-X. Verschave, *La Françafrique. Le plus long scandale de la République*, Paris, Stock, 1999.

Pour sa part, Makhily Gassama, écrivain et ancien ministre de la Culture sénégalais, compare la Françafrique à « *un monstre qui a surgi, telles des jumelles, en même temps que les indépendances qui est partout et dont l'objectif est de s'enrichir et de saborder les indépendances de l'Afrique en les vidant de leur substantifique moelle, en mettant et soutenant à la tête des États africains des êtres d'un autre âge venus de nulle part, corrompus, manipulables, prêts à tous les crimes pour se maintenir au pouvoir* »[128].

Quant au journaliste François Mattei, voici sa définition de la Françafrique :

« *Des mécanismes de domination coloniale qui sont supposés avoir disparu, mais qui sont en fait masqués. Les piliers de la Françafrique existent bel et bien : présence militaire française en Afrique avec plus de 10.000 hommes et des interventions fréquentes, des accords de défense qui permettent cette présence militaire, la haute main de la France sur le sous-sol de ces pays, par exemple pour l'uranium du Niger qui assure le quart de production électrique française et le contrôle de la monnaie, le franc CFA qui est imprimé en France, en Auvergne et qui est géré par le Trésor français. Aujourd'hui, la France prend 50% des devises d'exportations de ces pays : ventes de cacao, café et minéraux, notamment, pour garantir la monnaie* »[129].

Les trois écrivains nous laissent ainsi penser que la France est « partie » sans vraiment partir de ses ex-colonies, qu'elle continue de s'immiscer dans leurs affaires et d'y avoir une influence négative. Et les politiques français, quelle est leur opinion sur la Françafrique ? L'approuvent-ils ou bien y sont-ils opposés ?

I- Le regard de deux politiques français sur la Françafrique

En visite au Bénin, le 24 mai 2006, Nicolas Sarkozy promet la rupture avec la Françafrique en déclarant :

« *Il faut débarrasser la relation entre la France et ses anciennes colonies des réseaux d'un autre temps, des émissaires officieux qui n'ont d'autre mandat que celui qu'ils s'inventent, des circuits officieux*

[128] Pour lire toute la contribution de M. Gasssama, voir l'ouvrage collectif : *50 ans après, quelle indépendance pour l'Afrique ?*, Paris, Éditions Philippe Rey, 2010.

[129] *Cf.* F. Mattei, « La Françafrique est une réalité », in *Buzzles. La pièce d'info qui vous manque*, 30 novembre 2014.

qui ont fait tant de mal par le passé ; il faut tourner la page des complaisances, des secrets et des ambiguïtés »[130].

Le 12 octobre 2012, à Dakar, devant les députés sénégalais, François Hollande annonce :

« Le temps de la Françafrique est révolu : il y a la France, il y a l'Afrique, il y a le partenariat entre la France et l'Afrique, avec des relations fondées sur le respect, la clarté et la solidarité. Les émissaires, les intermédiaires et les officines trouvent désormais porte close à la présidence de la République française comme dans les ministères »[131].

Malheureusement, des discours aux actes, il y eut loin comme il y a loin de la coupe aux lèvres ; la rupture avec la Françafrique, maintes fois promise ou annoncée, n'eut pas lieu. Le pire est que ceux qui voulaient enterrer le « monstre » furent empêchés d'agir. C'est le cas de Jean-Pierre Cot débarqué en 1982 du ministère de la Coopération par François Mitterrand pour « *s'en être pris frontalement à ces réseaux de la Françafrique* »[132]. C'est aussi le cas de Jean-Marie Bockel limogé du gouvernement par Sarkozy à la demande d'Omar Bongo, l'ancien président gabonais, deux mois après avoir affirmé que « *la Françafrique était moribonde* » et qu'il voulait « *signer son acte de décès* »[133].

Pourquoi la Françafrique perdure-t-elle malgré les discours annonçant sa disparition ? Pourquoi les promesses ne sont-elles pas tenues ? Parce que la Françafrique profite financièrement à certaines personnes. En témoignent ces propos tenus en septembre 2011 dans *Le journal du Dimanche* par Robert Bourgi, avocat franco-libanais et acteur de la Françafrique :

« *Pendant trente ans, Jacques Foccart a été en charge, entre autres choses, des transferts de fonds entre les chefs d'État africains et Jacques Chirac. Moi-même, j'ai participé à plusieurs remises de mallettes à Jacques Chirac, en personne, à la mairie de Paris. (...) Il prenait le sac et se dirigeait vers le meuble vitré au fond de son bureau, et rangeait lui-même les liasses. Il n'y avait jamais moins de 5*

---

[130] http://www.liberation.fr/planete/2006/05/20/sarkozy-veut-nettoyer-la-francafrique_39898

[131] http://www.lemonde.fr/afrique/article/2012/10/12/hollande-exprime-sa-grande-confiance-dans-le-senegal-et-l-afrique_1774886_3212.html

[132] *Cf.* Philippe Leymarie, « Signaux contradictoires sur le continent noir », *Le Monde diplomatique*, juillet 2008.

[133] *Cf. Le Monde* du 16 janvier 2008.

millions de francs. Cela pouvait aller jusqu'à 15 millions. Je me souviens de la première remise de fonds en présence de Villepin. L'argent venait du maréchal Mobutu, président du Zaïre. C'était en 1995. Il m'avait confié 10 millions de francs que Jacques Foccart est allé remettre à Chirac »[134].

De son côté, la juge franco-norvégienne Eva Joly accuse la France d'avoir « *accaparé les ressources minières du Gabon avec la complicité d'un président enrôlé dès son service militaire par l'armée française et ses services secrets* » et d'être derrière les guerres civiles et les dictatures qui ont détruit et endeuillé l'Angola, le Congo-Brazzaville, le Nigeria (la guerre du Biafra), etc. Parlant de l'uranium du Niger pillé par Areva ou de l'or de Sadiola (Mali), « *deux pays parmi les plus pauvres du globe, qui ne touchent qu'une part dérisoire des richesses prélevées dans leur sol* », elle ajoute :

« *Notre prospérité est nourrie de richesses que nous détournons* »[135].

II- La Francophonie: complice de la Françafrique ?

Selon le Rapport du 12 octobre 2010 de l'Organisation internationale de la Francophonie (OIF), le français est utilisé par 21 États africains et parlé par 308 millions d'habitants. Le même rapport affirme que la langue de Molière « *se développe en Afrique, principalement pour des raisons démographiques, stagne en Amérique du Nord, et décline en Europe* ». On y apprend aussi que 85% des locuteurs du français seront en Afrique en 2050 contre 50% en 2010[136].

Que le français progresse en Afrique ne me dérange point. Ce qui me dérange, c'est la régression, année après année, des Africains s'exprimant dans la langue française. Par exemple, le Ghana dame le pion à la Côte d'Ivoire si on se fonde sur les critères suivants : pouvoir d'achat, respect des droits de l'homme, bien-être social, alternance politique pacifique, etc. De la même manière, le Gabon est moins « développé » que le Botswana et le Kenya s'en sort beaucoup mieux

---

[134] http://www.lejdd.fr/Politique/Actualite/L-avocat-Robert-Bourgi-raconte-comment-il-a-convoye-jusqu-a-l-Elysee-les-millions-des-chefs-d-Etat-africains-interview-387001

[135] *Cf. La force qui nous manque*, Paris, Les Arènes, 2007, pp. 115, 116 et 149.

[136] http://www.lemonde.fr/planete/article/2010/10/13/le-francais-progresse-en-afrique-mais-il-decline-en-europe_1424818_3244.html#JALkx8IZLEio12BY.99

que le Congo-Brazzaville. Ce que je veux souligner ici, c'est qu'une langue qui n'a aucun impact positif sur la vie quotidienne des gens, qui progresse pendant que s'appauvrissent ceux qui la parlent, a en quelque sorte échoué, donc ne sert strictement à rien. On peut même se demander si cette langue n'est pas complice de la Françafrique qui pille et tue les Africains depuis 1960. En d'autres termes, pour que le français ne soit pas remplacé du jour au lendemain par une autre langue dans tel ou tel pays comme dans le Rwanda de Paul Kagamé, pour que la francophonie soit prise au sérieux, pour qu'elle ne soit pas perçue comme « *un instrument d'oppression, un échafaudage d'idées qui d'ailleurs n'ont rien à voir avec la langue française pour maintenir les Africains sans autel* » (Mongo Beti)[137], l'OIF devrait commencer à se préoccuper des souffrances et aspirations des locuteurs du français en Afrique.

Dans son livre déjà cité, Eva Joly s'interroge en ces termes :

« *Comment des institutions solides et démocratiques, des esprits brillants et éclairés, ont-ils pu tisser des réseaux violant systématiquement la loi, la justice et la démocratie ? Pourquoi des journalistes réputés, de tout bord, ont-ils toléré ce qu'ils ont vu ? Pourquoi des partis politiques et des ONG, par ailleurs prompts à s'enflammer, n'ont-ils rien voulu voir ?* »

La Francophonie ne peut continuer à se taire ou à fermer les yeux sur les crimes politiques et économiques de la France en Afrique. Pour « *représenter un avenir commun* », elle devrait plutôt contribuer à démanteler « *le système mis en place en Afrique par la France [mais] loin de ses valeurs et de l'image qu'elle aime renvoyer au monde* »[138] (Eva Joly).

---

[137] *Cf.* André Djiffack, *Le rebelle II*, Paris, Gallimard, 2007, p. 163.
[138] *La force qui nous manque, op. cit.*

Chapitre 38
La mort de Fidel Castro

Fidel Castro a achevé son pèlerinage terrestre, le 23 novembre 2016. Il avait 90 ans, ce qui est plus qu'un exploit si l'on se réfère à la prière de Moïse selon laquelle « *la durée de notre vie s'élève à 70 ans et, pour les plus robustes, à 80 ans* » (Psaume 90, verset 10). Le *Commandante* n'avait pas encore été inhumé que ses contempteurs, tels des loups enragés, se jetèrent sur lui, ironisant sur sa révolution, fustigeant son action à la tête de Cuba et moquant sa manière de vivre. Furent alors convoqués toutes sortes de qualificatifs, aussi infamants les uns que les autres, pour nous convaincre que Castro n'était pas un héros mais un vrai dictateur et un grand comédien qui ne vivait pas ce qu'il prêchait. Mais les éternels dénigreurs et donneurs de leçons ont-ils atteint leur but ? Pourquoi en veulent-ils tant à l'ancien compagnon de Che Guevara ? Qu'est-ce qu'ils ne lui pardonnent pas ?

Castro était loin d'être parfait. Comme tout un chacun, il commit des erreurs. Son régime fut indiscutablement un régime de répression mais, et notre intention ici n'est ni de l'absoudre ni de faire passer ses victimes par pertes et profits, force est de reconnaître qu'il ne réprima que les traîtres à la révolution, c'est-à-dire les Cubains manipulés et utilisés par les Américains pour le renverser ou/et l'assassiner. Qu'il ait expulsé des prêtres espagnols est une chose incontestable mais était-il normal que les bons pères espagnols récitassent des prières à la gloire du général Franco sur le sol cubain ? Oui, il mena la vie dure à l'Église catholique cubaine mais cette Église ne fut-elle pas bien souvent complice du dictateur Fulgencio Batista qui, avec le soutien de Washington, renversa en janvier 1934 le gouvernement de Grau San Martin connu comme le gouvernement des « cent jours » ? Enfin, contrairement à d'autres pays latino-américains (Argentine, Brésil, Guatemala, Mexique, Salvador), Cuba n'est pas connu comme un pays ayant tué des religieux, prêtres et évêques. Pour ne donner qu'un exemple, ce n'est pas à la Havane mais à San Salvador que fut assassiné Mgr Oscar Romero, en pleine messe le 24 mars 1980[139].

---

[139] *Cf.* José Fort, "Fidel Castro: un géant du XXe siècle" dans L'Humanité du 26 novembre 2016.

Avant de déblatérer, avant de jeter leur bave haineuse sur Castro, ceux qui le traitent de dictateur auraient dû prendre connaissance de ce témoignage d'Ignacio Ramonet :

« *Quand les éditeurs Galilée et Fayard ont publié mon livre* Fidel Castro. Biographie à deux voix en 2007, *la répression s'est immédiatement abattue sur moi. Sur la radio publique* France Culture, *j'animais un programme hebdomadaire le samedi matin, consacré à la politique internationale. Dès la publication de mon livre sur Fidel Castro, les médias dominants commencèrent à m'attaquer violemment, le directeur de la station m'a appelé dans son bureau et, sans détours, m'a déclaré : Il est impossible que vous, ami d'un tyran, puissiez vous exprimer sur nos ondes. J'ai essayé d'argumenter. Rien à faire. Les portes des studios se sont fermées à jamais pour moi. Ils m'ont aussi bâillonné. Le silence était imposé à une voix discordante dans l'unanimisme anti-cubain* ».

L'ancien directeur du *Monde diplomatique* ajoute :

« *À l'Université Paris-VII, cela faisait 35 ans que j'enseignais la théorie de la communication audiovisuelle. Quand a commencé la diffusion de mon livre et la campagne médiatique contre moi à se propager, un collègue m'a prévenu : 'Attention ! Certains fonctionnaires disent qu'on ne peut pas tolérer que "l'ami d'un dictateur" donne des cours dans notre faculté..." Bientôt commencèrent à circuler dans les couloirs des dépliants anonymes contre Fidel Castro qui exigeaient mon expulsion de l'université. Peu après, j'étais officiellement informé que mon contrat ne serait pas renouvelé... Au nom de la liberté d'expression, on m'a refusé le droit à l'expression,* j'ai *'disparu' des colonnes du journal* Le Monde. *Lorsque j'étais cité, c'était seulement pour me lyncher* »[140].

N'est-il pas incohérent et indécent qu'un pays, où un journaliste fut lynché et ignoré du jour au lendemain pour avoir écrit sur un dirigeant qui échappa à 638 tentatives d'assassinat, accuse Castro d'avoir exercé une dictature féroce et sanglante ? Peuvent-ils d'ailleurs revendiquer le titre de démocrates, ces dirigeants français faisant et défaisant les présidents en Afrique, se mêlant grossièrement de choses qui ne les regardent pas, mangeant et buvant avec des autocrates sanguinaires et corrompus, déroulant le tapis rouge à des voyous et assassins, renversant ou bombardant tel ou tel président qu'ils jugent insoumis ? Michel Onfray et d'autres arrogants moralisateurs ont-ils

[140] https://legrandsoir.info/fidel-castro-et-la-repression-contre-les-intellectuels.html.

jamais protesté contre ces pratiques indignes de la démocratie devenues désormais une seconde nature pour la France ? Le roi d'Arabie saoudite, Biya, Sassou Nguesso, Idriss Déby ou Alassane Ouattara, à qui les portes de l'Élysée n'ont jamais été fermées, sont-ils des modèles en matière de respect des droits humains ? Aujourd'hui, vit-on mieux au Togo, au Tchad, au Gabon, au Congo-Brazzaville, au Cameroun ou en Côte d'Ivoire, qu'à Cuba « *où l'espérance de vie s'élève à 75 ans, où tous les enfants sont scolarisés et soignés gratuitement [et qui est] capable de produire des universitaires de talent, des médecins et des chercheurs parmi les meilleurs au monde, des sportifs raflant les médailles d'or, des artistes, des créateurs* »[141] ?

Pour la classe politique occidentale, certains dictateurs seraient-ils plus fréquentables que d'autres ? La démocratie exige-t-elle que n'importe quel illuminé occidental se substitue au peuple syrien pour réclamer le départ de B. Al Assad ? Soit dit en passant, ce dernier est encore au pouvoir alors que nous ne verrons plus Obama, Cameron, Renzi, Hollande et Ban Ki Moon s'agiter comme le diable dans un bénitier. Si les aboyeurs occidentaux sont loin de pratiquer ce qu'ils reprochent à Castro, s'ils n'ont aucune gêne à s'acoquiner avec des dirigeants qui affament et clochardisent leurs peuples, alors pourquoi ont-ils la dent dure contre lui ? À mon avis, les impérialistes ne pardonnent pas au révolutionnaire cubain d'être resté fidèle à ses convictions, de leur avoir tenu tête jusqu'au bout. Mais, en lisant l'hommage que Nelson Mandela lui rendit le 26 juillet 1991, on découvre une autre explication de la haine que nourrissent certains Occidentaux envers Castro. Voici un extrait de ce bel hommage :

« *La défaite de l'armée raciste à Cuito Cuanavale fut une victoire pour toute l'Afrique ! L'écrasante défaite de l'armée raciste à Cuito Cuanavale a offert la possibilité pour l'Angola de connaître la paix et de consolider sa souveraineté ! La défaite de l'armée raciste a permis au peuple en lutte de Namibie de finalement gagner son indépendance ! La défaite décisive des agresseurs de l'apartheid brisa le mythe de l'invincibilité des oppresseurs blancs ! La défaite de l'armée de l'apartheid fut une inspiration pour tous ceux qui luttaient à l'intérieur de l'Afrique du Sud ! Sans la défaite de Cuito Cuanavale, nos organisations n'auraient jamais été légalisées ! La défaite de l'armée raciste à Cuito Cuanavale a rendu possible ma présence ici*

[141] *Cf.* José Fort, « Fidel Castro : un géant du XXe siècle » dans *L'Humanité* du 26 novembre 2016.

aujourd'hui ! Cuito Cuanavale fut un jalon dans l'histoire de la lutte pour la libération de l'Afrique du Sud ! Cuito Cuanavale fut le point tournant dans la lutte pour libérer le continent et notre pays du fléau de l'apartheid ! »

Ils ont la rancune tenace contre Fidèle Castro parce que leurs méprisables pions, les troupes de l'Unita de Jonas Sawimbi et l'armée sud-africaine, mordirent lamentablement la poussière devant les troupes cubaines en Angola, entre le 12 et le 20 janvier 1988. Cette haine les quittera-t-elle un jour ? Dieu seul le sait. Quant à nous, nous savons avec Mandela que « *le peuple cubain occupe une place spéciale dans le cœur des peuples de l'Afrique, [que] les internationalistes cubains ont effectué une contribution à l'indépendance, à la liberté et à la justice en Afrique qui n'a pas d'équivalent par les principes et le désintéressement qui la caractérisent [et que], dès l'origine, la Révolution cubaine a été une source d'inspiration pour tous les peuples épris de liberté* ».

À l'heure où certains cherchent à diaboliser Castro, il est important que les Africains « *admirent les acquis de la Révolution cubaine dans le domaine de l'assistance sociale, apprécient la manière avec laquelle un pays auquel on avait imposé un retard s'est transformé, reconnaissent les avancées dans les domaines de la santé, l'éducation et la science* ».

Mais la leçon la plus importante que nous laisse Fidèle Castro est celle-ci :

« *Peu importe l'adversité, peu importent les difficultés contre lesquelles il faut lutter, il ne faut jamais se rendre ! C'est une affaire de liberté ou de mort* ! »[142]

La liberté et la souveraineté de son peuple étaient des choses chères à Castro. Il n'était pas prêt à les brader aussi facilement comme ont coutume de le faire les petits esprits qui dirigent nos pays sous la surveillance de la France. C'est ce qui ressort clairement de l'adresse faite par Segolène Royal à Santiago, le 3 décembre 2016.

« *Grâce à Fidel Castro, affirme-t-elle, les Cubains ont récupéré leur territoire, leur vie, leur destin. Ils se sont inspirés de la Révolution française sans pour autant connaître la terreur qu'il y a eue pendant la Révolution française* ».

Elle poursuit :

---

[142]https://www.legrandsoir.info/discours-historique-de-nelson-mandela-le-26-juillet-1991.html

« Il y a toujours du positif et du négatif dans les histoires, mais certains ne vont pas se rhabiller à bon compte au nom des droits de l'homme alors qu'on sait qu'ici, quand on demande des listes de prisonniers politiques, on n'en a pas. Et bien fournissez-moi des listes de prisonniers politiques, à ce moment-là on pourra faire quelque chose. Donc, il faut savoir regarder les choses positivement même si ça dérange. La France n'a pas à donner de leçon à Cuba. Je sais que ça dérange parce que justement voilà un pays insulaire qui protège son patrimoine, qui interdit les prédateurs, qui a réussi aussi à faire en sorte qu'il y ait une propreté, une sécurité vraiment remarquables, que l'on n'atteint pas dans beaucoup de pays qui donnent aujourd'hui des leçons de droits de l'Homme ».

La France peut-elle s'enorgueillir de la situation sociale, politique et économique dans laquelle se trouvent ses anciennes colonies, 57 ans après les soi-disant indépendances ? Les dictateurs et incompétents qu'elle y a soutenus jusque-là ont-ils fait mieux que Castro ?

Chapitre 39
La défaite d'Hillary Clinton

« *Ce jour que fit le Seigneur est un jour de joie, Alleluia* ! »

Je me suis réveillé, le 9 novembre 2016, avec ce cantique qui jadis berça mon enfance. Je suis dans la joie parce que Donald Trump a gagné la dernière présidentielle américaine. Je suis dans l'allégresse parce que mon souhait s'est réalisé une fois de plus. La dernière fois où je formai un vœu, c'était en 2011, après que la coalition franco-onusienne eut fini de bombarder Abidjan. Qu'avais-je souhaité ? Que Goodluck Jonathan, Abdoulaye Wade, Nicolas Sarkozy, Amadou Toumani Touré, Blaise Compaoré, David Cameron perdent le pouvoir dans leur pays. Et chacun d'entre eux le perdit effectivement. Certains partirent dans le déshonneur et sous les quolibets. C'est le cas de Compaoré chassé en 48 h comme un vulgaire voleur de poulets par le vaillant peuple burkinabè. Pourquoi avais-je souhaité que l'ancien dictateur de Ouaga et les autres ennemis de la Côte d'Ivoire sortent par la petite porte et pourquoi me suis-je réjoui de ce qui leur arriva ? Pour répondre à cette double question, il convient de découvrir ce que ces hommes en commun. Alors, qu'est-ce que ces gens ont en partage ? Qu'est-ce qui les unit ? Qu'ont-ils fait qu'ils n'auraient jamais dû faire ? Ils ont mis leur « bouche » dans le problème des Ivoiriens. Ils ont comploté contre la Côte d'Ivoire qui se battait de toutes ses forces pour devenir plus libre et plus maîtresse de son destin. Ils ont soutenu des voyous et des assassins tout en diabolisant injustement Laurent Gbagbo qui voulait que les richesses du pays profitent, non pas exclusivement, mais d'abord aux Ivoiriens et n'entendait pas travailler sous la dictée de la France. Ils ont fait couler le sang des Ivoiriens à l'Ouest pour que des multinationales et des étrangers viennent y occuper les terres. Ils sont responsables des tueries et massacres qui eurent lieu dans notre pays pour avoir pris fait et cause pour un imposteur. Ils ont applaudi, dansé et festoyé après la mort de Mouammar Kadhafi qui, sans être saint, avait aidé financièrement plusieurs pays sahéliens et engagé, courageusement et généreusement, le combat pour que l'Afrique devienne progressivement autonome et souveraine. Ils se sont servis du malheur des autres (tremblement de terre en Haïti, violences à l'Est de la RDC, instabilité de la Libye, etc.) pour s'enrichir.

Pourquoi tous les hommes et femmes épris de justice devraient-ils être contents que ces personnes malfaisantes soient passées à la trappe les unes après les autres ? Parce que leur départ du pouvoir ou leur échec électoral, malgré le soutien dont ils bénéficiaient de la part de l'oligarchie financière internationale, est la preuve que tout se paie ici-bas (le mal autant que le bien) et que le tort causé au petit et au pauvre, le sang et le cri de l'innocent, ne peuvent rester indéfiniment sans conséquences. Ouattara devrait comprendre que son passé de faiseur de coups d'État finira bien par le rattraper et que son tour d'être chassé est imminent car, comme l'a bien dit le professeur Aboudramane Sangaré, « *ce combat-là ne s'arrêtera pas* ». Le président par intérim du FPI ne parlait pas uniquement du combat pour le triomphe de la vérité et de la justice, du combat pour une Côte d'Ivoire libre et souveraine. Il voulait dire aussi que le combat pour faire partir Ouattara et sa clique de pilleurs et de menteurs sera mené jusqu'au bout, quoi qu'il advienne. Que le régime agonisant d'Abidjan sache donc que ni les intimidations, ni les agressions des « Microbes », ni les arrestations des leaders du Front du Refus, ni le gazage des manifestants ne stopperont cette grande marche vers une Côte d'Ivoire débarrassée d'escrocs et de sanguinaires et que les prochaines législatives bidon ne détourneront pas l'attention des Ivoiriens de cet objectif majeur.

La victoire de Trump me fait chaud au cœur parce que le successeur d'Obama a dit, clairement et gravement, que le président des États-Unis d'Amérique a mieux à faire chez lui que d'intervenir chez les autres, que son pays doit cesser de semer le chaos, la mort et la désolation çà et là (voyons dans quel état se trouvent aujourd'hui l'Irak, la Libye et la Côte d'Ivoire et qui peut nous convaincre que la vie est meilleure aujourd'hui dans ces trois pays ?) sous le fallacieux prétexte qu'on veut y imposer la démocratie ou sauver des populations qui seraient en danger. Pour Donald Trump, l'Amérique n'est pas le gendarme du monde et ses dirigeants devraient s'employer à résoudre les nombreux problèmes des Américains au lieu de jouer les sauveurs ou justiciers dans les autres pays. Certains pays sont considérés ou se considèrent comme de grands pays. Je dois affirmer que cette grandeur n'est pas toujours méritée et que, dans certains cas, il s'agit purement et simplement d'une pseudo-grandeur car la vraie grandeur ne consiste pas à décider ce qui est bon ou mauvais pour les autres, à leur imposer ses vues, ni à leur donner des leçons et des ordres mais à respecter leur liberté, c'est-à-dire à ne pas juger les choix qu'ils ont faits. La grandeur a ainsi quelque chose à voir avec l'humilité, aussi paradoxal que cela paraisse. Et telle est peut-être la signification de la formule employée plusieurs fois par Trump lors de la campagne électorale :

« *Je ferai en sorte que l'Amérique retrouve sa grandeur" (I will make America great again).*

Tant mieux si Trump arrivait à faire quelque chose pour l'Afrique pendant son premier mandat mais je fais partie de ceux qui croient dur comme fer que les Africains n'ont rien à attendre de lui ni des autres dirigeants occidentaux et que c'est à chaque Africain d'être lui-même "le boulanger de sa vie » (Jacques Roumain dans *Gouverneurs de la rosée*).

Cela veut dire que nous devons nous battre, et donc accepter de prendre des risques, pour que chacun de nos pays devienne une terre de justice et de liberté. Les autres peuples ne pourront que nous accompagner. Pour le dire autrement, l'avenir de l'Afrique relève d'abord et avant tout de la responsabilité et de l'engagement des Africains.

Si je n'attends rien de Trump pour l'Afrique, alors pourquoi sa victoire me réjouit-elle ? Pourquoi peut-on regarder son élection comme une bonne nouvelle ? Parce que le candidat des Républicains a montré qu'il n'est pas sous l'emprise des médias mensonges, parce que, *the last but not the least*, il souhaite que son pays discute avec Vladimir Putin sur la question syrienne et que tous ceux qui sont pour la paix se joignent au président russe pour combattre Daesh au lieu de réclamer à cor et à cri le départ de Bachar Al Assad. Une position qui, à mon avis, relève simplement du bon sens. Comme quoi, le fou n'est pas toujours celui que l'on croit !

La politique du nouveau président américain bouleversera-t-elle qualitativement le monde ? On ne peut que l'espérer. D'ores et déjà, souhaitons simplement qu'il tienne sa promesse de ne pas s'ingérer dans les affaires intérieures des autres pays et qu'il ne soutienne jamais les pays européens prêts à détruire les pays du Sud pour voler leurs richesses !

Chapitre 40
Un homme de qualité trop tôt disparu

C'était un 8 octobre et c'était en 2001. Les portes du nouveau millénaire venaient juste de s'ouvrir. Il y a donc 16 ans que tu fermais les yeux et que tu quittais ce monde (une mort bête, pourrait-on dire, car le groupe électrogène de l'hôpital de Yaoundé, où tu t'étais rendu pour une dialyse, tomba en panne et arriva ce qui devait arriver en pareille circonstance), un monde qui te semblait dur, injuste et cruel pour les pauvres et les petits comme Banda spolié de son cacao, fruit de plusieurs mois de labeur, par un contrôleur menteur et malhonnête. Il était venu à Tanga, ce Banda, dans l'espoir que l'argent de son cacao lui permettrait de payer la dot de sa fiancée. Deux quartiers cohabitaient dans cette ville sans se rencontrer, sans se parler : d'un côté, le Tanga Sud, quartier des colons, de l'administration et des centres commerciaux ; de l'autre, le Tanga Nord où les Noirs côtoyaient quotidiennement les immondices, la misère, la maladie et la faim. Mais Tanga, dont tu fis une saisissante description dans ton premier roman, n'était rien d'autre que Mbalmayo, le chef-lieu du village qui te vit naître le 30 juin 1932. Un jour de novembre 1982, alors que je passais par là, quelqu'un me révéla que c'était le Tanga dont il était question dans *Ville cruelle*. J'étais à la fois heureux et ému de découvrir enfin ce fameux Tanga. Je repensai alors aux frustrations du jeune Banda, à la colère qui montait en lui quand il entendit la maudite phrase :

« *Mauvais, ce cacao... très mauvais. Au feu* ! »

Je pensai surtout au courage dont il fit preuve par la suite en disant aux cinq femmes qui l'avaient accompagné que le contrôleur grec n'était pas un homme mais une bête. De ce roman, qu'Alexandre Biyidi écrivit à 22 ans, je retirai la leçon suivante : un homme digne de ce nom ne se résigne pas à l'injustice ; il doit toujours faire face à l'oppresseur.

Sitôt sortis de prison, certains des nôtres ont couru chez le Blanc qui avait bombardé leur pays pour lui faire allégeance avec, dans la bouche, le fallacieux argument qu'il est trop fort, qu'on ne peut rien contre lui, que c'est lui qui met les Nègres au pouvoir en Afrique et qu'on a donc intérêt à discuter avec lui ou avec ses valets. Toi, Mongo

Beti, tu enseignes, dans *Ville cruelle*, qu'un homme ne doit jamais courber l'échine, quels que soient les revers et épreuves de la vie. Tu voulais que chacun de nous agisse comme Banda car, si le Blanc méprise les béni-oui-oui, il respecte en revanche ceux qui lui tiennent tête. Mais combien d'entre nous ont retenu l'enseignement ? Combien sont persuadés aujourd'hui que « *s'aplatir ou se soumettre, sous prétexte que la soumission peut adoucir les cœurs de ceux qui sont en face de nous, n'a jamais payé dans le monde* » (Laurent Gbagbo en 2010) ?

Parfois, certaines expériences de la vie nous font percevoir mieux la justesse de telle ou telle affirmation. De leur vivant, en effet, Senghor et Césaire étaient regardés et traités différemment par l'ancien colonisateur. L'un était adulé, l'autre ignoré et haï, simplement pour avoir écrit que la colonisation n'était pas civilisation mais chosification du Noir et exploitation des richesses de son sous-sol[143]. Mais, que vit-on quand ces fondateurs de la Négritude décédèrent ? Ni Jacques Chirac ni Lionel Jospin ne firent le voyage de Dakar pour assister aux obsèques du Sénégalais qui avait pourtant tout donné pour le rayonnement de la France. Quant au Martiniquais, qui ne céda jamais à la tentation de caresser la France dans le sens du poil, plusieurs personnalités politiques françaises souhaitaient qu'il fût inhumé au Panthéon comme Voltaire, Zola ou Victor Hugo. La suite est connue : les Martiniquais, qui se souvenaient que Césaire avait toujours préféré « *l'honneur aux honneurs et vanités de ce bas monde* » (Pyepimanla), opposèrent un refus poli mais ferme à cette reconnaissance tardive et opportuniste.

Bref, *Ville cruelle* m'initia à la révolte et à la lutte contre l'injustice tout en me donnant l'envie de lire tes autres ouvrages : *Mission terminée, Le roi miraculé, Perpétue et l'habitude du malheur, La France contre l'Afrique, Main basse sur le Cameroun. Autopsie d'une décolonisation* (essai qui sera censuré en France sous la pression d'Ahidjo, l'homme que la France jugeait plus accommodant que les leaders nationalistes de l'Union des populations du Cameroun). Inutile de te dire que j'ai aimé ces chefs d'œuvre écrits dans un style mordant et percutant. Mais c'est *Le Pauvre Christ de Bomba*, publié quatre ans avant les indépendances nominales de 1960, qui me toucha et me captiva le plus. Pourquoi ? Parce que je trouve les questions soulevées

[143] *Discours sur le colonialisme,* Présence Africaine, 1950.

dans ce roman étrangement d'actualité. Je les formulerai de la manière suivante :

1) Débarrassé de la faim et de l'ignorance, l'homme peut-il continuer à adorer Dieu ?

2) Pourquoi les Africains ont-ils embrassé le christianisme ?

Chacun de nous se rappelle la réponse de Jésus à la foule qui le cherchait après la multiplication des pains :

« *Vous me cherchez, non parce que vous avez vu des signes, mais parce que je vous ai donné du pain à manger et que vous avez été rassasiés* » (Jn 6, 26).

Le Christ de Bomba, le RPS Drumont, mit du temps avant de réaliser pourquoi les Tala avaient demandé et reçu le baptême et d'autres sacrements. Il croyait que ces derniers avaient adhéré sincèrement et librement à sa religion mais, en visite dans leur pays deux ans après les avoir abandonnés, il se rendit compte que les Tala avaient tourné le dos à cette religion. Désabusé et abattu, le missionnaire voulait comprendre pourquoi les Tala avaient tourné casaque. C'est son cuisinier Zacharie qui lui ouvrira les yeux en lui faisant ce terrible aveu :

« *Les premiers d'entre nous qui sont accourus à votre religion, y sont venus comme à une révélation, c'est ça une révélation, une école où ils acquerraient la révélation de votre secret, le secret de votre force, la force de vos avions, de vos chemins de fer... le secret de votre mystère, quoi ! Au lieu de cela, vous vous êtes mis à leur parler de Dieu, de l'âme, de la vie éternelle, etc. Est-ce que vous vous imaginez qu'ils ne connaissaient pas déjà tout cela avant, bien avant votre arrivée ? Ma foi, ils ont eu l'impression que vous leur cachiez quelque chose. Plus tard, ils s'aperçurent que, avec de l'argent, ils pouvaient se procurer bien des choses et, par exemple, des phonographes, des automobiles et un jour peut-être des avions. Et voilà! Ils abandonnent la religion, ils courent ailleurs, je veux dire vers l'argent. Voilà la vérité, Père. Le reste, ce n'est que des histoires* ».

Merci, à toi, Mongo Beti, d'avoir posé, dans les années 50 déjà, ces questions de fond : quand l'Afrique en aura fini avec les coups d'État, les rébellions soutenues par certains pays occidentaux, la mauvaise gouvernance, la dictature, le tribalisme, etc., les Africains continueront-ils à remplir les églises ? Combien pourront déclarer comme Pierre :

« *À qui irions-nous ? Toi seul as les paroles de la vie éternelle* » (Jn 6, 68) ?

Quand chaque Africain aura plus que le minimum vital, le christianisme ne sera-t-il pas en crise comme il l'est actuellement en Occident ?

J'ai regretté et je regrette encore de ne t'avoir jamais rencontré car, de mon point de vue, tu fais partie des plus grands écrivains africains. En exil pendant plus de 30 ans en France, tu n'as cessé de militer pour la libération des peuples noirs. Mais tu ne t'es pas borné à dénoncer les ingérences étrangères prédatrices en Afrique, l'emprise de Foccart sur certains dirigeants africains, la coopération franco-africaine, une vaste escroquerie, selon toi, parce que ne profitant qu'à la France, la francophonie que tu considérais comme une institution pernicieuse et destructrice, etc. Tu t'en pris également au règne despotique et sanguinaire d'Ahidjo. Pour toi, Paul Biya était une « *créature de François Mitterrand* » un « *chef d'État fantôme* » sous lequel la justice était devenue « *une farce permanente et sinistre* ». La corruption et le tribalisme des dirigeants africains ne trouvèrent jamais grâce à tes yeux. En te lisant, on peut soutenir, avec André Djiffack, qu'il y a chez toi « *comme un mélange de Socrate par l'élévation de l'esprit, de Voltaire par l'effronterie à l'égard des pouvoirs institués, de Sartre par le militantisme impertinent et de Césaire par la lutte anticoloniale en vue de l'émancipation du monde noir* »[144].

J'ajouterais, pour ma part, que tu étais comme obsédé par le « *devoir d'être toujours aux côtés des humiliés qui luttent* » (Che Guevara). C'est cette obsession qui te poussa à tancer le Guinéen Camara Laye à propos de son roman autobiographique *L'Enfant noir* :

« *Laye se complaît décidément dans l'anodin et surtout le pittoresque le plus facile [...], érige le poncif en procédé d'art. [...] C'est une image stéréotype de l'Afrique et des Africains qu'il s'ac harne à montrer : univers idyllique, optimisme de grands en-fants, fêtes stupidement interminables* »[145].

Le Congolais Boniface Mongo Mboussa, qui a préfacé tes textes réunis et présentés par André Djiffack, te décrit comme *« ce Prométhée camerounais qui nous lègue le feu* ». Mais une chose est de recevoir le feu, une autre chose est de le garder allumé. Empêcherons-nous le tien de s'éteindre ? De l'endroit où tu te trouves

[144] *Cf.* Mongo Beti, *Le Rebelle*, vol I, pp. 17-18.
[145] *Cf. Le Rebelle*, vol. I, p. 28.

maintenant, Mongo Beti, fais en sorte que les générations présentes et futures puissent poursuivre ton combat : le combat pour la justice et la liberté !

Chapitre 41
La victime ne demande pas pardon au bourreau

Avant l'accord de Pretoria (Afrique du Sud) signé le 6 avril 2005, Laurent Gbagbo avait pris le temps d'écouter les Ivoiriens, toutes couches sociales confondues. Et la majorité d'entre eux étaient clairement opposés à une modification de l'article 35 de notre Loi fondamentale qui exclut de l'élection présidentielle toute personne ayant un parent non-ivoirien et s'étant prévalue d'une autre nationalité. Cetains compatriotes pensent que le président aurait dû se montrer démocrate jusqu'au bout, c'est-à-dire suivre cette majorité ou bien organiser un référendum, au lieu de s'appuyer sur l'article 48 de la même Constitution pour autoriser Ouattara à briguer la présidence de la République. Ils considèrent cette autorisation comme une grave erreur. Pourquoi ? Parce que, d'après eux, c'est la seule chose qu'attendaient Ouattara et ses soutiens occidentaux pour faire ce qu'ils firent par la suite : refuser le désarmement des rebelles pourtant inscrit dans l'accord de Ouagadougou, fraudes et bourrage des urnes dans le Nord, proclamation des résultas provisoires par Youssouf Bakayoko dans le QG de Ouattara, bombardement des camps militaires et de la résidence du chef de l'État par les forces franco-onusiennes, etc. Sur ce point, je suis pleinement d'accord avec Mamadou Koulibaly, Affi N'Guessan et tant d'autres, tout comme je partage l'avis de ceux qui estiment que, avant que les positions ne se radicalisent de part et d'autre, et même si Affi avait dit et fait des choses détestables et condamnables, le chef aurait dû le recevoir et l'entendre aussi. À un ami qui trouvait normal que Laurent Gbagbo n'ait rencontré qu'un camp, je dus simplement poser la question suivante : si tu es en palabre avec ton frère et que seule sa version des faits est sollicitée et validée par ton père, ce dernier ne te semblera-t-il pas partial et injuste ? Sur-le-champ, je n'obtins pas de réponse à ma question. C'est longtemps plus tard que l'ami admit que la sagesse et la justice commandaient que le chef écoutât les deux parties avant de leur dire ce qu'ensemble elles devraient faire ou non pour sauver la Côte d'Ivoire.

Laurent Gbagbo n'a jamais nié avoir commis des erreurs, ni prétendu que tout allait bien dans le pays quand il en tenait les rênes.

Plusieurs fois, il a fait montre d'humilité, s'est abaissé, pour que la Côte d'Ivoire puisse se relever. Mais être humble ne signifie pas se laisser piétiner ou brader des principes auxquels on a cru, toute sa vie. Et l'un des principes auxquels Gbagbo tient comme à la prunelle de ses yeux, c'est que courber l'échine devant l'ennemi sous le fallacieux prétexte qu'il est trop fort est à la fois inutile et indigne. Et c'est sur ce point que je suis en profond désaccord avec certains de nos frères qui n'arrêtent pas de clamer que, si nous voulons libérer notre pays du joug français, nous devrions demander pardon aux dirigeants français. Tout autre attitude, ajoutent-ils, relèverait de l'irrationnel ou de l'émotionnel. Mon intention, en proposant ces lignes, n'est pas de revenir sur la formule senghorienne (« *la raison est hellène comme l'émotion est nègre* ») qui, à mon avis, est plus nuancée qu'il n'y paraît. Le poète sénégalais a démenti en effet avoir soutenu que le Nègre est incapable de raisonner ; le fond de sa pensée, selon ses explications, c'est que la raison nègre n'est « ni discursive ni analytique ni antagoniste comme celle du Blanc mais synthétique, intuitive, sympathique »[146]. Cette nuance contredit-elle pour autant le fait que l'enfant de Joal était sincèrement et viscéralement fasciné par la France, lui était soumis et l'aimait si fortement qu'il décida d'y passer ses derniers jours ? Non et, pour s'en convaincre, il suffit de lire, entre autres auteurs, Marcien Towa[147] et Stanislas Adotevi[148] ; il suffit aussi de se rappeler que « *le rôle historique de M. Senghor est, quoiqu'il s'en défende, de justifier la traite des Nègres, la colonisation et la coopération, que sa besogne consiste à bercer les 'damnés de la terre' avec un galimatias justificatif d'une politique traîtresse, à préparer les Nègres à la servitude, bref à leur proposer une africanité de la misère, de la faiblesse et de l'impuissance* »[149]. Il suffit surtout de se tourner vers son ami et compagnon Mamadou Dia qui nous apprend que Senghor se sentait français avant tout autre chose et que, si les deux hommes se séparèrent en 1962, c'est en partie parce que Dia refusait que son pays soit la chasse gardée de la France[150]. Ce

146 *Cf. Diogène,* 1956.

147 *Léopold Sédar Senghor : Négritude ou Servitude ?*, Yaoundé, Clé, 1971.

148 *Négritude et négrologues*, Paris, Union générale, 1972.

149 *Cf.* Mukendi Nkonko, « Un Nègre à l'académie française. Senghor démasqué... L'Afrique dupée » in *Peuples noirs, peuples africains*, No 35, 1984, pp. 24-40.

150 http://senego.com/video-temoignages-emouvants-de-mamadou-dia-sur-leopold-sedar-senghor-regardez_339858.html

débat sur les relations entre Senghor et Dia n'est certainement pas sans intérêt mais je préfère le laisser aux Sénégalais.

Pour ma part, je voudrais m'intéresser au fameux pardon dont les tenants s'imaginent qu'il pourrait sortir Laurent Gbagbo de prison. Et je voudrais le faire en posant quelques questions :

N'est-il pas absurde que la victime demande pardon au bourreau ? N'est-il pas normal que ce soit le bourreau qui fasse repentance comme le fit le Premier ministre norvégien, Jens Stoltenberg, en demandant pardon aux Juifs, le 27 janvier 2012, pour les déportations dont l'État norvégien s'était rendu complice pendant la Seconde Guerre mondiale ? En 1999, le secrétaire général de l'ONU, Kofi Annan, présenta des excuses au Rwanda pour y avoir laissé se perpétrer en 1994 un génocide qui fit au moins un million et demi de morts. En 1982, Helmut Schmidt, le chancelier allemand de l'époque, assimila à une faute gravissime le fait que les Nazis aient persécuté, confiné dans des ghettos, déporté ou tué les Roms après les avoir jugés « *racialement inférieurs* » et on pourrrait trouver facilement d'autres exemples de ce genre. Or certains voudraient que les Ivoiriens se couvrent de cendre, déchirent leurs vêtements et demandent pardon à la « sainte » France. Mais de quoi devraient-ils demander pardon ? Quels crimes ont-ils commis vis-à-vis de la France ? Est-ce un crime de vouloir prendre son destin en main, de ne plus donner systématiquement à la France ses marchés quand d'autres pays ont mieux à vous proposer, de refuser que les soldats ivoiriens défilent sur les Champs-Élysées, de demander la fermeture du 43e BIMA, etc ? Défendre son pays et les personnes qui y habitent quand ils sont attaqués par une horde de hors-la-loi soutenus par la France est-il un péché ? À moins que mes connaissances bibliques et théologiques ne soient erronées, j'ai toujours pensé que c'est le bourreau qui devait demander pardon à la victime après avoir reconnu et regretté sa faute. D'où vient alors l'idée que les Ivoiriens devraient implorer le pardon de la France ? Au nom de quoi, des gens massacrés deux fois[151] pour s'être opposés à la recolonisation de leur pays devraient-ils demander pardon ? Dans les douloureux événements que notre pays a connus entre 2002 et 2011, j'adhère à l'idée que le bourreau est la France et la victime, la Côte d'Ivoire et que c'est aux Français de battre leur coulpe car leurs gouvernants ont posé des actes indignes d'un pays qui se targue d'être la patrie des droits de l'homme et de la démocratie. À

[151] En novembre 2004 et en avril 2011.

propos de démocratie, si celle-ci veut dire « *le gouvernement du peuple par et pour le peuple* », peut-on la revendiquer à cor et à cri et être fier de s'être immiscé de façon violente et meurtrière dans un conflit qui se déroulait à 6 000 km de Paris ?

Il est incontestable que Mandela discuta avec les Blancs, qu'il fit des compromis qui n'ont rien à voir avec la compromission mais n'oublions jamais que cet homme fut intransigeant sur certains principes, qu'il se garda de dévier des idéaux de justice, d'égalité et de liberté, qu'il n'était pas pressé de sacrifier ses valeurs sur l'autel de je ne sais quels intérêts mesquins et sordides et que, une fois élu président, il tint tête aux dirigeants occidentaux qui ne voulaient pas qu'il rende visite à Mouammar Kadhafi.

J'ai le sentiment que les apôtres du pardon sont pressés de revenir au pouvoir afin de retrouver les avantages matériels qu'ils avaient. Un vrai combattant n'est pas pressé de sortir de l'indigence et de la précarité dans lesquelles il se retrouve momentanément car il sait que la vérité et la justice qu'il défend finiront par triompher. Les vrais patriotes ne luttent pas pour eux-mêmes ; ils ne se demandent pas si la lutte va leur rapporter quelque chose *hic et nunc* ; ils prennent des risques aujourd'hui afin que leurs enfants et petits-enfants puissent vivre demain dans un monde meilleur. Ils se battent avant tout pour la souveraineté du pays, pour que les richesses du pays profitent à tous, pour que tout le monde puisse bien se soigner sur place. Ils veulent servir les Ivoiriens et non diriger la Côte d'Ivoire pour la France qui, en retour, leur permettra d'avoir appartements et comptes bancaires à Paris. Ils estiment que, au moment où l'environnement international nous est favorable pour engager le combat de la souveraineté, nous devrions nous montrer fermes et déterminés au lieu de nous mettre à genoux devant des criminels et des voyous qui, les uns après les autres, sont en train de quitter piteusement la scène politique.

Chapitre 42
On ne ruse pas impunément avec le peuple

Leur débâcle à la présidentielle d'octobre 2015 ne les a point instruits. La sortie du Royaume Uni de l'Union européenne (le Brexit), le 23 juin 2016 ; la déconvenue de Hillary Clinton lors de la présidentielle du 8 novembre 2016 ; le renoncement de François Hollande à se représenter en 2017 ; l'élimination de Sarkozy et de Juppé aux primaires de la droite, signes qu'un monde est en train de disparaître et que plus rien ne sera comme avant, aucun de ces événements ne leur a fait comprendre qu'ils devaient changer leur fusil d'épaule. Au contraire, ils soutenaient *mordicus* que la politique de la chaise vide n'avait jamais payé, que la partie était jouable, les législatives étant, selon eux, différentes de l'élection présidentielle. Enfin, ils estimaient que, pour libérer Laurent Gbagbo et abroger la constitution de Ouattara, il fallait siéger à l'hémicycle. Ils battirent alors campagne, sillonnèrent villes, villages et hameaux, distribuèrent de l'argent à gauche et à droite, prirent des photos avec leurs futurs électeurs. Ils firent tout cela parce qu'ils étaient persuadés qu'ils l'emporteraient haut la main et que leur heure avait sonné : l'heure d'être appelés honorables et de toucher mensuellement des émoluments qui n'ont rien à voir avec ce que gagnent leurs employeurs, c'est-à-dire les paysans, ouvriers et petits fonctionnaires.

Mais, quand furent proclamés les résultats de l'élection du 18 décembre 2016, la plupart de ces candidats, qui ne voyaient aucun inconvénient à légiférer sous une constitution avec laquelle ils disaient ne pas être d'accord, furent battus à plate couture. Certains mordirent la poussière dans leur propre région. En un mot, la moisson fut très maigre pour eux. Cette cuisante défaite était-elle prévisible ? Oui. Pourquoi ceux qui croyaient que l'Assemblée nationale leur permettrait de changer les choses dans notre pays ont-ils perdu ? Pour moi, il y a une seule explication à cette déculottée : ils voulaient ruser avec Ouattara et rouler le peuple ivoirien dans la farine. En somme, ils se croyaient malins mais la suite de l'histoire a montré qu'il y avait plus malin qu'eux.

1. La politique de la carotte et du bâton à l'égard de Ouattara.

Koulibaly, Affi et les autres ont commencé par baisser leur culotte devant le président du RDR soit en assistant à son investiture, soit en le reconnaissant comme président de la République, soit en discutant avec lui, soit en qualifiant de va-t-en-guerre ceux qui voulaient jouer la carte de la fermeté. Mais, comme ce qu'ils attendaient (recomposition de la commission électorale, révision de la liste électorale, argent, et/ou postes) n'arrivait pas, ils traitèrent ensuite Ouattara de tribaliste, de dictateur et d'imposteur, dirent du mal de sa constitution avant de participer finalement aux législatives truquées et gagnées d'avance par le RHDP. La question que l'on peut poser ici est la suivante : Après avoir été traîné dans la boue de la sorte, Ouattara pouvait-il permettre à ses adversaires d'avoir un grand nombre de parlementaires capables de le défier et de lui porter la contradiction au Parlement ? Non et il fallait être naïf pour croire le contraire. La première erreur d'Affi et Cie fut donc d'avoir imaginé que Ouattara avait subitement oublié leurs menaces et invectives et qu'il se ferait *hara-kiri*.

2. Ils ont tourné le dos au peuple qui ne se sentait pas concerné par la mascarade du 18 décembre 2016

La seconde erreur commise par nos politiciens versatiles et opportunistes, c'est de n'avoir pas compris que le peuple ivoirien est devenu mature et qu'il refuse désormais que n'importe quel petit aventurier se serve de lui pour devenir riche et puissant. J'appelle « petit aventurier » quiconque raconte des mensonges (« *On veut être député pour sortir Gbagbo de la Haye et combattre la constitution de Ouattara* », « *le parti risque de mourir s'il n'est pas représenté au Parlement* », etc.), quiconque est incapable de tenir ses promesses, de poser des actes qui soient en accord avec ses dires, de faire passer l'intérêt général avant l'intérêt personnel, etc. Dans le Front du Refus, des gens ont affirmé que le pouvoir était au peuple et que la constitution de Ouattara était non seulement inopportune mais dangereuse. Un tel discours n'était pas faux mais comment peut-on le tenir et ne pas se soumettre au peuple quand celui-ci dit ne pas se reconnaître dans la nouvelle constitution, ni dans la commission électorale déséquilibrée et inféodée à Ouattara, ni dans toute élection organisée par Youssouf Bakayoko ? L'humilité, la démocratie et la cohérence ne commandaient-elles pas que fût purement et simplement boycottée cette parodie d'élection dont l'unique but, pour Ouattara, était de faire croire à ses parrains occidentaux que tout le monde avait participé aux législatives ?

Pour conclure, je voudrais faire remarquer qu'il y a eu, de la part de ceux qui espéraient faire leur entrée au Parlement sans l'onction des Ivoiriens qui n'ont ni oublié ni pardonné l'injustice faite à Laurent Gbagbo et à notre pays, une grande méprise sur Ouattara comme sur le peuple ivoirien. C'est cette méprise, adossée à la roublardise et à la poursuite d'intérêts égoïstes, qui a été lourdement sanctionnée. Que devraient faire ceux qui viennent d'être châtiés ? Admettre qu'ils se sont trompés, demander pardon et réapprendre à écouter et à respecter le peuple, s'ils ne veulent pas « *disparaître dans les égouts* » (Franz-Olivier Giesbert).

Chapitre 43
Vive les politiques ! À bas les politiciens !

En Afrique, comme ailleurs, certains ont tendance à mettre politiciens et politiques dans le même sac. Ils les accablent alors des mêmes maux et les chargent des mêmes péchés. Je pense qu'ils ont tort parce que les uns et les autres ne font pas de la politique de la même manière, pas plus qu'ils ne poursuivent les mêmes objectifs. En quoi diffèrent-ils ? Avant de répondre à cette question, je voudrais rappeler le but de la politique.

But de la politique

Que recherchent les hommes au village ou en ville ? Quelles sont leurs aspirations basiques ? Que la loi soit pareillement appliquée à tous les habitants de la Cité (*Polis* en grec) ; que chacun puisse se soigner quand il est malade, scolariser sa progéniture, aller facilement d'un endroit à un autre, avoir des moyens ou un salaire lui permettant de faire face à ses besoins élémentaires, dire ce qu'il pense sans craindre d'être arrêté, bastonné, jeté en prison ou assassiné. La finalité de la politique est ainsi de permettre à chacun d'avoir « une vie bonne » dans la Cité (Aristote). Nous ne pouvons atteindre cette vie bonne, ajoute-t-il, que dans une société qui ne tolère pas l'injustice en son sein. Une société vit dans l'injustice lorsqu'une minorité y possède tout, y a droit aux avantages et privilèges de toutes sortes, pendant que la majorité est privée du strict minimum vital. On comprend dès lors pourquoi le Stagirite condamne le capitalisme excessif et l'esclavage[152].

Ce qui oppose le politicien et le politique

D'abord, le politicien promet beaucoup mais réalise peu. En d'autres termes, il honore rarement ses promesses. Il ne se gêne point pour les renier le plus vite possible car, pour lui, « *les promesses n'engagent que ceux qui les écoutent* » (une formule que l'on doit à Henri Queuille, ministre sous la IIIe République en France, et qui sera reprise par Charles Pasqua et Jacques Chirac en 1988).

[152] *Cf.* Aristote, *La Politique*.

Lorsque quelqu'un promet de donner des milliards à toutes les villes du pays, de n'exercer qu'un mandat de cinq ans, de sévir contre tous les coupables de crimes contre l'humanité, d'être au service de tous les citoyens et qu'il fait autre chose, c'est un politicien. Le politique, lui, met un point d'honneur à tenir ses promesses ; il est soucieux de faire ce qu'il dit, parce qu'il croit que la parole donnée doit être respectée.

Ensuite, le politicien ne voit pas la politique comme « *l'art de résoudre les problèmes, mais de faire taire ceux qui les posent* » (H. Queuille).

Au début des années soixante, Charles Donwahi, Auguste Daubrey, Amadou Koné, Samba Diarra, Joachim Bony, Ernest Boka et d'autres jeunes cadres du PDCI avaient posé des problèmes qui méritaient l'attention du gouvernement et du parti. *Grosso modo*, ils ne comprenaient pas que, après l'accession du pays à l'indépendance, la France continue d'avoir la mainmise sur le pays. Mais comment Houphouët réagit-il ? Il les emprisonna à Assabou après les avoir accusés de comploter contre lui. Plus tard, Houphouët admettra que c'était un faux complot et qu'il avait été induit en erreur par le commissaire Goba. Un faux complot dont le but était de fermer la bouche à ces valeureux cadres que le premier président devait trouver à la fois bruyants et turbulents[153]. Pour avoir soutenu qu'il y a un seul FPI présidé par Laurent Gbagbo, Hubert Oulaye et Assoa Adou furent incarcérés. C'était aussi une manière de les réduire au silence. Ceux qui se débarrassent ainsi de leurs adversaires qu'ils sont incapables de convaincre sont des politiciens. Parce qu'il reconnaît le droit au désaccord, parce qu'il sait que « *à vouloir étouffer les révolutions pacifiques, on rend inévitables les révolutions violentes* » (John Fitzgerald Kennedy), le politique ne fait rien contre ceux qui ne partagent pas sa vision des choses. Charles de Gaulle savait que Jean-Paul Sartre ne le portait pas dans son cœur (celui-ci qualifiera le scrutin présidentiel de décembre 1965 d'élections pièges à cons) mais, quand il fut question de l'arrêter lors des troubles causés par la guerre d'Algérie, le général refusa en disant :

« *On n'emprisonne pas Voltaire* ».

Seul un politicien est en mesure d'emprisonner des professeurs d'université tout en laissant des criminels connus de tous se pavaner et faire ce que bon leur semble.

[153] *Cf.* Samba Diarra, *Les faux complots d'Houphouët-Boigny*, Paris, Karthala, 1997.

Troisième différence : Le politicien cherche à faire carrière. C'est une obsession pour lui. Il veut monter en grade, encore et toujours. Il se gardera donc d'aborder les sujets qui pourraient compromettre cet objectif alors que le politique consacre son temps et sa vie aux autres. Le politique n'a donc pas peur de s'engager, de prendre position, de tonner, de déplaire, si l'intérêt du peuple l'exige. Il est un peu comme Jean-Baptiste disant à propos de Jésus :

« *Il faut qu'il grandisse et que moi, je diminue* » (Jean 3, 30).

Pour le politique, il est impensable que le peuple soit famélique pendant que les députés, maires, ministres, ambassadeurs et présidents sont gros, gras et dodus.

La quatrième différence, c'est que le politicien a fait de la politique son métier. Il ne fait que cela et ne vit que de cela. L'homme politique, par contre, a un métier (il est médecin, enseignant, agriculteur, ingénieur ou facteur comme Olivier Besancenot en France). Et, s'il fait autre chose que la politique, c'est pour une double raison : 1) il ne veut pas se couper du quotidien des gens ; 2) il n'est pas entré en politique pour s'enrichir.

Ce qui les distingue aussi, c'est que le politicien est capable d'invoquer des grandes figures littéraires et humanistes (Zola, Hugo, Guevara, Jaurès, Jean Moulin, Mendès France, Gandhi, Luther King, Nelson Mandela, Mère Teresa…) mais fera le contraire de ce que ces hommes et femmes ont accompli. Hollande a ainsi eu recours à Jean-Jaurès, grande figure de la gauche française assassinée en 1914. Le 23 avril 2014, il se rendit à Carmaux (dans le Tarn), pour lui rendre hommage. Mais tout le monde voit aujourd'hui que sa politique ultra-libérale et sa propension à plaire au Medef n'ont rien à voir avec les idées de Jaurès. Hollande et les autres soi-disant socialistes qui citent Jaurès ou Moulin à tout bout de champ tout en soutenant oligarques, dictateurs et criminels, le philosophe Michel Onfray les qualifie de guignols et parle volontiers d'une « mafia qui se réclame de la gauche ».

En Côte d'Ivoire, Bédié et Ouattara se réclament d'Houphouët mais n'ont pas hésité en 2011 à faire bombarder la résidence du chef de l'État construite par le même Houphouët. Ils invoquent sans cesse le dialogue d'Houphouët mais les seules réponses qu'ils donnent aux légitimes revendications de l'opposition sont la prison, l'exil ou les gaz lacrymogènes. Pire encore, la capitale politique, abandonnée depuis 1993, se meurt pendant qu'ils s'enrichissent et thésaurisent. À gauche, des gens disaient suivre Laurent Gbagbo simple, généreux, courageux et refusant de ramper devant la France mais, très vite, ils étalèrent leur arrogance, leur suffisance, leur méchanceté et leur promptitude à embrasser ceux qui faillirent tuer l'ancien secrétaire général du FPI. Le politique, en revanche, s'attelle à agir comme les figures dont il aime la vision et la méthode.

Enfin, le politique s'efforce d'être cohérent avec lui-même. Cela veut dire qu'il ne prendra pas part à des élections truquées et gagnées d'avance par le parti au pouvoir après avoir contesté la commission chargée d'organiser ces élections. Tel n'est pas le cas du politicien. Même s'il clame que seul le peuple est souverain (« le pouvoir au peuple »), même si le peuple est prêt à boycotter les élections bidon organisées par les tricheurs de la CEI, lui ne verra aucun convénient à y participer. Car l'important pour lui, ce n'est pas le peuple, mais sa petite personne : l'argent qu'il empochera avant ou après le scrutin, son poste et sa carrière.

Ce sont donc les politiciens qui donnent une mauvaise image de la politique. Sinon, celle-ci est au départ une activité noble. Comme disait le pape Pie XI en 1927, elle est « *le champ de la plus vaste charité* ». Il est temps de sanctionner les politiciens d'ici et d'ailleurs pour redonner à la politique ses lettres de noblesse.

Chapitre 44
Ils nous ont dit…

Ils nous ont dit que les Refondateurs n'avaient pas travaillé, de 2000 à 2010. Et pourtant, ils faisaient partie des différents gouvernements formés par Laurent Gbagbo et jamais personne ne les empêcha de construire et d'embellir le pays.

Ils nous ont parlé d'une croissance à deux chiffres, de ponts flambant neufs, de routes qui seraient construites partout pour désenclaver le pays et permettre à chacun d'aller facilement d'un endroit à un autre, de milliers d'emplois créés pour les jeunes fraîchement diplômés, d'universités retapées et bien équipées, d'hôtels quotidiennement pris d'assaut à Abidjan par des investisseurs impatients d'injecter leur argent (des milliards d'euros ou de dollars) dans notre économie pour notre plus grand bonheur, de vols pleins décollant chaque jour de Paris, Berlin, Bruxelles, Londres, Rome, Madrid ou Lisbonne en direction de notre capitale économique.

Ils nous ont laissé entendre que, du Levant au Couchant, les gens se bousculaient pour voir le nouvel Eldorado qu'est devenue la Côte d'Ivoire, que tout allait bien dans ce pays et que nous entrerions sous peu dans le cercle fermé des pays émergents.

Ils nous ont fait croire que la sécurité dans le pays était comparable à celle de la Suisse, qu'aucun régime n'avait jamais autant travaillé que celui qui fut installé en avril 2011 par Sarkozy, que la démocratie y avait été remise sur les rails et que la preuve en était la reconnaissance par le pouvoir de certains opposants qui pouvaient marcher ou faire campagne tranquillement pendant que d'autres opposants, les vrais, n'étaient pas autorisés à parler et à agir à leur guise.

Certaines personnes ont pensé que tout ceci était vrai et que la Côte d'Ivoire s'apprêtait vraiment à connaître son second « miracle » économique. Et puis, est venue l'histoire des intempestives coupures d'eau et d'électricité à Abobo, Koumassi et Yopougon. Et puis, est arrivée l'histoire des factures gonflées mois après mois par la compagnie ivoirienne d'électricité. Et puis, il y a eu l'histoire des microbes, ces jeunes drogués que le pouvoir utilisa, puis abandonna sans état d'âme, et qui agressent d'honnêtes citoyens pour survivre. Et puis, est arrivé l'épisode des attentats de Grand-Bassam. Et puis, est venue l'histoire des familles déguerpies et des quartiers précaires démolis sans indemnisation de ceux qui les occupaient et dorment désormais à la belle étoile. Et puis, est arrivée l'histoire des jeunes que le chômage et le désespoir poussent à quitter Daloa et d'autres villes pour l'Europe *via* la dangereuse méditerranée. Et puis, est venue l'histoire de la BAD qui serait sur le point d'envoyer 900 de ses employés à Tunis ou ailleurs. Et puis, est venue l'histoire de Soro à qui on a refusé l'avion présidentiel. Et puis, est arrivée l'histoire de Gnamien Konan et Mabri virés du gouvernement pour avoir présenté leurs propres candidats aux législatives du 18 décembre 2016.

Ceux qui avaient pensé que le régime disait vrai commencèrent alors à douter et à s'interroger :

Nous avait-on menti sur le retour de la paix, de la sécurité et de la croissance ?

La Côte d'Ivoire qui gagne, brille et s'achemine lentement mais sûrement vers l'émergence, fallait-il ne pays y croire ?

L'entente parfaite qui nous fut maintes fois vantée entre Hamed Bakayoko et Soro, entre Soro et Ouattara, n'était-ce qu'un leurre ?

Oui ! Tout ce qui avait été raconté ne pouvait pas être vrai parce que, quand un pays marche bien, chacun le ressent d'abord et avant tout dans son assiette et le président, les ministres et les députés ne sont pas les seuls à se soigner convenablement. Ça n'était que de l'enfumage parce que, dans un pays normal, la commission électorale n'est pas contrôlée par le parti au pouvoir et les médias publics sont ouverts à tous les partis politiques. Ça n'était que de la mystification parce que, dans un pays vraiment démocratique, le président ne choisit pas les opposants avec qui il doit discuter, la justice ne se mêle pas des affaires internes à une formation politique et les journaux ne sont pas suspendus pour avoir critiqué le président ou son gouvernement.

Maintenant que nous savons tous qu'il ne nous a été servi que des mensonges depuis 2011 et que ça risque de mal se terminer entre les menteurs et voleurs, que ferons-nous ? Continuer à croire que nous ne pouvons rien faire et que seul Dieu peut nous sortir de cette situation ? Pour le poète nigérian Ben Okri, « *il n'y a pas de peuple impuissant. Il n'y a que ceux qui n'ont pas vu et pas mis en action leur force et leur volonté. Ce serait peut-être un exploit inespéré à certains yeux, mais ceux qu'on sous-estime peuvent tout à fait contribuer à l'avènement d'une nouvelle ère de l'histoire humaine. Un nouvel élan doit venir de ceux qui souffrent le plus, et qui sont le plus attachés à la vie* »[154].

Si le pouvoir est au peuple, il est non moins vrai que c'est le peuple qui fait l'Histoire. Et il la fait en se dressant contre l'imposture et la dictature, en disant :

« *Ça suffit !* »

[154] *Cf. Ways of being free.*

Chapitre 45
Des mercenaires payés pour avoir tué et violé les Ivoiriens

En Côte d'Ivoire, pour devenir millionnaire ou milliardaire, il n'est plus nécessaire d'étudier ou de travailler dur ; il suffit de tuer, de violer et de piller le bien d'autrui, tel est le message envoyé par Dramane Ouattara non seulement aux Ivoiriens mais au monde entier après la dernière mutinerie que le pays vient de connaître. En attendant que soient évalués les dégâts de cette mutinerie, on peut admettre d'ores et déjà que la protestation des militaires non seulement écorne l'image d'un pays que certains analystes superficiels disaient aussi sécurisé que la Suisse mais ternit un peu plus le blason de Ouattara que ses partisans ont toujours présenté comme un homme fort et ferme. La semaine dernière, Ouattara n'a été ni fort ni ferme. Ses proches déclarent même qu'il était si atteint, si ébranlé, qu'il aurait envisagé de démissionner. À ceux qui en doutaient encore, le dénouement du dernier bras de fer entre le pouvoir fantoche et moribond d'Abidjan et ses mutins aura surtout révélé que Dramane ouattara occupe le fauteuil présidentiel, non parce qu'il a été démocratiquement élu, mais parce que des tueries et massacres ont été perpétrés par des voyous et analphabètes qu'il avait recrutés au Burkina, au Mali, en Guinée, au Togo et dans d'autres pays de l'Afrique occidentale. Dans une vidéo postée sur Facebook, en effet, deux mutins affirment que ce sont leurs armes qui ont installé Ouattara à la tête de la Côte d'Ivoire. Une affirmation que je trouve un peu exagérée car, même si ces Pieds Nickelés y ont mis du leur, même si Ibrahim Coulibaly et ses hommes du « Commando invisible » ont fait de nombreuses victimes parmi les policiers et gendarmes à Abobo, on doit reconnaître que ce sont les soldats français appuyés par la force onusienne censée pourtant être neutre, et non les FRCI, qui ont eu raison de nos Forces de sécurité et de défense (FDS). Tous ceux qui étaient présents à la résidence du chef de l'État entre le 1er et le 11 avril 2011 peuvent attester que la France utilisa tous les moyens militaires dont elle disposait (avions de guerre, hélicoptères, missiles, rafales, etc.) contre Laurent Gbagbo qui non seulement n'avait pas déclaré la guerre à l'ancienne puissance colonisatrice mais demandait le recomptage des voix pour un règlement pacifique du contentieux électoral. Le président ivoirien aurait pu périr dans ce déluge de feu, car tel était le but recherché par ses adversaires (Sarkozy, Jean-Marc Simon, Ouattara, Bédié et Soro) mais il eut la vie sauve probablement parce que la mission que Dieu lui a confiée n'était pas encore achevée. Non, les rebelles de Dramane Ouattara n'étaient pas assez forts pour battre nos soldats. La Licorne les aida plutôt à pénétrer dans la résidence présidentielle où ils firent montre d'une barbarie inouïe envers les Henri-Philippe Dacoury-Tabley, Christine Adjobi, Yanon Yapo, Jean-Jacques Béchio et d'autres. En d'autres termes, sans les Français, les FRCI auraient mordu la poussière devant nos valeureux militaires. Cela est d'autant plus vrai que les attaques de la rébellion contre la République, ses institutions et ceux qui les incarnaient, n'ont pas débuté le 11 avril 2011. C'est en 2002, précisément le 19 septembre, que tout commença. Ce jour-là, Kigbafori Soro et sa bande de criminels furent chassés d'Abidjan et poursuivis jusqu'à Bouaké par des soldats loyalistes peu équipés. La thèse selon laquelle les rebelles auraient pris la capitale économique si la Licorne ne s'était pas interposée ne tient donc pas la route.

Début novembre 2004, la rébellion était presqu'anéantie quand Jacques Chirac la remit en selle en détruisant nos avions militaires.

Sarkozy vola ensuite à son secours en 2011 en faisant bombarder les positions occupées par les FDS. En principe, tout devait alors aller comme sur des roulettes mais chacun s'aperçut très vite qu'il y avait des problèmes entre Ouattara et son armée. D'où venaient-ils ? Du fait que les promesses faites (cinq millions de F. CFA plus une villa à chaque soldat) n'avaient pas été tenues. Pourtant, on nous avait dit et répété en 2016 que l'Ivoirien nouveau est celui qui respecte la parole donnée, ne dérange pas la quiétude des populations, tourne le dos aux coups d'État, etc.

La République aurait-elle été épargnée par ces mutineries à répétition avec leur lot de désagréments, de traumatismes, de jours chômés, de morts et de blessés par balles ? Oui, si nous avions eu un président sorti des urnes et non imposé par les armes. Et c'est ici qu'émerge la première leçon de cette mutinerie :

Les solutions apportées par la violence sont toujours des solutions provisoires. Mahatma Gandhi l'a bien résumé dans cette formule :

« *Je m'oppose à la violence parce que lorsqu'elle semble engendrer le bien, le bien qui en résulte n'est que transition, tandis que le mal produit est permanent* ».

Le moins que l'on puisse dire est que Ouattara et ses adeptes sont rattrapés par leur propre violence, celle qu'ils ont introduite dans le jeu politique ivoirien. De cette violence, ils ont usé et abusé contre Bédié, Gueï et Gbagbo pour arriver au pouvoir. C'était leur marque de fabrique. D'où vient alors que les Soumahoro, Bictogo, Hamed Bakayoko condamnent aujourd'hui tout recours à la violence ? Eux qui ont été prompts à arrêter puis à incarcérer une pauvre dame qui vendait au marché de Yopougon, pourquoi ne font-ils rien contre Soul II Soul, collaborateur de Soro, chez qui on aurait découvert quantité d'armes ? Un tel « *deux poids, deux mesures* » est-il acceptable quand on prétend militer pour la démocratie et la justice ? Ou bien Ouattara a-t-il peur de Soro dont le discours sur le pardon et la réconciliation ne peut séduire que des individus prêts à toutes les compromissions pour manger ou obtenir un strapontin ?

La seconde leçon que l'on peut tirer de ces cinq jours de mutinerie, c'est celle-ci :

En acceptant de verser 42 milliards de F. CFA aux mutins après les avoir menacés de sanctions, Ouattara prouve qu'il ne comprend que le langage de la force. Les fonctionnaires, eux, sont méprisés et ignorés. Parce qu'ils n'ont pas la force avec eux, parce qu'ils ne traumatisent pas les Ivoiriens, parce qu'ils n'ont pas d'autre moyen de pression que le dialogue. Or n'est-il pas étrange que les houphouëtistes auto-proclamés qui prêchent le dialogue à tout bout de champ se montrent sourds à leurs légitimes revendications ? N'est-il pas aburde que le pouvoir laisse d'honnêtes travailleurs crever de faim au moment où il ne recule devant rien pour contenter des mercenaires ? Et combien de temps durera cette injustice ? Ouattara, qui ne respecte que ceux qui tirent en l'air, est-il assuré que ceux qu'il qualifiait hier de « libérateurs » ne reviendront pas à la charge quand ils auront fini de dépenser l'argent perçu ?

En tout état de cause, les mutins, devenus un véritable boulet après avoir été publiquement encensés et félicités, auront montré qu'ils peuvent faire plier Ouattara et donc qu'ils sont à même de le déboulonner à tout moment. Qu'ils aient affirmé avoir contribué à sa prise du pouvoir par les armes confirme le fait que le président du RDR est un putshiste. Certains, croyant peut-être se venger de Laurent Gbagbo qui n'aurait pas écouté leur appel à exiger le désarmement de la rébellion avant l'élection d'octobre 2010, s'étaient empressés de dire que Dramane Ouattara avait gagné la présidentielle d'octobre 2010. Ils sont mêmes allés à son investiture. Aujourd'hui, sans gêne, ils soutiennent que, sans les mutins, Ouattara n'aurait jamais été au pouvoir. Pourquoi ont-ils changé d'avis ? L'imminente libération de Laurent Gbagbo annoncée par certaines personnes qui se fondent sur le fait que la plupart des témoins à charge ont jusqu'ici blanchi le pensionnaire de Scheveningen y serait-elle pour quelque chose ? Une libération que ne souhaiterait pas Roch-Christian Kaboré parce que, d'après lui, ses compatriotes vivant en Côte d'Ivoire étaient massacrés sous Laurent Gbagbo. Qu'est ce que je pense de la sortie du président burkinabè ? D'une part, l'opinion de ce mendiant et laquais de la France importe peu ; d'autre part, quand nous aurons fini de dégager son frère Dramane, lui, Salif Diallo et les autres Burkinabè qui ont pris part à la déstabilisation de notre pays, nous leur demanderons des comptes car ce serait trop facile que leurs crimes restent impunis. Voilà des gens qui se targuent d'appartenir au « pays des hommes intègres » alors que les seuls domaines où ils excellent sont les vols et les tueries. Et puis, pourquoi les Burkinabè ne rentrent-ils pas chez eux s'ils se sentent persécutés en Côte d'Ivoire ? Qui les en empêche ?

Chapitre 46
Assassinat de Mgr Jean-Marie Benoît Bala. Le silence troublant du Vatican

« *Nous attendons des enquêtes sérieuses de la part du gouvernement. Il faut approfondir les recherches pour savoir ce qui lui est arrivé, comment il a pu se retrouver là. Un évêque de la trempe de Mgr Jean-Marie Benoît Bala ne se suicide pas ... Et puis, c'est un cas de figure plutôt rare dans l'histoire de l'Église. Les évêques ne se suicident pas* ».

Difficile d'adhérer à la thèse du suicide si on se fonde sur ces propos de l'archevêque de Bamenda (Mgr Cornelius Esua Fontem) et si on se fie au témoignage du directeur de publication du quotidien *L'Anecdote* selon lequel « les jambes ainsi que les bras du prélat ont été fracturés ». Prêtres ou religieuses assassinés avant d'être délestés de certaines parties de leur corps (le cœur, l'appareil génital, la langue, le cerveau, etc.), on croyait que ces pratiques ignobles et barbares avaient cessé au Cameroun après le meurtre d'Engelbert Mveng, le 21 avril 1995.

On pensait que les assassins et leurs commanditaires avaient enfin compris que la vie humaine est sacrée et que rien ne peut justifier le fait qu'un homme l'ôte à un autre homme. Avec le décès tragique de l'abbé Armel Djama et de Mgr Jean-Marie Balla (les deux ecclésiastiques avaient découvert et s'apprêtaient à dénoncer un réseau de pédophilie au petit Séminaire Saint André de Bafia impliquant des membres du gouvernement), on se rend malheureusement compte que rien n'a changé dans le Cameroun de Paul Biya, que les sacrifices humains et crimes rituels y sont devenus une seconde nature pour certaines personnes dont on dit qu'elles ont besoin de verser le sang d'autrui chaque fois qu'elles doivent affronter une élection ou monter en grade dans la Franc-Maçonnerie et les autres sociétés secrètes auxquelles elles appartiennent. Et pourtant, aucun Camerounais, quel que soit le désaccord qu'il puisse avoir avec ceux qui sont au pouvoir, ne mérite de subir une mort atroce, tout comme le Cameroun ne mérite pas que ses fils et filles continuent de se taire devant ces crimes odieux et atroces, de s'y résigner, comme si toute la société était impuissante, jusqu'à ce que les tueurs fassent de nouvelles victimes.

Car il importe de savoir que ce qui est arrivé à Jean-Marie Balla peut arriver à d'autres Camerounais si l'ensemble des Camerounais ne se lèvent pas pour affronter ce pouvoir qui tue froidement quiconque ose le contredire tout en se targuant d'avoir fait le petit ou le grand Séminaire, si chacun se contente de pleurer, de maudire les assassins dans son coin et de dire : « *On va faire comment* ? »

« *Toutes les dictatures, tous les terrorismes, tous les fascismes ont commencé parce que, devant les premiers viols du droit, on est resté muet* », affirmait l'abbé Pierre[155].

Peut-être le régime aurait-il arrêté de tuer si le peuple camerounais avait réagi comme il faut aux premiers assassinats : se soulever.

Une révolution n'est jamais faite par quatre ou cinq individus. Elle n'est pas seulement l'affaire des journalistes, ni de tel ou tel universitaire, ni de l'épiscopat catholique. C'est plutôt le peuple dans toutes ses composantes (professionnelles, religieuses, ethniques et linguistiques) qui doit s'indigner, réclamer justice et vérité et crier :

« *Trop, c'est trop ; plus jamais ça dans notre pays* ! »

Aucun pouvoir ne peut tenir face à ce peuple déchaîné et déterminé. Il est temps d'en prendre conscience. Le moment est venu pour que chacun cesse de s'imaginer qu'il s'en sortira tout seul et que réussir sa vie, c'est avoir une voiture, une maison, un mari /une femme et des enfants étudiant à l'étranger. Même si ces choses sont importantes, elles ne mesurent pas le poids ou la valeur d'un être humain. La vie est plus que manger du « *ndolè* » avec du poisson braisé, le tout accompagné d'un bon vin bordeaux. Et je suis pleinement d'accord avec Frantz Fanon quand il considère que « *nous ne sommes rien sur terre, si nous ne sommes pas d'abord l'esclave d'une cause, celle des peuples et celle de la justice et de la liberté* »[156].

Pour quelle(s) cause(s) les Camerounais sont-ils prêts à se battre aujourd'hui s'ils ne veulent pas périr tous comme des idiots ? À part la satisfaction du ventre et du bas-ventre, quel idéal poursuivent-ils ? Quels sacrifices sont-ils capables de faire ensemble pour que leur pays ne soit plus celui du crime, pour reprendre la formule de feu Charles Ateba Eyene[157]. La mort d'honnêtes citoyens n'est pas une fatalité. Le Cameroun n'est pas condamné à voir ses meilleurs fils finir leur vie

---

[155] *Cf.* Bernard Violet, *L'abbé Pierre*, Paris, Fayard, 2004, p. 318.

[156] Lettre à Roger Taïeb, 1961.

[157] *Cf. Le Cameroun sous la dictature des loges, des sectes, du magico-anal et des réseaux mafieux : De véritables freins contre l'émergence 2035,* Yaoundé, Saint-Paul, 2012.

comme Jean-Marie Benoît Bala. Il y a quelque chose à faire, collectivement et urgemment, contre le Léviathan. Pour cela, les Camerounais de la diaspora et ceux qui vivent sur place doivent se donner la main, se revendiquer d'abord de la nation et non de l'ethnie, se hisser un tout petit peu au-dessus des contingences matérielles et immédiates.

En attendant qu'advienne ce sursaut ou réveil, il n'aura échappé à personne que, jusqu'au 4 juin 2017, le Vatican n'avait pas encore réagi à l'assassinat de Mgr Bala sur le site internet de Radio Vatican alors qu'il avait condamné, rapidement et vigoureusement, « le meurtre barbare » de Jacques Hamel, le prêtre égorgé le 26 juillet 2016 en pleine messe dans une église de Saint-Étienne-du-Rouvray, près de Rouen (Seine-Maritime). C'est le même silence que garda Rome après le lâche assassinat du Père Engelbert Mveng. En 2010-2011, les autorités vaticanes ne dirent ni ne firent rien quand un président démocratiquement élu fut renversé et bombardé dans la résidence présidentielle par la France et que des milliers d'Ivoiriens furent massacrés par les mercenaires de Dramane Ouattara appuyés par l'armée française alors que, pour moins que cela (l'expulsion de 8.000 Roms de France par Sarkozy en 2009), Benoît XVI avait frappé du poing sur la table. En un mot, il est rare que le Vatican lève le petit doigt contre les crimes commis depuis 1960 par les dirigeants français en Afrique francophone et leurs sous-préfets de présidents. Face à ce silence de cathédrale, que certains interprètent comme une complicité avec ceux qui pillent l'Afrique, on est forcément conduit à se demander si l'indignation et les condamnations de la haute hiérarchie catholique ne sont pas sélectives, si, pour les autorités vaticanes, la vie du Noir n'a pas moins de valeur que celle du Blanc, pourquoi il est plus facile au Pape de s'associer « à la douleur et à l'horreur » en France qu'au Cameroun. Jean-Paul II (en 1995) et son successeur (en 2008) auraient demandé que la lumière soit faite sur les assassinats de prêtres au Cameroun. À supposer que la chose soit vraie, cela est-il suffisant ? Non, car il faut aussi suivre et poursuivre l'affaire et, au besoin, prendre des sanctions telles que la rupture des relations diplomatiques. Or, alors que les enquêtes sur lesdits assassinats n'ont jamais abouti, ceux qui les ont commis communient, tranquillement et sont reçus en grande pompe au Vatican.

C'est toute la question du prophétisme chrétien qui est posée ici. Rappelons brièvement que le mot « prophète » (« pro » et « phemi », en grec) signifie « *celui qui parle pour, qui parle en face* ». Le prophète est ainsi « *la voix des hommes sans voix, celui qui est capable, partageant la douleur de ceux qui souffrent, de se dresser et de crier au milieu du peuple, à la face des Grands, quels qu'ils soient et quels que soient le régime et la constitution. Le prophète, c'est la grande gueule, celui qui se dresse entre un pouvoir aveugle et un besoin muet* »[158].

L'Église catholique au Cameroun a-t-elle cessé d'être prophétique ? S'est-elle conformée au monde et à ses critères ? Le témoignage de Jean-Baptiste et des prophètes de l'Ancien Testament (Ézéchiel, Jérémie, Amos, Nathan), impitoyables pourfendeurs de l'injustice et de toute forme d'idolâtrie, lui parle-t-il encore ? N'a-t-elle pas accepté de plaire aux riches et puissants de ce monde et de courber l'échine devant eux ? Que personne ne voie de l'impertinence dans ce questionnement. L'auteur, en s'interrogeant à haute voix, souhaiterait simplement rappeler que Jésus n'a pas légué à ses disciples des tranquillisants mais un message subversif[159]. Pour nous, chaque baptisé, qu'il soit pape, évêque, prêtre ou fidèle laïc, devrait avoir conscience que « l'Église qui naît à la Pentecôte est une communauté qui n'hésite pas à sortir pour annoncer son message, même si celui-ci dérange et inquiète les consciences, même si ce message suscite peut-être des problèmes, et même si parfois il conduit au martyre »[160].

---

[158] *Cf.* Albine Novarino, *Préceptes de vie de l'abbé Pierre*, Paris, Albin Michel, 2009.

[159] Christian Duquoc, *Jésus, homme libre*, Paris, Cerf, 2003.

[160] Regina caeli du 8 juin 2014.

Chapitre 47
L'appel de Soro à la réconciliation est-il sincère ?

« Il y a, dans notre Cité, un pardon qui n'arrive pas à se donner, ou qui se donne de manière incomplète. Il y a des résistances au pardon et à la réconciliation ».

Ainsi, s'exprimait Kigbafori Soro devant des députés godillots. C'était le 3 avril 2017. Si nombre de victimes ne parviennent pas à pardonner à ceux qui ont égorgé, brûlé ou éventré leurs proches, s'il leur est difficile de se réconcilier avec les personnes qui ont détruit ou confisqué leurs biens, fruit de plusieurs années de travail et de sacrifices, ce n'est pas uniquement parce que « l*e pardon est un long et difficile processus* » et qu'il « *requiert de la patience* » (principe bouddhiste). Le pardon et la réconciliation seront en panne dans notre pays aussi longtemps que la vérité et la justice seront mises de côté ; ils resteront une illusion tant que certains se serviront de cette noble cause pour atteindre des objectifs personnels.

Le premier paramètre dont le pardon et la réconciliation doivent tenir compte est la vérité, tant il est indéniable que « *pardonner ne signifie pas ignorer ce qui a été fait ou coller une étiquette fausse sur un acte mauvais* »[161]. Les Ivoiriens ont besoin de connaître la vérité sur ce qui s'est passé dans leur pays entre janvier 2001 et avril 2011 ; ils doivent savoir qui a fait quoi au cours de cette période ; il est important qu'ils découvrent qui était dans le camp de la liberté et de la souveraineté et qui militait pour la mise sous tutelle du pays. Ouattara et Bédié clament régulièrement qu'ils n'ont rien à voir avec la rébellion. Pourtant, l'un a non seulement félicité les rebelles d'avoir pris les armes pour « *restaurer la démocratie* » et « *réparer l'injustice faite aux Nordistes* » mais il les a promus en les nommant ministres, généraux ou préfets de région.

Quant à l'autre, il a récemment révélé que Soro était son protégé. Père de l'expression « *Forces nouvelles* », il n'a jamais réussi à rabattre le caquet à tous ceux qui le soupçonnent d'avoir des atomes crochus avec N'Guessan N'Dri alias Félix Doh (dont le mouvement, le MPIGO, commit d'innombrables atrocités à l'Ouest de la Côte

[161] *Cf.* Martin Luther King, *La force d'aimer*, Paris, Casterman, 1965.

d'Ivoire) et Félix Miézan Anoblé (numéro 2 du Commando invisible d'Abobo, de sinistre mémoire).

Le second paramètre est la justice qui doit sanctionner toutes les personnes coupables de crimes de guerre et de crimes contre l'humanité. Or la justice à laquelle nous avons assisté jusqu'ici, tant à Abidjan qu'à la Haye, n'a rien d'une justice équitable et impartiale puisqu'elle ne juge qu'un camp dont le seul crime est d'avoir essayé de défendre le pays contre ceux qui étaient venus l'attaquer.

Un autre aspect de la justice, ce sont les réparations ou indemnisations. La soixantaine de gendarmes froidement assassinés à Bouaké, Ibrahim Coulibaly, Kass et Adams éliminés par les hommes de Soro, les jeunes policiers abattus à Abobo par le Commando invisible et d'autres Ivoiriens (connus ou anonymes) ayant perdu la vie ont laissé femmes et enfants. Qu'est-ce que Soro a déjà fait pour ces veuves et orphelins ? Quels gestes concrets a-t-il posés pour apaiser un tant soit peu leur douleur ?

Depuis quelque temps, il prône le pardon et la réconciliation. Il a même envoyé Nyamsi prêcher la bonne parole à Paris à des gens qui ne représentent qu'eux-mêmes, les personnes les mieux indiquées pour discuter de cette question se trouvant à Abidjan. Lui qui aime rappeler qu'il fréquenta jadis le petit Séminaire de Katiola devrait savoir que « *c'est l'amour de la vérité qui trace le chemin que toute justice humaine doit emprunter pour aboutir à la restauration des liens de fraternité dans la famille humaine, communauté de paix, réconciliée avec Dieu par le Christ* »[162].

En d'autres termes, il devrait se souvenir que, « *pour devenir effective, [la] réconciliation devra être accompagnée par un acte courageux et honnête : la recherche des responsables de ces conflits, de ceux qui ont commandité les crimes et qui se livrent à toutes sortes de trafics, et la détermination de leur responsabilité* »[163].

L'honnêteté est justement la troisième condition que doivent remplir les nouveaux apôtres du pardon et de la réconciliation. Un bon nombre d'Ivoiriens estiment que Soro appelle aujourd'hui au pardon et à la réconciliation, non parce qu'il y croit vraiment, mais parce que sa vie est menacée dans son propre camp, parce que Ouatttara qu'il a fait roi veut lui faire la peau. Pour eux, c'est quatre ou cinq années plus tôt qu'il aurait dû prendre cette initiative. Ils ajoutent qu'ils ne

[162] *Cf.* Benoît XVI, *Africae munus*, novembre 2011, No. 18.
[163] *Ibidem*, No. 22.

croiront à la sincérité de Soro que si ce dernier s'emploie à obtenir la libération des prisonniers politiques, le retour sécurisé des exilés, l'ouverture des médias publics à l'opposition, le dégel des avoirs des opposants, la recomposition de la Commission électorale qui, pour le moment, n'est ni indépendante ni équilibrée, etc.

Vérité, justice et honnêteté, telles sont en somme les vertus que les Ivoiriens aimeraient voir chez Soro avant de commencer à adhérer à sa croisade. À moins d'être de mauvaise foi, on ne peut les accuser d'être rétifs au pardon. Quand Gbagbo tenait les rênes du pays, il leur est arrivé de « *pardonner l'impardonnable* » (Vladimir Jankélévitch) au nom de la paix et parce qu'ils étaient persuadés qu'en agissant de la sorte, ils empêcheraient le pays de basculer dans le chaos. Mais, comme le dit bien l'activiste Kemi Seba, « *il y a un moment où il faudra bel et bien se dire que pardonner le mal systématiquement, c'est l'approuver* ». Nous ne devons ni approuver le mal, ni encourager les victimes à demander pardon à leurs bourreaux car ce qu'il faut à notre pays, ce n'est ni la paix à tout prix, ni une paix armée, ni des discours creux et sans lendemain, mais des actes concrets de la part de ceux qui ont saccagé et tué. En d'autres termes, il ne suffit pas de dire qu'il faut enterrer la hache de guerre alors qu'on continue de cacher des tonnes d'armes meurtrières et qu'on affiche morgue et mépris pour Sangaré et ses compagnons. Il faut agir et il convient d'agir dans l'humilité et la sincérité. Si Soro veut être pris au sérieux, qu'il commence donc par demander pardon aux partisans d'Ibrahim Coulibaly, à Hamed Bakayoko et à Dramane Ouattara qui ont juré de lui faire payer les dernières mutineries.

Bref, c'est à Abidjan, et non à Paris, qu'il faut parler de pardon et de réconciliation et c'est avec ceux qui ont été injustement évincés du pouvoir qu'il convient de discuter. Procéder autrement n'est que ridicule fuite en avant.

crédit à la sincérité de Soro que ce dernier s'emploie à obtenir la [illegible]

l'ouverture des médias publics à l'opposition, le dégel des avoirs des opposants, la recomposition de la Commission électorale qui, pour le moment, n'est ni indépendante ni équilibrée, etc.

Vérité, justice et pardon, telles sont en somme les valeurs que les Ivoiriens attendraient d'un chef Soro [illegible] à adhérer à sa croisade. [illegible]

[illegible]

Chapitre 48
Seuls les vrais combattants méritent notre reconnaissance

Séjournant en France pour des études, j'eus l'occasion de rencontrer des citoyens français ayant vécu en Côte d'Ivoire entre 1960 et 1990. Avec un brin de nostalgie, ils se souvenaient encore de cette époque où « coopérants » et hommes d'affaires français pouvaient facilement faire fortune. Tout, y compris le non-paiement des impôts, leur était gracieusement accordé par celui que leurs dirigeants appelaient pompeusement le « sage d'Afrique ». Titre certes ronflant mais creux car un vrai sage ne modifie pas la Constitution de son pays plusieurs fois dans le but de laisser le pouvoir à quelqu'un d'incompétent et d'inconscient uniquement parce qu'il est de la même ethnie que lui tout en sachant que ce dernier sera vite balayé, si l'on en croit Samba Diarra à qui Houphouët aurait fait cette confidence[164]. Ce n'est pas non plus faire montre de sagesse que de se servir de l'argent public pour construire une basilique dans une région où les gens s'adressent plus au féticheur qu'au prêtre ou au pasteur pendant que livres, emplois et médicaments font cruellement défaut. Bref, pour bon nombre d'expatriés français, les années soixante, soixante-dix et qutre-vingts furent une belle époque, l'époque des vaches grasses car tel était devenu notre pays : une vache à lait, une vache dont le lait nourrissait plus les Français que les Ivoiriens. C'était l'époque où il n'était pas nécessaire d'être compétent mais d'être simplement originaire de la Métropole pour avoir droit à toutes sortes d'avantages matériels : voiture de fonction, grosse villa avec piscine au Plateau, à Cocody ou en Zone 4, domestiques et gardien à la maison, vacances en France aux frais de l'État ivoirien. C'était aussi l'époque où des valises d'argent quittaient régulièrement et nuitamment le palais présidentiel en direction de Paris pour le financement des campagnes électorales de la droite française. Une pratique françafricaine à laquelle même Laurent Gbagbo succombera parce qu'il croyait que,

---

[164] *Cf.* Frédéric Grah Mel, *Rencontres avec Félix Houphouët-Boigny*, Abidjan, Frat Mat éditions, 2005.

en retour, Jacques Chirac le laisserait appliquer le projet de société pour lequel il avait été démocratiquement élu en octobre 2000. La contrepartie de ces privilèges léonins, c'était la “stabilité” du pays et un soutien militaire à apporter à la marionnette française en cas de soulèvement populaire ou de coup d'État comme au Gabon en 1964. Et c'est pour continuer à jouir de ce genre de privilèges que la France poussa Houphouët à arrêter et à emprisonner en janvier 1963 un certain nombre de cadres ivoiriens fraîchement rentrés de France après leur formation. Quel crime ces jeunes cadres avaient-ils commis ? Qu'est-ce qui les opposait à Houphouët ? Officiellement, ils étaient accusés d'avoir tenté de renverser le régime. En réalité, Jean Konan Banny, Yangni Angaté, Amadou Koné, Auguste Daubrey et leurs compagnons ne toléraient pas que la France continue de contrôler la politique et l'économie ivoiriennes après l'accession du pays à l'indépendance ; d'autre part, ils avaient du mal à comprendre que des Français pas toujours mieux formés qu'eux bénéficient d'un meilleur traitement. Samba Diarra a bien décrit ces moments sombres de la jeune République dans son ouvrage *Les faux-complots d'Houphouët-Boigny : fracture dans la vie d'une nation* (Paris, Karthala, 1997). Houphouët, qui reconnut plus tard qu'il s'agissait de complots imaginaires, prouvait ainsi qu'il était à la tête du pays, pour que la France croisse et que la Côte d'Ivoire diminue, pour paraphraser Jean-Baptiste (Jean 3, 30).

Entre 1963 et 2011, beaucoup d'eau a coulé sous les ponts mais la stratégie et l'objectif de la France n'ont guère changé ; ils consistent à installer dans le fauteuil présidentiel un individu docile, complexé et corrompu et lui demander de terroriser la population au maximum, de jeter en prison ceux qui osent critiquer la Françafrique et ses valets locaux afin de continuer à piller les richesses du pays. Peut-être notre pays aurait-il connu un autre destin si Houphouët n'avait pas trahi la lutte du RDA combattu et malmené par l'administration coloniale parce qu'il voulait une vraie indépendance, c'est-à-dire plus de justice et de liberté. C'est pourquoi il n'est ni juste ni honnête que les Bernard Dadié, Jean-Baptiste Mockey, Matthieu Ekra, Albert Paraïso, Jacob Williams, René Sery-Koré, Philippe Vieyra, Victor Biaka Boda, Anne-Marie Raggi, Marie Koré, Maguerite Sackoum, Odette Yacé, Mme Ouezzin Coulibaly, ceux et celles qui souffrirent le plus de la violence du gouverneur Péchoux au cours de cette période, aient été oubliés ou ignorés et qu'on ne parle que d'Houphouët qui se cachait à ce moment-là et n'eut même pas le courage de venir soutenir ses camarades jugés le 22 mars 1950. Le désapparentement du RDA d'avec le Parti communiste voulu par Houphouët, en effet, n'est rien d'autre qu'une reddition. Comme le résume bien Joël Nandjui, « *à partir de cette date, le PDCI-RDA ne sera plus qu'un faire-valoir. C'est le début de la collaboration de Dia Houphouët* »[165]. Après la capitulation, s'ouvre ainsi une ère d'allégeance et de soumission à la France qui pourra alors faire ce que bon lui semble en Côte d'Ivoire.

Si l'on a en tête cette période où Houphouët fit preuve de couardise avant d'abdiquer face à la France, il est irresponsable de lui tresser des lauriers ou de lui attribuer l'indépendance politique de la Côte d'Ivoire. Il y a des hommes et des femmes qui firent mieux que lui et mériteraient, par conséquent, notre reconnaissance et notre considération. Ses indécrottables partisans m'objecteront qu'il a construit des routes et des écoles ; cela est vrai mais que valent ces choses périssables dans un pays qui ne peut choisir librement ses dirigeants et jouir tranquillement de ses ressources naturelles ? Ils diront aussi qu'Houphouët était respecté et écouté par les Français, ce à quoi il est facile de répondre que, si c'était vraiment le cas, pourquoi les mêmes Français n'empêchèrent pas en 1988 la baisse du prix d'achat du cacao et pourquoi ils ne s'interdirent pas en 2011 de bombarder la résidence construite par lui. Pour moi, chaque 7 août devrait être l'occasion, non pas d'organiser des orgies et beuveries dont le but est de nous détourner des choses essentielles, mais de revenir, par la réflexion, sur la lutte menée jadis par le RDA, afin de reprendre le combat là où les Bernard Dadié, Victor Biaka Boda et autres souverainistes l'avaient laissé, d'observer les similitudes qui existent entre le règne d'Houphouët et celui de Ouattara, de voir enfin comment ensemble, et après avoir tiré les leçons des expériences passées et des échecs des gouvernements successifs, nous pouvons reprendre le combat pour une indépendance vraie et totale. Nous ne pouvons célébrer une indépendance factice, nous ne pouvons festoyer, au moment où des fils du pays sont exilés ou injustement emprisonnés. En un mot, nous n'avons besoin ni de danses ni de réjouissances d'imbéciles heureux car nous sommes toujours assujettis à la France ; nous avons plutôt besoin de nous retrouver pour réfléchir et organiser, de la manière la plus efficace, notre lutte pour une Côte d'Ivoire libre et souveraine.

---

[165] *Cf.* J. Nandjui, « Indépendance ou la fin de la longue nuit », https://cerclevictorbiakaboda.blogspot.com/

Chapitre 49
On ne vient pas au pouvoir pour manger mais pour servir

Konan Bédié estime que, en 2020, le candidat du Rassemblement des Houphouëtistes pour la démocratie et la paix (RHDP) doit sortir des rangs du PDCI après que tous les partis membres de ce groupement ont soutenu Dramane Ouattara en 2015, l'homme qui s'apprêterait à briguer un troisième mandat alors qu'il en réclamait seulement un en 2010. Comme si on était dans une tontine où chacun, à son tour, récupère la mise. Le 15 août 2017, pendant un *meeting* devant des militants du RDR, Cissé Bacongo lui aurait répondu en ces termes :

« *On mange ensemble. Toi-même, tu manges plus que moi ; tu es devenu clair, tu es devenu rond, tu brilles, parce que tu n'as aucune charge. On te donne seulement, tu manges. Tu n'arrives même pas à respirer correctement. Maintenant, toi tu dis, alors qu'on mange : ' lève-toi '. Pourquoi je vais me lever ? Ça veut dire que tu veux manger seul* ».

Manger seuls, c'est-à-dire être les seuls Ivoiriens à profiter des richesses du pays, à vivre dignement et décemment : voilà enfin dévoilés (par le sinistre Cissé Bacongo) le vrai projet de société, le véritable programme de gouvernement, l'agenda caché, la seule ambition du RHDP pour la Côte d'Ivoire, la raison pour laquelle il recruta des assassins dans la sous-région pour exterminer les Ivoiriens et détruire leur pays de 2002 à 2011. Disons-le autrement : Terroriser, violer, tuer, emprisonner, exiler les Ivoiriens proches de Laurent Gbagbo ou ayant voté pour lui en 2010, le RHDP a réalisé tous ces "exploits" parce qu'il voulait manger seul. En faisant un tel aveu, Bacongo nous apprend-il quelque chose de nouveau ? Pas vraiment, sauf pour les Ivoiriens ignorant que les prétendus disciples d'Houphouët sont des gens persuadés que la Côte d'Ivoire est leur propriété privée et que, tant qu'ils ne sont pas au pouvoir, elle ne doit pas connaître la paix ou bien rien ne doit y marcher. Le RDR est certes sorti des entrailles du PDCI en 1994 mais ceux qui y militent n'ont jamais cessé de partager avec le vieux parti une vision que je pourrais résumer de la manière suivante : se soumettre à la France, se soigner, scolariser leurs enfants et passer leurs vacances dans ce pays, y ouvrir des comptes avec l'argent volé, accumuler le maximum d'argent pour leur famille, posséder plusieurs taxis et immeubles à Abidjan, vivre aux crochets de l'État, etc.

Ce n'est point dénigrer le FPI que de reconnaître que quelques Refondateurs tombèrent, malheureusement, dans ces travers. Ayons le courage de les considérer comme des faux socialistes ; ils incarnent la gauche caviar dont parle Laurent Joffrin quand il écrit :

« *Une fausse gauche qui dit ce qu'il faut faire et ne fait pas ce qu'elle dit, une tribu tartuffe et désinvolte, qui aime le peuple et qui se garde bien de partager son sort* »[166].

Pour Joffrin, en effet, on ne peut se réclamer de la gauche et mener une vie bourgeoise loin des milieux populaires. Il ajoute qu'il est difficile de professer que l'on a le cœur à gauche, alors que le portefeuille est à droite. Quand le FPI sortira de la catastrophe qui s'est abattue sur lui en 2002, il lui faudra se séparer sans état d'âme de ces hypocrites attachés au luxe et au lucre mais se voulant au service du peuple car ce qui distingue le vrai socialiste, c'est un certain comportement ; on le reconnaît à la pratique de certaines valeurs : la justice, le partage, la simplicité, le respect du bien commun et l'amour du pays. Thomas Sankara conduisait lui-même une Renault 5, percevait un petit salaire (450 dollars par mois, ce qui veut dire qu'il n'était pas le Burkinabè le mieux payé), voulait que ses ministres voyagent en classe économique, ne disposait pas d'un exorbitant budget de souveraineté.

Idem pour le Cubain Fidel Castro. Jamais, ce dernier n'envoya ses enfants étudier aux États-Unis ; jamais il ne se rendit dans un pays occidental pour être soigné. Sankara et Castro agirent de la sorte car ils étaient convaincus qu'on ne peut pas se dire de gauche et mépriser ou négliger les choses locales. Nos faux socialistes parlent constamment de la Côte d'Ivoire mais préfèrent les banques, écoles et hôpitaux de l'Occident. Certains de ces pseudo-socialistes se jetèrent dans les bras de l'ennemi sitôt qu'un violent orage déchira le ciel ivoirien, le 11 avril 2011 ; ce sont eux qui proclament *urbi et orbi* qu'ils sont pour la libération de Laurent Gbagbo et qu'ils y travaillent tout en affirmant que son nom est “un boulet” ; ce sont eux encore qui nous invitent sans cesse à entrer dans le jeu politique et à discuter avec un individu qui n'a que du mépris et de la morgue pour les Ivoiriens.

[166] *Cf.* L. Joffrin, *Histoire de la gauche caviar,* Paris, Robert Laffont, 2006.

Le « mangement » ou la « mangecratie » est une des choses qu'ils en ont en commun avec le RHDP dont certaines personnes avaient sincèrement cru qu'il arrivait au pouvoir pour développer la Côte d'Ivoire en redonnant à la capitale politique son lustre d'antan, en construisant des entreprises et usines (comme le Nigérian Aliko Dangoté), des universités, des hôpitaux, des routes, en offrant des moyens financiers à nos centres de recherche comme Bill Gates le fait pour la lutte contre la malnutrition, la pauvreté et la maladie. Car une fortune qui ne peut offrir des opportunités d'emploi ou faire avancer la recherche ne sert strictement à rien. Aujourd'hui, ces personnes se rendent compte qu'elles ont affaire à de vrais imposteurs, que le bien-être du peuple ne fut jamais la préoccupation du RHDP et que les mensonges que ce mouvement servit à l'opinion internationale, les tueries perpétrées par ses mercenaires n'avaient qu'un but : manger, c'est-à-dire vider quotidiennement les caisses de l'État et mener une vie à l'abri du besoin.

Pour en finir avec cette mauvaise conception de la politique (on vient au pouvoir pour manger avec sa famille et ses copains), il faut revenir à ce qu'est la politique et au but qu'elle poursuit. La politique est un service : celui qui l'embrasse est appelé à se mettre au service de tous les citoyens, quelles que soient leurs convictions politiques, philosophiques et religieuses. Elle est donc incompatible avec un quelconque rattrapage ethnique. Apporter un peu de bonheur aux membres de la Cité, c'est-à-dire améliorer leurs conditions de travail et de vie, telle est la finalité de la politique. En ce sens, il est honteux et scandaleux, 57 ans après l'accession de notre pays à une indépendance de façade, que le paysan ivoirien continue de travailler la terre avec la machette ou avec la daba, que les étudiants manquent de laboratoires, de salles de classes et de bibliothèques bien équipées, que médecins et sage-femmes soient privés du matériel médical dont ils ont besoin pour bien accomplir leur tâche. Toutes ces choses nécessitent beaucoup d'argent, rétorqueront mes contradicteurs. Je leur répondrai ceci : supprimons le budget de souveraineté alloué au président de la République et décidons que cet argent serve la cause du paysanat, de l'éducation et de la santé ; réduisons le salaire des ministres, députés et ambassadeurs ; diminuons le train de vie de l'État. L'État a certes l'obligation de fournir à ceux qu'il emploie les moyens qui leur permettent de bien faire leur travail mais il n'est pas acceptable qu'un fonctionnaire de l'État possède plusieurs comptes bancaires, terrains et immeubles ; si, en peu de temps, il devient milliardaire, c'est qu'il a volé l'argent des contribuables. Il mérite alors d'être arrêté et ce qu'il a indûment acquis doit être restitué à l'État. Si nous voulons que le pouvoir ne soit plus un lieu ou un moyen d'enrichissement rapide et illicite, si nous voulons que la politique redevienne un service désintéressé, nous devons urgemment prendre et appliquer ces mesures.

Les Occidentaux ne sont pas forcément plus vertueux que nous. Comme nous, ils commettent des fautes, mais ce qui fait leur force, c'est qu'ils se soumettent à leurs lois parce qu'ils ont intériorisé le principe : « *Dura lex, sed lex* » (la loi est dure, mais c'est la loi). Cela signifie que ceux qui violent la loi acceptent d'être sanctionnés et ceux qui sont chargés de la faire respecter sanctionnent sans faiblesse au lieu de chercher à savoir si vous êtes fils de X ou de Y.

« *Si nous nous couchons, nous sommes morts* », disait Joseph Ki-Zerbo. Si nous laissons les politiciens continuer à s'enrichir et à se gaver pendant que nous croupissons dans la misère, nous n'aurons que nos yeux pour pleurer. Il est donc temps que la société civile se lève et prenne à bras-le-corps le combat contre ceux qui conçoivent le pouvoir comme une mangeoire. Elle doit exiger que le président de la République, les ministres et députés se soignent désormais sur place ; elle doit donner de la voix, se mobiliser chaque fois que nécessaire, pour que ceux qui sont au pouvoir et ceux qui aspirent à y arriver comprennent que le pouvoir n'est pas un moyen d'enrichissement mais un service.

EPILOGUE

Tout au long de ces 49 chapitres, il aura été question d'une seule chose : l'Afrique doit être libre et souveraine. La Côte d'Ivoire est certes le seul pays où, pour un contentieux électoral opposant deux formations politiques (le FPI et le RDR), la France intervint militairement, tuant et détruisant tout sur son passage, mais la question de la souveraineté se pose dans tous les pays africains colonisés par la France. Car c'est partout, et pas uniquement en Éburnie, que les Africains dénoncent l'ingérence des dirigeants français dans leurs affaires, le pillage de leurs richesses par les entreprises françaises, l'occupation et le contrôle de leurs pays par la France *via* le franc CFA et les bases militaires. Autrement dit, c'est toute l'Afrique d'expression française qui doit être libre et souveraine. Mais cette liberté et cette souveraineté, elle devra se battre, transpirer, pour les arracher comme Américains, Anglais et Algériens arrachèrent leur indépendance car jamais un maître n'a libéré son esclave de gaîté de cœur. Pour cela, nous devons arrêter de trop danser, de trop nous amuser, de trop prier.

En outre, c'est ensemble et en renouant avec les idéaux et objectifs du panafricanisme (unité, solidarité, compter sur ses propres forces, ne s'agenouiller devant personne) que les Africains pourront reconquérir leur liberté et souveraineté. En ce sens, il convient de féliciter et de soutenir l'activiste panafricain Kemi Seba qui appelle la jeunesse à une manifestation continentale et diasporique contre la Françafrique. Les Africains qui pensent comme lui doivent rapidement se joindre à lui. Nous avons trop parlé ; nous avons trop cogité ; est venu le temps de mener des actions fortes et communes. La société civile africaine doit prendre ses responsabilités car c'est elle seule qui est en mesure d'affronter et de battre l'ennemi commun.

Nos ancêtres ont été bons avec les Blancs ; ils les ont reçus à bras ouverts parce qu'ils avaient appris que l'étranger est un envoyé de Dieu et qu'il mérite donc d'être bien traité ; ils étaient loin d'imaginer que cet étranger leur ferait la guerre, qu'il les réduirait en esclavage ou qu'il les coloniserait ; ils sont excusables parce que c'était leur premier contact avec le Blanc. Nous qui côtoyons l'Occident depuis plusieurs années, nous qui connaissons sa propension à créer et à faire des guerres parce qu'il ne voit pas les relations internationales autrement qu'en termes de rapports de force, nous qui avons été témoins de comment Mouammar Kadhafi fut traité par Sarkozy après avoir été accueilli en grande pompe en France, nous qui avons appris, dans les écoles occidentales, « *comment lier le bois au bois et l'art de vaincre sans avoir raison* » (Cheikh Hamidou Kane), nous n'aurons aucune excuse si nous nous laissons vaincre facilement ; nos enfants ne nous pardonneront pas si nous sommes encore trop bons, trop gentils, bref naïfs en face de cet Occident qui semble vouloir tout pour lui et rien pour les autres.

PETITE BIBLIOGRAPHIE

OUVRAGES

Benoît XVI, *Africae munus* (exhortation apostolique post-synodale), 19 novembre 2011.
----------------, *Caritas in veritate*, (lettre encyclique), 29 juin 2009.

Boff Leonardo, *Église : charisme et pouvoir. La théologie de la libération,* Paris, Éditions Lieu commun / Spiritualité, 1985

Césaire Aimé, *Discours sur le colonialisme*, Paris, Présence africaine, 1955.

Chomsky Noam et Mc Chesney Robert, *Propagande, médias et démocratie*, Montréal, Les éditions écosociété, 2005.

Debergé Pierre, *Enquête sur le Pouvoir : approche biblique et théologique*, Paris, Nouvelle Cité, « Racines », 1997.

Diarra Samba, *Les faux complots d'Houphouët-Boigny. Fracture dans le destin d'une nation (1959-1970)*, Paris, Karthala, 1997.

Djéréké Jean-Claude, *L'engagement politique du clergé catholique en Afrique noire*, Paris, Karthala, 2001.
---------------------------, *Fallait-il prendre les armes en Côte d'Ivoire* ?, Paris, L'Harmattan, 2003.
-------------------------, *L'Afrique refuse-t-elle vraiment le développement ?*, Paris, L'Harmattan, 2007
---------------------, *Les hommes d'Église et le pouvoir politique en Afrique. Le cas de Mgr Bernard Yago*, Paris, L'Harmattan, 2009.
-------------------------, *L'Afrique et le défi de la seconde indépendance*, Paris, L'Harmattan, 2012.

Eboussi Boulaga Fabien, *À contretemps. L'enjeu de Dieu en Afrique*, Paris, Karthala, 1991.

Éla Jean-Marc, *Ma foi d'Africain,* Paris, Karthala, 1980.
-----------------, *Quand l'État pénètre en brousse. Les ripostes paysannes à la crise*, Paris, Karthala, 1990.

Forrester Viviane, *L'horreur économique*, Paris, Fayard, 2000.

François (Pape), *Evangelii gaudium* (exhortation apostolique), 24 novembre 2013.

Gubert Romain et Saint-Martin Emmanuel, *L'arrogance française*, Paris, Balland, 2003.

Jankélévitch Vladimir, *L'imprescriptible. Pardonner? Dans l'honneur et la dignité*, Paris, Seuil, 1971.

Jean XXIII, *Pacem in Terris* (lettre encyclique), 11 avril 1963.

Jean-Paul II, *Centesimus Annus* (lettre encyclique), 1e mai 1991.

Kom Ambroise (Sous la dir.), *Fabien Eboussi Boulaga, la philosophie du Muntu*, Paris, Karthala, 2009.

Memmi Albert, *Portrait du colonisé* précédé du *Portrait du colonisateur*, Paris, Payot, 1973.

Montesquieu, *De l'esprit des lois* (1748).

Mveng Engelbert, *L'Afrique dans l'Église. Paroles d'un croyant*, Paris, L'Harmattan, 1985.
Joly Eva, *La force qui nous manque*, Paris, Les Arènes, 2007.

Joseph Moingt, *Croire quand même. Libres entretiens sur le présent et le futur du catholicisme*, Paris, TempsPrésent, 2010.

Said W. Edward, *Des intellectuels et du Pouvoir*, Paris, Seuil, 1998.

Simon Hyppolite, *Église et Politique*, Paris, Centurion, 1990.

Valadier Paul, *Du spirituel en politique*, Paris, Bayard, 2008.

Vatican II, *Gaudium et spes* (Constitution pastorale sur l'Église dans le monde de ce temps), 7 décembre 1965.
--------------, *Lumen gentium* (Constitution dogmatique sur l'Église), 21 novembre 1964.

REVUES ET JOURNAUX

Aujourd'hui- Côte d'Ivoire
Croix (La) - France
Croire aujourd'hui- France
Études - France
Express (L')- France
Figaro (Le) - France
Fraternité Matin - Côte d'Ivoire
Jeune Afrique – France
Lettre du continent (La) - France
Lg Infos- Côte d'Ivoire
Monde (Le) - France
Monde diplomatique (Le) - France
Nord-Sud- Côte d'Ivoire
Nouveau Courrier (Le) - Côte d'Ivoire
Nouveau Réveil (Le) - Côte d'Ivoire
Politique africaine- France

ACRONYMES

ANC : African national congress
BCÉAO : Banque centrale des États d'Afrique occidentale
CAN : Coupe d'Afrique des Nations
CCDO : Centre de coordination des décisions opérationnelles
CCFD : Comité catholique contre la faim et pour le développement
CDP : Congrès pour la démocratie et le progrès
CDVR : Commission « Dialogue-Vérité-Réconciliation »
CÉDÉAO : Communauté économique des États d'Afrique occidentale
CÉI : Commission électorale independante
CFA : Communauté financière d'Afrique
CNC : Coalition nationale pour le changement
CNP : Conseil national de la presse
CONARIV : Commission nationale pour la réconciliation et l'indemnisation des victimes
CPI : Cour pénale internationale
DAO : Dramane Alassane Ouattara
FIDH
FPI : Front populaire Ivoirien
FRCI : Forces républicaines de Côte d'Ivoire
ICG : International crisis group
LIDER : Liberté et démocratie pour la République
LIDHO : la Ligue ivoirienne des droits de l'homme
MFA : Mouvement des forces d'avenir
Mgr : Monseigneur
ONG : Organisation non-gouvernementale
ONU : Organisation des Nations unies
ONUCI : Organisation des Nations unies en Côte d'Ivoire
PCA : Président du conseil d'administration
PDCI : Parti démocratique de Côte d'Ivoire
PDG : Président directeur général
PIB : Produit intérieur brut
PME : Petites et moyennes entreprises
PS : Parti socialiste
RDC : Republique democratique du Congo

RDR : Rassemblement des Républicains
RHDP : Rassemblement des Houphouëtistes pour la démocratie et la paix
RSP : Régiment de sécurité présidentielle
RTI : Radio Télévision ivoirienne
SCÉAM : Symposium des conférences épiscopales d'Afrique et de Madagascar
SIR : Société ivoirienne de raffinage
SOTRA: Société des transports abidjanais
UA : Union africaine
UCAC : Université catholique d'Afrique centrale
UCAO : Université catholique d'Afrique occidentale
UMP : Union pour un mouvement populaire
UPC : Union des populations du Cameroun

TABLE DES MATIERES

Côte d'Ivoire
aux éditions L'Harmattan

Dernières parutions

LE RÉVEIL DE L'ÉLÉPHANT D'AFRIQUE (Tome 1)
Côte d'Ivoire : des élans maintes fois brisés
Ahoua N'Doli Théophile - Préface d'Alassane Ouattara
Avec pour emblème l'élephant, la Côte d'Ivoire, tel un pachyderme avançant dans un environnement difficile, a connu plusieurs élans de croissance économique et de développement qui furent sans cesse brisés. Le «miracle» économique ivoirien des années soixante et soixante - dix a été suivi d'une longue crise économique du fait de la détérioration des termes de l'échange dont les effets se sont faits davantage sentir parce que la structure de l'économie y était favorable. L'embellie à la suite de la dévaluation du franc CFA en 1994 sera malheureusement de courte durée.
(Harmattan Côte-d'Ivoire, 31.00 euros, 282 p.)
ISBN : 978-2-343-11515-3, ISBN EBOOK : 978-2-14-003336-0

LE RÉVEIL DE L'ÉLÉPHANT D'AFRIQUE (Tome 2)
Côte d'Ivoire : de l'effondrement au sursaut
Ahoua N'Doli Théophile - Préface d'Alassane Ouattara
L'année 1999 sonne le glas d'une série de crises sociopolitiques. À partir de 2011, le travail de planification économique et l'amélioration du cadre des affaires consacrent un retour gagnant de l'Éléphant qui se relève et prend de la vitesse. Il reste toutefois des défis à relever pour que la Côte d'Ivoire accède de manière définitive à l'émergence.
(Harmattan Côte-d'Ivoire, 28.00 euros, 244 p.)
ISBN : 978-2-343-11516-0, ISBN EBOOK : 978-2-14-003337-7

LA POLITIQUE SYMBOLIQUE DE LA CÔTE D'IVOIRE (1960-1993)
Union - Discipline - Travail
Yocolly Jean - Pasquerel Wenceslas
La Côte d'Ivoire fut le creuset du patriotisme sur une terre faite de convergences des tribus et des ethnies qui dans leur lutte ont forgé le sentiment d'un même destin. Cet essai porte un autre regard sur le pays de Félix Houphouët-Boigny : devenu président de la Côte d'Ivoire de 1960 à 1993, il mena la croisade de la décolonisation en rassemblant les tribus et ethnies et instaura une «politique symbolique» afin de remédier à la crise de la communauté franco-africaine.
(Harmattan Côte-d'Ivoire, 23.50 euros, 228 p.)
ISBN : 978-2-343-11451-4, ISBN EBOOK : 978-2-14-003509-8

LE NOUCHI DE CÔTE D'IVOIRE
Dictionnaire et anthologie
Plus de 1 000 mots et expressions usuels
Kadi Germain-Arsène - Préface de Natasa Raschi
Né à l'origine chez les jeunes loubards (noussis ou nouchis) d'Abidjan à la fin des années 1970, le nouchi est devenu trois décennies plus tard l'un des symboles de l'identité culturelle ivoirienne. En témoigne l'usage de ce français populaire dans tous les secteurs de la vie sociale, économique, politique et surtout culturelle. Le nouchi ne peut plus être seulement considéré comme un phénomène ivoirien, car ce langage participe de la dynamique du français dans le

monde. L'importance du nouchi dans les créations artistiques et culturelles rendait nécessaire l'élaboration d'un dictionnaire, d'une anthologie.
(Coll. Études africaines, 26.00 euros, 258 p.)
ISBN : 978-2-343-10423-2, ISBN EBOOK : 978-2-14-003333-9

TRAITE DU CAFÉ ET DU CACAO ET CRIMINALITÉ EN CÔTE D'IVOIRE
Touré Alexandre Apalo - Préface de Dominique Bangoura
La criminalité liée à la traite du café et du cacao prend de l'ampleur dans deux régions: l'Indénie - Djuablin voit se développer le trafic illicite des produits agricoles vers le Ghana tandis que dans le Nawa prédomine le phénomène des coupeurs de route. Il en résulte un sentiment d'insécurité, des troubles à l'odre public, une atmosphère de suspicion, la mise à mal de la cohésion sociale, la paupérisation des populations et la réduction des recettes d'exportation de l'État. L'auteur propose des pistes de prévention.
(Coll. Afrique : politiques publiques, sécurité, défense, 28.00 euros, 276 p.)
ISBN : 978-2-343-11258-9, ISBN EBOOK : 978-2-14-003330-8

FESCI, LE RÊVE BRISÉ ?
Côte d'Ivoire
Ba Oulagoué
En Côte d'Ivoire, l'année 1990 a été marquée par les évènements sociopolitiques qui ont abouti au changement du système politique mis en place depuis trois décennies. C'est à la faveur de ce vaste mouvement de protestations de tous genres qu'est née la Fédération estudiantine et scolaire de Côte d'Ivoire (FESCI) en remplacement d'un premier syndicat existant. Vingt-cinq ans après sa création, que retenir globalement des actions de ce tout-puissant mouvement des élèves et étudiants ?
(Harmattan Côte-d'Ivoire, 15.50 euros, 144 p.)
ISBN : 978-2-343-11092-9, ISBN EBOOK : 978-978-2-14-002697-3

LA RURALITÉ ET LE DÉVELOPPEMENT RURAL EN CÔTE D'IVOIRE
Un regard psychosocial
Yapo Yapi
De ce travail, peuvent être dégagées des pistes de réflexion et aussi d'action concernant l'intégration du monde rural dans la nouvelle économie ivoirienne. Important pour la communauté scientifique de la psychologie sociale, il interpelle aussi décideurs politiques, techniciens de l'État et paysans ivoiriens eux-mêmes.
(Coll. Études africaines, série Sociologie, 29.00 euros, 280 p.)
ISBN : 978-2-343-08575-3, ISBN EBOOK : 978-2-14-002499-3

DICTIONNAIRE DES MOTS ET EXPRESSIONS DU FRANÇAIS IVOIRIEN
Guébo Josué - Préface d'Hilaire D. Bohui
Du point de vue de l'épistémologie, les approches de l'objet langue en situation sont diverses, suivant les buts que peuvent assigner aux travaux et études leurs auteurs. Ce *Dictionnaire des mots et expressions du français ivoirien* en est une bien heureuse illustration. Il s'agit bien d'un dictionnaire, d'un ouvrage sur la langue qui témoigne d'une saisie synchronique des usages sous le rapport quasi exclusif du sens. Ce travail est une contribution à l'effort collectif de codification du français ivoirien.
(Coll. Études africaines, 13.50 euros, 112 p.)
ISBN : 978-978-2-343-10737-0, ISBN EBOOK : 978-978-2-14-002525-9

LA FIN D'UNE GÉNÉRATION EN CÔTE D'IVOIRE
Les ténors de « l'après-Houphouët » (1990-2020)
Bonhoulou Diensia Oris-Armel
L'année 2020 qui se profile à l'horizon annonce un événement majeur en Côte d'Ivoire. Il s'agit de la fin d'une génération d'hommes politiques contemporains, nés avant 1950, qui ont d'abord occupé une position privilégiée entre 1990 et 1993, les dernières années de la présidence de Félix Houphouët-Boigny, avant de dominer par la suite, «l'après-Houphouët». L'objectif de ce livre est

de retracer l'ordre de succession générationnel établi à travers l'histoire politique ivoirienne, pour prendre conscience des enjeux des élections présidentielles de 2020, année à laquelle une passation de flambeau à la génération post-indépendance s'impose.
(18.50 euros, 178 p.)
ISBN : 978-2-343-09781-7, ISBN EBOOK : 978-2-14-002232-6

NGEMENA DE PAUL LOMAMI TCHIBAMBA
L'engagement narratif
Mukenge Ngoie Arthur
Cette critique se fonde sur le roman de Paul Lomami Tchibamba, *Ngemena* où les espaces de liberté des indigènes s'amenuisent sous la montée proportionnelle de la pression exercée par le *boula matari* ou l'autorité coloniale. Les mécanismes de contrôle allant jusqu'au bannissement total des indigènes sont mis à nu. Les différentes répressions montées en épingles à Léopoldville et Ngemena justifient l'ascendance du sentiment d'éveil de la conscience nationale chez les indigènes. Le narrateur s'arroge le statut d'éclaireur dans cet espace de combat des géants où les indigènes deviennent taillables et corvéables à merci.
(Harmattan Côte-d'Ivoire, 16.00 euros, 148 p.)
ISBN : 978-2-343-10328-0, ISBN EBOOK : 978-2-14-002316-3

LA CÔTE D'IVOIRE ET SES ÉTRANGERS
Viti Fabio
Cet ouvrage travaille sur la question de la présence et du rôle des étrangers en Côte d'Ivoire. Le discours public autour de cette question y est analysé, ce qui permet de dégager une typologie de l'État et de la société ivoirienne. Véritable «société de sociétés», où différents rapports aux figures plurielles d'étrangers coexistent, la Côte d'Ivoire nous est présentée sous un jour différent. Un ouvrage collectif qui affine et complexifie le regard.
(Coll. Études africaines, 28.00 euros, 278 p., Illustré en noir et blanc)
ISBN : 978-2-343-08366-7, ISBN EBOOK : 978-2-14-001437-6

L'ALCOOL EN CÔTE D'IVOIRE
Histoire, usage et signification
Brou Konan Denis - Préface du Professeur Opadou Koudou
Avec l'indépendance de la Côte d'Ivoire en 1960, l'alcoolo-dépendance qui a pris naissance en 1946 semble gagner toutes les strates sociales. L'on assiste résolument à un alcoolisme de type moderne, occidental, dont les avatars se font de plus en plus sentir sur les rapports sociaux. Pour en atténuer l'acuité, l'auteur pense que l'on doit désormais considérer l'alcoolo-dépendance comme un problème de santé publique ; introduire l'enseignement de l'alcoologie à l'école ; instituer de façon formelle l'injonction thérapeutique ; veiller à la répartition équitable des richesses du pays.
(Harmattan Côte-d'Ivoire, 21.50 euros, 212 p.)
ISBN : 978-2-343-09700-8, ISBN EBOOK : 978-2-14-001583-0

LES MIGRANTS ENVIRONNEMENTAUX EN CÔTE D'IVOIRE
Quels droits, quelles protections ?
Gallon Kémonthé Marius-Jonas
Après un examen des instruments et mécanismes internationaux et régionaux, des politiques gouvernementales et des données factuelles recueillies sur le terrain, l'auteur propose une esquisse de solutions efficaces et durables pour une meilleure garantie des droits des migrants environnementaux.
(Coll. Afrique : politiques publiques, sécurité, défense, 18.50 euros, 178 p.)
ISBN : 978-2-343-09149-5, ISBN EBOOK : 978-2-14-001409-3

LA MODERNISATION DE L'ADMINISTRATION PUBLIQUE EN CÔTE D'IVOIRE
Politiques de réforme de la fonction publique (1957-2015)
Yao Wozanhou Benjamin - Préface de Dominique Bangoura
Cet ouvrage est une contribution au débat sur la modernisation de l'État en Afrique. L'auteur se demande si les réformes administratives menées en Côte d'Ivoire depuis près de six décennies y

ont contribué. Ce livre consiste à identifier les principes et les conditions de toute administration moderne et à relever les limites des réformes entreprises en Côte d'Ivoire.
(Coll. Afrique : politiques publiques, sécurité, défense, 18.00 euros, 174 p.)
ISBN : 978-2-343-09148-8, ISBN EBOOK : 978-2-14-001400-0

LE FORFAIT SANITAIRE AU SECOURS DE LA COUVERTURE MALADIE UNIVERSELLE EN CÔTE D'IVOIRE
Robé Donatien
Avec la contribution de Serge Blafond - Préface de René Hokou Légré
Ce livre traite de l'accès des Ivoiriens aux soins de santé. Il fait un inventaire de toutes les politiques de santé initiées en Côte d'Ivoire depuis l'indépendance en 1960 à ce jour, notamment le projet de couverture maladie universelle (CMU) en voie de mise en œuvre depuis l'accession au pouvoir d'Alassane Ouattara. L'auteur, critique vis-à-vis de ce projet, met en exergue ses failles techniques dans le mode de financement, la gestion du risque maladie et la maîtrise des dépenses, non sans pointer du doigt ses insuffisances sur le plan de l'équité, de l'égalité face à la maladie et de la solidarité nationale.
(Coll. Points de vue, 12.50 euros, 116 p.)
ISBN : 978-2-343-09723-7, ISBN EBOOK : 978-2-14-001515-1

LES PRIX DE TRANSFERT DANS L'INDUSTRIE DES MATIÈRES PREMIÈRES STRATÉGIQUES EN CÔTE D'IVOIRE – Aspects juridiques, fiscaux et économiques
Kouame Noel-Faustin - Postface de Abdourahmane Cissé
A partir de l'exemple du café et du cacao, secteur dans lequel la Côte d'Ivoire est leader mondial en termes d'exportations, ce livre vise à démontrer que l'arsenal fiscal ivoirien qui a fait florès hier semble devenu aujourd'hui obsolète, dépassé et incapable de répondre aux défis d'une économie désormais globalisée. L'analyse purement juridique des problématiques d'évaluation des échanges intragroupes devrait nécessairement céder le pas à une analyse économique du droit, moins dogmatique et plus pragmatique.
(39.00 euros, 422 p.)
ISBN : 978-2-343-07482-5, ISBN EBOOK : 978-2-14-001386-7

ANALYSES EN GRAMMAIRE FRANÇAISE
Pour une approche rénovée dans l'enseignement en Afrique
Adopo Achi Aimé - Préface de François Adopo Assi
L'auteur rappelle quelques méthodes et principes d'analyse en grammaire pour expliquer certaines vérités grammaticales et montre ainsi comment s'approprier ces méthodes et ces principes d'analyse pour identifier correctement les mots, groupes de mots et propositions, ainsi que leurs fonctions dans la phrase. Il remet par ailleurs en question certaines analyses grammaticales traditionnelles devenues des «vérités éternelles» et fait des propositions novatrices.
(Harmattan Côte-d'Ivoire, 22.50 euros, 218 p.)
ISBN : 978-2-343-07813-7, ISBN EBOOK : 978-2-14-001517-5

POLITIQUE OU GUERRE DES ESPRITS EN CÔTE D'IVOIRE
Gueu Denis
La dynamique politique et démocratique en Afrique noire, et en Côte d'Ivoire en particulier, se manifeste dans la passion, avec pour décor la violence, le fétichisme, la sorcellerie. Il s'agit d'un combat non démocratique caractérisé par la négation de l'adversaire par tous les moyens occultes. Cet ouvrage interpelle la conscience collective ivoirienne, en vue d'adhérer à une démocratie constructive avec des projets crédibles sans hypocrisie, en vue d'une cohésion sociale durable.
(Harmattan Côte-d'Ivoire, 11.00 euros, 72 p.)
ISBN : 978-2-343-07173-2, ISBN EBOOK : 978-2-336-39409-1

L'HARMATTAN ITALIA
Via Degli Artisti 15; 10124 Torino
harmattan.italia@gmail.com

L'HARMATTAN HONGRIE
Könyvesbolt ; Kossuth L. u. 14-16
1053 Budapest

L'HARMATTAN KINSHASA
185, avenue Nyangwe
Commune de Lingwala
Kinshasa, R.D. Congo
(00243) 998697603 ou (00243) 999229662

L'HARMATTAN CONGO
67, av. E. P. Lumumba
Bât. – Congo Pharmacie (Bib. Nat.)
BP2874 Brazzaville
harmattan.congo@yahoo.fr

L'HARMATTAN GUINÉE
Almamya Rue KA 028, en face
du restaurant Le Cèdre
OKB agency BP 3470 Conakry
(00224) 657 20 85 08 / 664 28 91 96
harmattanguinee@yahoo.fr

L'HARMATTAN MALI
Rue 73, Porte 536, Niamakoro,
Cité Unicef, Bamako
Tél. 00 (223) 20205724 / +(223) 76378082
poudiougopaul@yahoo.fr
pp.harmattan@gmail.com

L'HARMATTAN CAMEROUN
TSINGA/FECAFOOT
BP 11486 Yaoundé
699198028/675441949
harmattancam@yahoo.com

L'HARMATTAN CÔTE D'IVOIRE
Résidence Karl / cité des arts
Abidjan-Cocody 03 BP 1588 Abidjan 03
(00225) 05 77 87 31
etien_nda@yahoo.fr

L'HARMATTAN BURKINA
Penou Achille Some
Ouagadougou
(+226) 70 26 88 27

L'HARMATTAN SÉNÉGAL
10 VDN en face Mermoz, après le pont de Fann
BP 45034 Dakar Fann
33 825 98 58 / 33 860 9858
senharmattan@gmail.com / senlibraire@gmail.com
www.harmattansenegal.com